LA MOCIÓN DE CENSURA

COORDINADORES

FRANCISCO RUIZ RISUEÑO
ALBERTO PALOMAR OLMEDA

LA MOCIÓN DE CENSURA

AUTORES

Manuel Aragón Reyes
María Luisa García Blanco
Antonio Jiménez-Blanco Carrillo de Albornoz
Alberto Palomar Olmeda
Francisco Ruiz Risueño
Pascual Sala Sánchez
Fernando Simón Yarza
Rosa María Vidal Monferrer

PRESENTACIÓN

Manuel Broseta Dupré

PRÓLOGO

Pedro González-Trevijano Sánchez

ARANZADI

Editorial Aranzadi, S.A.U.
C/ Collado Mediano, 9
28231 Las Rozas (Madrid)
Tel: 91 602 01 82
e-mail: clienteslaley@aranzadilaley.es
https://www.aranzadilaley.es

Primera edición: 2024

Depósito Legal: M-11278-2024
ISBN versión impresa: 978-84-1162-788-7
ISBN versión electrónica: 978-84-1162-789-4
Incluye soporte electrónico

Diseño, Preimpresión e Impresión: Editorial Aranzadi, S.A.U.
Printed in Spain

Índice General

Página

Página

CAPÍTULO 2

LA RESPONSABILIDAD POLÍTICA DEL GOBIERNO ANTE EL PARLAMENTO Y SUS PROCEDIMIENTOS DE ARTICULACIÓN

CAPÍTULO 3

FUNDAMENTOS Y PRECEDENTES CONSTITUCIONALES SOBRE LA RESPONSABILIDAD POLÍTICA Y LA MOCIÓN DE CENSURA HASTA LA CONSTITUCIÓN DE 1978

Página

Presentación

La Constitución Española de 1978 era, especialmente, un marco de concordia en el que los españoles trataron de poner todos sus esfuerzos para conseguir superar un siglo previo en el que la convivencia social y el marco jurídico institucional habían tenido notables y perceptibles problemas de encaje, con cambios constantes y modificaciones que no siempre respondían a las necesidades sociales.

Pasados más de cuarenta años de convivencia y alternancia política, la Constitución Española puede seguir siendo objeto de análisis y de estudios, para contribuir a su fortalecimiento, especialmente en un momento en el que la sociedad civil está en condiciones de aplaudir fervorosamente la capacidad de recobrar cauces de diálogo y tintes de institucionalización en el funcionamiento del Estado.

La labor de análisis, apoyo y conocimiento de las instituciones jurídicas no es, desde luego, una actividad reservada al mundo académico o al foro procesal. El conocimiento y el análisis, en una sociedad libre, debe ser el fruto de un esfuerzo colectivo que incluya a todos los ámbitos de la vida social. La heterogeneidad de perspectivas, los criterios diferenciados, la coexistencia intelectual son, sin duda, los elementos que caracterizan con mayor visibilidad a una sociedad madura.

En este contexto, BROSETA es un despacho de abogados con vocación de servicio profesional, pero con fuerte presencia en la actividad social. Se trata de realizar el ejercicio de la abogacía, pero hacerlo con perspectiva, con criterio y sabiendo que estamos en un momento complejo, en una sociedad diferente a la de otras épocas y en la que las soluciones que aseguren la convivencia social y la institucionalización del sistema de convivencia tienen que ir modulándose poco a poco, con mimo, con valoraciones, con conocimiento y con comprensión que evite la unilateralidad en el pensamiento científico.

En esta posición de situar el Despacho ante claves más amplias que las propias y específicas del ejercicio de la abogacía se nos planteó por uno de nuestros más ilustres colaboradores, Francisco Ruiz Risueño, —quien además fue persona activa y significada en el proceso de transición democrática española— la posibilidad de analizar, con una visión de conjunto y amplia, una figura como es la moción de censura. Se trata de un tema sobre el que existen trabajos puntuales relevantes pero que no ha sido analizado mediante una consideración conjunta que afecte desde los planteamientos más históricos hasta la formulación de la misma en todas las Administraciones Públicas. El análisis incluye la propia valoración de la finalidad y del contexto de las experiencias vividas y su encaje constitucional y finalista.

Desde la consideración propia de un Despacho de abogados podemos indicar que la moción de censura es, sobre todo, un mecanismo de control de los poderes públicos, cualquiera que sea la Administración en la que se produce. La teoría general del control de los poderes públicos exige, sin duda, una redefinición que la dote de auténtica consistencia y de operatividad social y que permita transmitir a los ciudadanos que el modelo constitucional es, claramente, equilibrado porque la actuación de los Poderes Públicos es susceptible de control. La operatividad de los esquemas de control refuerza el Estado, vertebra el sistema y produce una enorme situación de confianza en los ciudadanos que contribuye a engrasar los procedimientos democráticos y a dotarlos de su verdadera dimensión.

Contribuir a un análisis de este orden desde un despacho dedicado diariamente a instar y utilizar fórmulas de control público y de solución de conflictos es un motivo de orgullo. Creemos que contribuye al fortalecimiento institucional y a la vertebración de los esquemas y formas de funcionamiento social.

No es objeto de esta presentación del Libro desmenuzar los capítulos, ni los autores ni las conclusiones que pueden extraerse de los mismos. Pero, en este momento, sí me corresponde el anuncio de que se trata de profesionales de primer puesto en las responsabilidades sociales y jurídicas, procedentes de la Universidad, de la Abogacía y de la Judicatura. Entre ellos varios profesionales de Broseta que contribuyen a incrementar nuestro compromiso no solo en el análisis sino en el intento de aportar a la sociedad esquemas evolucionados de convivencia social y democrática.

Desde esta perspectiva, gracias a los prestigiosos autores (Pascual Sala, Manuel Aragón, Antonio Jiménez Blanco, María Luisa García Blanco, Fernando Simón, Rosa Vidal, Francisco Ruiz Risueño, Alberto Palomar) al admirado prologuista (Pedro González Trevijano) y a cuantos han participado de esta iniciativa que es una muestra de nuestro compromiso con la sociedad y con una forma de entender el ejercicio del Derecho que hoy cobra una enorme relevancia.

Madrid, noviembre 2023

Manuel Broseta Dupré
Presidente de BROSETA

Prólogo

PEDRO GONZÁLEZ-TREVIJANO SÁNCHEZ
Catedrático de Derecho Constitucional de la Universidad Rey Juan Carlos
Ex Presidente del Tribunal Constitucional
Académico de Número de la Real Academia de Jurisprudencia y Legislación de España

Me resulta particularmente grata la participación, aunque sea en la modesta condición de prologuista, en la presente monografía dedicada al estudio de la moción de censura. Así se lo testimonié, desde un primer momento, a su director, mi buen amigo y excelente jurista, Francisco Ruiz Risueño. Verdadero «*alma mater*» e impulsor animoso de esta excelente investigación. Tanto por su relevante objeto de análisis, la medida más incisiva de exigencia de responsabilidad política del Gobierno en un sistema parlamentario, como por la indiscutible solvencia de sus prestigiosos participantes. Una selección de reconocidos juristas —Magistrados, Catedráticos y Profesores Titulares de Universidad, Abogados del Estado— que explicitan, además, algo que quiero expresamente subrayar. Me refiero a la exquisita satisfacción, ineludible en todo trabajo científico, de las exigencias de pluralidad académica.

Lo primero que deseo reseñar de la mentada obra es que, más allá de su específica titulación, *La moción de censura*, ésta va más allá de lo que es una indagación singularizada y hermética, en cuanto que específica vía para instar la responsabilidad política del Ejecutivo. Toda vez que a lo largo de sus trabajos se realizan observaciones preciosas sobre el principio de separación de poderes como garante primigenio del control político del Gobierno. Como afirmaba clarividentemente la *Declaración Francesa de los Derechos del Hombre y del Ciudadano*, de 26 de agosto de 1789, «Una sociedad en la que la garantía de los derechos no está asegurada, ni la separación de poderes determinada, carece de Constitución» (artículo 16). Y lo mismo cabe decir de las reflexiones sobre la lealtad constitucional y la acción de los partidos políticos en los regímenes constitucionales modernos. Sin olvidar su significación, como instrumento de un parlamentarismo constructivo, que postula, tomando como referencia la Ley Fundamental de Bonn de 1949, la estabilidad política.

Y, lo segundo que quiero apuntar, es su naturaleza ambiciosa. Esta no queda restringida al tratamiento pormenorizado de su regulación en la Constitución de 1978, ya lo sea en su faceta clásica —su articulación ante el Congreso de los Diputados—, como su extensión al ámbito autonómico y local. Por el contrario, extiende su objeto a nuestro Derecho histórico y al Derecho comparado.

Una moción de censura que despliega su cometido en el ámbito del régimen parlamentario. Un sistema que se caracteriza, frente a las demás formas de gobierno, porque el Ejecutivo necesita disfrutar de la confianza del Parlamento, tanto desde que se produce su nombramiento —sin que ello suponga necesariamente una investidura expresa—, como en el ejercicio de sus funciones. Esta responsabilidad implica la potestad del Parlamento de derribar al Gobierno, cuando éste ha perdido su *fiducia*.

La constatación de que el Ejecutivo goza de la confianza del Parlamento, con la posibilidad de su remoción, si se ha malogrado, se verifica a través de dos instituciones. La primera, la moción de censura, que se insta por el Parlamento con la pretensión de delatar la falta de *fiducia*. La segunda, la cuestión de confianza, que es promovida por el Gabinete, en el momento más conveniente, al objeto de reafirmar su apoyo parlamentario.

La relación de confianza del Ejecutivo ante el Parlamento queda definida por cuatro principios: a) El régimen parlamentario es el fundamento de dicho mecanismo de responsabilidad política. b) La relación fiduciaria y la exigencia de responsabilidad del Gobierno, que no son sino las dos caras de la misma moneda, son el presupuesto en que se asienta la moción de censura. c) La cuestión de confianza y la moción de censura son instrumentos que verifican la relación fiduciaria Ejecutivo-Parlamento. d) La finalidad de la moción de censura es la remoción del Gabinete.

Como es sabido, el régimen parlamentario, de origen histórico y consuetudinario, es el más antiguo de los sistemas democráticos, y no el resultado de una creación pergeñada en los laboratorios de la Ciencia política y el Derecho constitucional. En su seno destacan, apuntan Montero Gibert y García Morillo, «una serie de mecanismos parlamentarios que la configuran como una relación viva: nace con la investidura inicial que el órgano legislativo otorga al Gobierno, se desarrolla a través del control parlamentario y desaparece por la finalización del mandato parlamentario, la disolución anticipada de las Cámaras, el rechazo de la cuestión de confianza o la aprobación de una moción de censura»[1].

1. Montero Gibert, J. R. y García Morillo, J., *El control parlamentario*, Tecnos, Madrid, 1984, pág. 17.

De la caracterización general de lo que ha de comprenderse por un régimen parlamentario, nos quedamos quizás con la esgrimida por Gomes Canotilho, que describe la existencia de criterios constitucionales y estructurales. Por lo que atañe a los constitucionales, éstos se concretan en: a) La compatibilidad del cargo de parlamentario con el de ministro; b) El Primer Ministro es, como regla general, miembro del Parlamento; c) La responsabilidad ministerial supone la dimisión del Gobierno en el caso de haber perdido la confianza del Parlamento; d) El control del Ejecutivo a través de las interpelaciones; e) La investidura del Gobierno después del expreso voto de confianza del Parlamento; f) La disolución del Parlamento por el Jefe del Estado como contrapartida de la dependencia del Ejecutivo ante las Cámaras. Y, en cuanto a los criterios estructurales, éstos son: a) La presencia de partidos organizados; b) Un alto grado de homogeneidad y acción solidaria del Gabinete; c) Un Primer Ministro que prescribe las directrices políticas; d) La existencia de una oposición legal; e) Una cultura favorable al parlamentarismo[2].

En lo referente al constitucionalismo español, será a partir del Estatuto Real de 1834 cuando se postule que los miembros del Ministerio tenían que disponer, además de la confianza del Monarca, del respaldo del Parlamento[3]; para imponerse, en un segundo momento, que sean solo las Cámaras quienes avalen al Ejecutivo, sin necesidad de la confianza regia. Así, a través del desarrollo de los usos y prácticas parlamentarias tendrá lugar, ya en tiempos del Trienio Liberal, el primer voto de censura, el 28 de febrero de 1822, que provoca la caída del Gobierno Bardají. Y, durante la vigencia del Estatuto Real, el Gobierno de Mendizábal comprometerá, el 31 de diciembre de 1835, su continuidad, haciendo una «cuestión de gabinete» de la aprobación del Proyecto de Ley para la prórroga de los Presupuestos del Estado; primera manifestación de la cuestión de confianza en nuestro Derecho. Cinco meses más tarde, el 21 de mayo de 1836, tendría lugar un voto de censura contra el Gobierno de Istúriz que, presentado por sesenta y ocho procuradores, fue aprobado por la Cámara.

Sin embargo, habrá que esperar al artículo 53 de la Constitución de 1869 —«Ambos Cuerpos Colegisladores tienen el derecho de censura, y cada uno de sus individuos el de interpelación»—, para que esta se recoja con el más alto rango jurídico normativo. Aunque años antes, distinguidos autores reclamaban ya que el Gabinete contara con la *fiducia* del Parlamento. Así, por ejemplo, Martínez de la Rosa, expresaba: «Una de las cosas más difíciles

2. Gomes Canotilho, J. J., *Direito Constitucional*, Almedina, Coímbra, 1992, pág. 268.
3. Así era formulado también, en el Derecho francés clásico, por Constant, B., *Principios de Política*, traducción de J. Hernández Alfonso, Aguilar, Madrid, 1970, págs. 25 y 96.

de todo Gobierno representativo, que es esencialmente un Gobierno de mayoría, consiste en unir íntimamente la potestad ejecutiva con los cuerpos deliberantes, darles el mismo espíritu e infundirles, si cabe decirlo así, la misma alma».

Nuestro régimen parlamentario responde al denominado modelo racionalizado. Al deseo de superar la inestabilidad gubernamental, para lo que se tratará, haciendo un juego de palabras, de «reglamentar la estabilidad gubernamental». Este aparece en las Constituciones europeas tras la Primera Guerra Mundial (Constitución alemana de 1919, Constitución austríaca de 1920 y Constitución española de 1931, entre otras), con la finalidad, resaltaba Mirkine-Guétzévitch, de «enfermer dans le réseau du droit écrit l'ensemble de la vie politique»[4]. Su principal aportación fue la específica caracterización de los supuestos de responsabilidad política, diferenciándolos de otros de menor gravedad. Hasta entonces, los Gobiernos estaban obligados a presentar su dimisión cada vez que perdían una votación de importancia, confundiendo lo que era el ejercicio ordinario de la función de control, con la verdadera remoción de la confianza.

A tal fin, se codificaron unos principios empíricos en un conjunto ensamblado de normas rigurosas (limitación del tiempo de debate; regulación restringida de las interpelaciones; caracterización de la moción de censura como positiva, la fijación de un *quorum* para su presentación, un cierto período de enfriamiento y un candidato alternativo a la Presidencia del Gobierno, etc.) El ejemplo más representativo es la moción de censura constructiva, la *Konstruktives misstranensvotum* del artículo 67 de la Ley Fundamental de Bonn de 1949, recogida en el artículo 113 de la Constitución de 1978, en que la ésta queda supeditada, entre otras exigencias, a la elección de un candidato alternativo a la Presidencia de Gobierno.

Cabe recordar cómo en Francia, durante la III República, y, en particular de febrero de 1875 a febrero de 1934, se sucedieron noventa y seis Ministerios. Así, por ejemplo, Clemenceau presentó once cuestiones de confianza en un mes; Tardieu, veinticinco; y Poincaré, aseguraba que el Parlamento debía ser conducido a base de cuestiones de confianza. El transcurso del tiempo demostraría, sin embargo, que la estabilidad depende más de un

---

4. Mirkine-Guétzévitch, B., *Modernas tendencias del Derecho Constitucional*, traducción de S. Álvarez-Gendín, Reus, Madrid, 1934, págs. 13-19, donde se refiere a la racionalización del parlamentarismo con carácter general; y asimismo en «L étude comparative de la technique parlementaire», en *Annales de l'Institut Comparé de l'Université de Paris*, T. I, París, 1934, págs. 169 y sigs.

consolidado sistema de partidos[5], que de los singulares procedimientos restrictivos que accionan los mecanismos de responsabilidad[6]. Como refiere Mirkine-Guétzévitch, «des partís puissants et disciplinés, voilà le vrai régime parlementaire»[7].

En suma, el elemento que define el régimen parlamentario es la mentada relación fiduciaria del Ejecutivo ante el Parlamento, lo que supone su obligada responsabilidad política: «punto cardinal sobre el que gira el gobierno parlamentario, y la posibilidad de retirar dicha confianza es la espada de Damocles que cuelga sobre cualquier Gobierno, a no ser que posea una mayoría tan segura que le permita superar cualquier tormenta»[8]. En caso de desacuerdo, éste puede obligar al Ejecutivo a presentar su dimisión, la cual se produce a través de dos mecanismos delimitados, pues no todo voto hostil de las Cámaras implica, en un régimen de parlamentarismo racionalizado, la exigencia de responsabilidad y su correlativa renuncia: de una parte, la cuestión de confianza, por la que es el Gobierno el que compromete libremente su responsabilidad; y, de otra, la moción de censura, en la que es el Parlamento el que pretende derribar al Ejecutivo.

De este modo, la responsabilidad política del Gobierno es el auténtico corazón del régimen parlamentario, su verdadero elemento «indefettible»[9]; esto es, su cualificante elemento esencial[10]. Por ello, dice bien Vergottini, la confianza de la mayoría «comporta una habilitación del Gobierno para el ejercicio de las competencias que le reconoce la Constitución, pero además una situación de constante condicionamiento por parte parlamentaria, en la medida en que debe responder por su selección de la orientación política ante la propia mayoría y ante las minorías de la oposición»[11]. En consecuencia, el Ministerio no puede gobernar si no es con la

5. Entre otros, Rubio Llorente, F., «Relaciones del Gobierno y la Administración con las Cortes», en *Gobierno y Administración en la Constitución*, T. I., I.E.F., Madrid, 1988, págs. 154-156.

6. Von Beyme, K., «El problema de la estabilidad de los Gobiernos. Un estudio comparado», en *El control parlamentario del Gobierno en las democracias pluralistas (El proceso constitucional español)*, dir. Manuel Ramírez, Labor, Barcelona, 1987, págs. 375 y 376.

7. Mirkine-Guétzévitch, B., «Léchec du parlamentarisme rationalisé», en *Revue Internationale de Histoire Politique et Constitutionnelle*, n.º 14, 1954, pág. 118.

8. Loewenstein, K., *Teoría de la Constitución*, traducción Alfredo Gallego Anabitarte, Ariel, Barcelona, 1970, pág. 263.

9. Elia, L., «Governo (forme di)», en *Enciclopedia del Diritto*, V. XIX, Giuffré, Milán, 1970, pág. 642.

10. Duverger, M., *Instituciones Políticas y Derecho Constitucional*, varios traductores, Ariel, Barcelona, 1980, pág. 141.

11. De Vergottini, G., *Derecho Constitucional Comparado*, traducción de Pablo Lucas Verdú, Espasa Calpe, 2.ª ed., Madrid, 1985, págs. 310-313.

fiducia de la Cámara; o mejor dicho, de su mayoría parlamentaria[12], ya que su concesión o rechazo es la última *ratio*[13] de la responsabilidad, cuya exigencia se traduce en su remoción.

Desde tales premisas, se pueden distinguir dos legitimidades. La primera, de origen, de la que tiene que gozar el Ejecutivo, en el momento de su institucionalización, con investidura formal o sin ella. La segunda, de ejercicio, pues está obligado a conservarla. Una responsabilidad que tiene, a la par, una doble dimensión. De un lado, horizontal, por la que el Gobierno, emanación de la mayoría de la Cámara, se halla ligado por un vínculo fiduciario que, de romperse, provoca su caída. De otro, vertical, por la que la responsabilidad afecta a todos los miembros que integran el Gabinete[14].

Por lo demás, una de las cuestiones que más ríos de tinta ha vertido ha sido la de la naturaleza del control parlamentario. Y, en particular, respecto de los mecanismos a través de los que se canaliza la responsabilidad; principalmente, la moción de censura. Para algunos, ésta se diluye en el concepto de control; mientras que, para otros, control y responsabilidad política son categorías autónomas. La elección del significado que se acoja no es baladí, pues de ella dependerá su carácter y contenido. Si se adopta el concepto francés de verificación, quedan fuera las medidas de exigencia de responsabilidad. Por contra, si se estima la noción británica de mando, tales mecanismos integrarán una de las partes del control parlamentario.

A mi modo de ver, la distinción entre la verificación, propia del control, y la sanción, característica de la exigencia de responsabilidad política, es una disquisición discutible. De una parte, no hay razones para preferir el significado francés de control, entendido como verificación, y excluir la acepción de dominio/señorío del derecho británico, sin entrar además en la escasa importancia de los significantes etimológicos, para estudiar una institución que ha evolucionado tanto en el tiempo. Y, de otra, la creación de una alternativa categoría nueva, la denominada garantía jurídica, en la que convivirían el control y la sanción, complica las polivalentes funciones del Parlamento.

---

12. Hauriou, A., *Derecho Constitucional e Instituciones Políticas*, traducción de J. A. González Casanova, Ariel, Barcelona, 1975, pág. 245.
13. Fernández Segado, F., «La cuestión de confianza: marco jurídico constitucional y praxis política», en *Revista Española de Derecho Constitucional*, n.º 21, 1987, pág. 37.
14. Bar Cendón, A., «La estructura y funcionamiento del Gobierno en España: una aproximación analítica», en *El Gobierno en la Constitución española y en los Estatutos de Autonomía*, Diputación de Barcelona, Barcelona, 1985, págs. 33-34.

En todo caso, tales argumentaciones deslindan la función de control con criterios formalistas, como si ésta pudiera delimitarse del mismo modo que las funciones legislativa y presupuestaria. La función de control no se debe aprehender sino por su significado y alcance políticos. Como señala Rubio Llorente, los procedimientos parlamentarios son multifuncionales y «el análisis de la función de control no puede reducirse, en consecuencia, a procedimientos determinados, sino que ha de tomar como objeto la totalidad de la actuación parlamentaria» [15]. Por su parte, Aragón Reyes diferencia entre control «por el Parlamento» y control «en el Parlamento». El primero existiría en la medida en que se exprese mediante las decisiones de la institución parlamentaria, que no son sino las resoluciones de la mayoría. El segundo sería un control parlamentario, no porque tal órgano sea el sujeto actuante de tal control, sino porque se produce físicamente en el mismo Parlamento [16].

Relacionado con lo anterior, y en lo que atañe a la naturaleza del control se han postulado dos concepciones. Una primera lo entiende como un control jurídico. Dentro del mismo existen preceptos institucionales, como el deber de buena administración, el principio de justicia sustancial, el de *logicidad* y el de paridad de tratamiento, que son elementos de evidente contenido jurídico, aunque no se pueda ignorar que en el control parlamentario existe un «menor grado de vinculación y mayor grado de libertad de valoración de sus parámetros» [17]. En sentido contrario, se ha defendido su perfil político. Como manifiesta acertadamente Aragón Reyes, caracterizar un instituto como jurídico por regularse de forma jurídica, no es una evaluación aceptable. El proceso de juridificación de la política «lo que significa es, exactamente, proceso de regulación jurídica de los fenómenos políticos, pero no proceso de supresión del carácter político de tales fenómenos. El Derecho Constitucional no juridifica exactamente lo político, sino que lo canaliza» [18].

A nuestro parecer, el control parlamentario es un control de naturaleza política, en el que la verificación de la actividad gubernamental se realiza atendiendo a la oportunidad, conveniencia y acierto. Y estos criterios son políticos, de la misma manera que el Parlamento es un órgano constitucional de carácter político, aunque esté regulado en la Constitución. Esto explica, además, que en el control jurídico la sanción sea una consecuencia

15. Rubio Llorente, F., *La Forma del Poder (Estudios sobre la Constitución)*, Centro de Estudios Políticos y Constitucionales, Madrid, 1993, pág. 256.
16. Aragón Reyes, M., «El control parlamentario como control político», en *Revista de Derecho Político* n.º 23, 1996, pág. 27.
17. Montero Gibert y García Morillo, *op. cit.*, pág. 25.
18. Aragón Reyes, *op. cit.*, págs. 12, 20-22 y 34-37.

de la actividad de fiscalización, mientras que en el control político, salvo en los mecanismos de exigencia de responsabilidad política, la sanción tenga una significación secundaria, no dándose paralelamente en la mayoría de los casos[19].

Dicho todo lo cual, no podemos ignorar la crisis del Parlamento, en la que intervienen una pluralidad de causas históricas, técnicas y políticas[20]. A saber: la transformación de los partidos políticos, como partidos de masas, dotados de una fuerte disciplina, donde las decisiones se adoptan en sus órganos de dirección[21]; el fortalecimiento del Poder Ejecutivo, después de la Segunda Guerra Mundial, como único poder apto para decidir una política rápida y cada vez más intervencionista; la creciente complejidad técnica de las materias que requiere de una especializada formación de la que carecen la mayoría de los parlamentarios, así como la insuficiencia de medios técnicos a disposición de las Cámaras; o la indisoluble vinculación entre el Gobierno y la mayoría parlamentaria que lo sustenta, lo que cercena no solo el triunfo de cualquier medida que suponga su exigencia de responsabilidad, sino de otros instrumentos de control.

Pues bien, apuntado el fundamento y naturaleza del régimen parlamentario, y de su principal mecanismo de exigencia de responsabilidad política, la reiterada moción de censura, nos detendremos ahora en los contenidos que conforman la presente obra.

El primero de los capítulos, elaborado por María Luisa García Blanco, Abogada del Estado y Letrada en ejercicio, está centrado en la preservación del principio de separación de poderes como garante del control político del Gobierno y sus correlativas consecuencias en la integral comprensión de la moción de censura en nuestra *Carta Magna* de 1978. El artículo es una lúcida reflexión sobre los factores que debilitan hoy el mentado principio de división de poderes, en la ordenación del actual sistema parlamentario, con una reivindicación de la preservación de los debidos «*checks and balances*» y del irrenunciable papel a desplegar por parte del Poder Judicial y del Tribunal Constitucional. Unas acertadas consideraciones que terminan con la exposición de la moción de censura en la Constitución de 1978, en tanto que mecanismo de exigencia de responsabilidad política, eso sí, de un parlamentarismo racionalizado, y con un añadido examen singularizado de las seis mociones habidas desde 1977 a 2023.

---

19. Molas, I. y Pitarch, E., *Las Cortes Generales en el sistema parlamentario de Gobierno*, Tecnos, Madrid, 1987, págs. 37 y 38.
20. Chandernagor, A., *Un Parlement, pourquoi faire?*, Gallimard, París, 1967, pág. 110.
21. Ver García Pelayo, M., *El sistema de partidos*, Alianza Editorial, Madrid, 1986, pág. 91.

Son particularmente interesantes las observaciones sobre los diversos factores que han desvalorizado el citado principio de separación de poderes: el surgimiento del Estado regulador, la configuración de los actuales regímenes de Gobierno (con el reforzamiento institucional del Ejecutivo, la preeminencia del Presidente del Gobierno y la protección a la subsistencia de Ejecutivos minoritarios) y el papel preponderante de los partidos políticos. De ahí su convencimiento de que, más allá de la caracterización abstracta de los mecanismos de racionalización parlamentaria, «solo un sistema de partidos estructurado y que proporcione mayorías parlamentarias claras aseguraría la estabilidad gubernamental, y ese sistema de partidos es consecuencia de una sociedad estable sin graves fisuras internas. Si faltan esos datos, cualquier mecanismo constitucional resultará ineficaz». Con un clarividente juicio final: «... las consecuencias de una moción que, sin proporcionar *per se* la estabilidad gubernamental viene a proteger a los Gobiernos minoritarios, pueden perjudicar al conjunto del sistema parlamentario... uno de los más peligrosos efectos de la racionalización de la moción de censura consiste...(en) la permanencia de Gobiernos que, gozando tan solo de un apoyo minoritario, se amparan en la protección que les otorga dicho mecanismo de control pese a ser incapaces de llevar a cabo su programa político por no disfrutar de la confianza parlamentaria, sacrificándose con ello el poder del Parlamento en aras de una pretendida estabilidad». Un ejemplo de ellos, se afirma sin ambages, es la experiencia desde el año 2016: su regulación ha resultado un instrumento válido de estabilidad gubernamental, «aunque no garantice por sí solo el correcto funcionamiento del parlamentarismo».

En este contexto, cinco de las mociones instadas (1980, 1987, 2017, 2020 y 2023, que fueron rechazadas) en estos cuarenta y cinco años, habrían sido, sobre todo, «campañas de presión dirigidas a agitar la política española... provocando una atmósfera de cambio de ciclo que favorece la puesta en marcha de la maquinaria preelectoral con la promoción de un líder político como candidato». Solo habría prosperado, pues, la de 2018.

El segundo capítulo, a cargo de Pascual Sala Sánchez, Ex Presidente del Tribunal de Cuentas, del Tribunal Supremo y del Consejo General del Poder Judicial, y del Tribunal Constitucional, va más allá de un estricto estudio de la moción de censura, para abordar, ni más ni menos, que la recta comprensión del principio de responsabilidad política del Gobierno ante el Parlamento y de sus diferentes procedimientos de articulación. El trabajo arranca con un satisfactorio análisis, con la apoyatura de una copiosa y bien seleccionada doctrina, de la caracterización del control del Parlamento sobre la gestión política del Ejecutivo, en tanto que primerísimo e irrenunciable postulado de todo sistema parlamentario. Para, acto seguido, detenerse no solo en la moción de censura en el ámbito nacional, sino también en las Comunidades Autónomas y Entidades Locales. Al que introduce unas complementarias páginas sobre la cuestión de confianza —artículo 112 de la CE—; una institución muy querida por mí, toda vez que publiqué en su día la única monografía en la doctrina española sobre la materia.[22] Por más que su utilización haya sido menor: en solo dos ocasiones (1980 y 1990).

En efecto, cuestión de confianza y moción de censura disfrutan de perfiles comunes: a) Sus fundamentos se asientan en el régimen parlamentario; b) Sus presupuestos se encuentran en la relación fiduciaria que debe disfrutar el Gobierno sustentado por el Parlamento; c) Ambos instrumentos verifican la subsistencia de la mentada relación de confianza, o al menos, la no manifiesta y beligerante hostilidad por parte del Parlamento; d) Las dos son mecanismos a través de las que se insta la responsabilidad política del Ejecutivo ante el Congreso de los Diputados; si bien solo la moción de censura provoca, en la práctica, su remoción, pues el Gobierno suscitará lógicamente la cuestión en el momento más pertinente a sus intereses; e) La regla, en el momento de la formalización de la votación, de que las abstenciones, las ausencias, los votos en blanco y nulos favorecen al Gobierno, pues solo se computan los expresamente negativos.

Por el contrario, ambas se diferencian por las siguientes notas: a) La cuestión de confianza procede, de forma discrecional, del Ejecutivo, en tanto que la moción de censura lo hace, directamente, del Congreso de los Diputados; b) Mientras la cuestión de confianza aspira a fortalecer la posición del Gobierno, la moción de censura, aunque finalmente no prospere, tiene la voluntad de remover el Ejecutivo o al menos debilitar su autoridad e imagen ante el Parlamento y la opinión pública; c) En la cuestión de confianza se enjuicia, formalmente, al Presidente del Gobierno. En cambio, en la moción de censura se encauza también la responsabilidad del Gabinete en su totalidad, por más que los efectos prácticos de una y otra puedan ser idénticos; d) El objeto de la moción de censura es más amplio y menos formalista, pues va más allá de una «declaración de política general» o del «programa político»; e) En la cuestión de confianza el debate parlamentario se sustancia, fundamentalmente, con el Presidente en ejercicio, mientras que en la moción de censura adquiere, singular relevancia, la deliberación frente al candidato a Presidente; f) El procedimiento parlamentario es más complejo en la moción de censura que en la cuestión de confianza; g) Mientras que en la cuestión de confianza es suficiente la mayoría simple, en la moción de censura se requiere la mayoría absoluta para su aprobación.

22. González-Trevijano, P., *La cuestión de confianza*, McGraw-Hill, Madrid, 1996.

En lo atinente a la experiencia en estos cuarenta y cinco años, se apunta que «su efecto de evitar una inestabilidad gubernamental es innegable ante situaciones parlamentarias de fragmentación y multiplicación de partidos políticos en considerable diferenciación ideológica. También que un aumento de la inestabilidad gubernamental, puede conducir a una inestabilidad política, contraria, por pura evidencia, a un sistema democrático apto para respetar y desarrollar los postulados de un Estado social y democrático de Derecho como el que proclama nuestra Constitución en el primero de sus artículos».

El tercero de los capítulos, elaborado por Antonio Palomar Olmeda, Magistrado y Profesor Titular de Derecho Administrativo, realiza un exhaustivo examen de la fundamentación y precedentes de la responsabilidad política y la moción de censura en la historia de nuestro constitucionalismo histórico. Unas páginas que se abren con una declaración tan cierta como sentida: «La responsabilidad política del Gobierno ante las Cortes Generales nos parece, hoy, algo innato a la propia democracia y su aplicación nos ha llevado a la destitución de algún Presidente del Gobierno en la historia reciente. Se trataba del triunfo de la soberanía nacional que reside en el pueblo español y se representa por el Parlamento negando la capacidad de seguir gobernando por haber perdido la confianza de aquel». Se recogen y valoran, en detalle, la regulación del Jefe del Estado, las Cortes y el Gobierno en las Constituciones de 1812, 1834, 1837, 1869, 1876 y 1931. Esta última es la primera que la consagraba, de forma expresa, en su mentado artículo 64.

El autor esgrime una serie de inteligentes consideraciones que hacemos nuestras: la particular conformación del modelo de responsabilidad política del Gobierno está mediatizado por la concreta forma de régimen político o forma de Estado. Lo que explica, durante las Constituciones monárquicas decimonónicas, la dificultad de su articulación práctica ante «un conglomerado administrativo en torno a la figura ejecutiva del propio Monarca... y, por tanto, de hacer visible el control político de las Cortes sobre el citado Poder ejecutivo». Buena prueba de ello, era el cuidado que se ponía en evitar que el Rey estuviera presente durante su debate. A lo que se añadía, que la labor de control, sobre Secretarios de Despacho y Ministros, se reglamentaba, sobre todo, en los correspondientes Reglamentos de las Cámaras. Nada se plasmaba, ni sobre su forma ni acerca de su procedimiento, en los propios Textos constitucionales hasta el de 1931.

Una postergación/imposibilidad que cambia, tras la aprobación de la Constitución de la II República, donde esta se constitucionaliza. Una modificación que «es posible... por la abdicación del modelo de monarquía representativa y la aparición de un Presidente del Gobierno elegido por el Parlamento mediante una votación de confianza que puede posteriormente, reducirse o enervarse y permite, por tanto, la atribución del poder a una mayoría diferente». Con una contrastada constatación empírica: las medidas de responsabilidad en el siglo XIX «se ubican en una posición más de destrucción que de construcción». Una situación que se altera con la Constitución de 1978, que «se sitúa, claramente, en un plano de moción constructiva», al tiempo que «el modelo actual es, claramente, un modelo que gira sobre el ámbito presidencial y no sobre los ministros...».

El cuarto capítulo, a cargo de Manuel Aragón Reyes, Catedrático de Derecho constitucional y Magistrado Emérito del Tribunal Constitucional, va más allá, como sucede con otras colaboraciones, del aislado examen y enjuiciamiento de la regulación constitucional y *praxis* política de la moción de censura en nuestro Texto constitucional de 1978. Su título es bien expresivo de lo afirmado: «*El modelo constitucional español de régimen parlamentario: un parlamentarismo constructivo*». Y es más, creo que la titulación se queda corta, pues el trabajo es un magistral análisis de la naturaleza y el funcionamiento de nuestro régimen constitucional durante estos cuarenta y cinco años, al tiempo que una preocupación por el malhadado discurrir, por no hablar de peligrosa deriva, de los últimos tiempos. El autor lo apunta expresamente en sus primeras líneas: «Lo que pretendo exponer es... el significado constitucional de nuestra forma parlamentaria de gobierno, para examinar después la evolución que esa forma de gobierno ha sufrido entre nosotros, una evolución que estimo desafortunada...».

Tras referir las diferentes y generales prescripciones constitucionales de la forma de gobierno parlamentaria, y reseñar sus características singulares en el texto de la Constitución, se describe, acto seguido, cual es el fin perseguido, que no es otro «que la de lograr Gobiernos estables y con capacidad de gobernar... Precisamente, por aquella finalidad, se impone que tanto la investidura como la moción de censura deben ser "constructivas"». Nuestro jurista diferencia, cronológicamente, dos etapas: la primera, hasta 2015, donde el modelo, más allá de algún altibajo, funcionó regularmente; la segunda, desde diciembre de 2015, donde entra en crisis a causa de la imposibilidad de los dos grandes partidos nacionales para suscribir pactos de Estado. Un cainismo político aderezado con los peores ingredientes: extrema polarización partidista; eliminación del consenso; la conversión *schmittiana* del adversario en enemigo al que se desea excluir de la alternancia en el poder; un falseamiento de los Reglamentos Parlamentarios; y una normativa electoral que prima la sobre representación de los partidos autonómicos, con una relevancia desproporcionada, en la gobernanza política del Estado.

Paralelamente, se desgranan otras dos desafortunadas realidades sobrevenidas: la irrupción de unas desaconsejables primarias, favorecedoras de una descontrolada democracia cesarista en el seno de los partidos políticos; y la absorción por la Presidencia del Ejecutivo no solo del Gobierno, sino pareciera del mismo Estado. Ambas circunstancias habrían dibujado un perverso modelo de parlamentarismo presidencialista. Junto a ello, asistimos a una creciente irrelevancia de las Cortes (pérdida de su centralidad institucional, debilidad de su función de control, decaimiento de su potestad legislativa, abuso de la legislación de urgencia y escasa calidad de los debates parlamentarios). Todo en un contexto donde los partidos se han erigido en dueños y señores de la vida pública e institucional, con una paralela infracción del principio de separación de poderes y una previa asignación de cuotas y reparto de los diferentes órganos constitucionales y de relevancia constitucional. Con un peligro añadido: la pretensión de abrir un conflicto entre la legitimidad democrática y la legitimidad constitucional, como si el Parlamento no estuviera sometido a la Constitución, como todo poder constituido[23], olvidando que sin el respeto al Derecho no es posible la democracia constitucional. Estado de Derecho y Estado Democrático son dos cuerpos hermanados e inescindibles. Unas irregularidades que no encuentran su causa tanto en la necesidad de una reforma constitucional perentoria, como en la ausencia de respeto de los preceptos constitucionales.

Hechas tales consideraciones, el autor aborda los asuntos que ocupan y preocupan hoy a la ciudadanía. De forma especialísima, la inconstitucionalidad, por motivos de diferente índole, de la Proposición de la Ley de Amnistía. Y la ausencia de cumplimiento, por parte de los diferentes operadores, no solo de los mandatos prescritos en las normas, sino por la preterición de una cultura política que ha de asentarse en la búsqueda de acuerdos, en la suscripción de pactos, lejos de los vergonzantes vetos, tan rechazables por su condición de apriorísticos como de inamovibles. Lo que se visualiza, asimismo, en la aplicación del procedimiento de investidura del Presidente del Gobierno (artículo 99 CE). En sus propias palabras, y más allá de algunas mejoras de *legge ferenda*, no tanto por defectos del precepto, como por su indebida interpretación. Por lo demás, comparto su rechazo a exigir del Monarca, como si fuera una potestad discrecional propia, un activismo que no se compadece con su configuración constitucional. Me parece también oportuna la propuesta de fortalecer, en las negociaciones entre partidos, al Presidente del Congreso, en tanto que mediador «forjando los consensos necesarios para que se facilitase al Rey la posibilidad de presentar

23. González-Trevijano, P., *El Tribunal Constitucional: entre el erizo y el zorro*, Madrid, 2023, pág. 31.

un candidato con probabilidades de ser investido». Aunque ello requiere que la Presidencia de la Cámara recaiga en personas dotadas de *auctoritas, como* la referencial figura del *speaker* británico, que no sean correas de transmisión del Ejecutivo o de las mayorías parlamentarias de turno.

Finalmente, se realizan dos afirmaciones compartidas: la finalidad de nuestro modelo de régimen parlamentario no se consuma con la investidura del Presidente del Gobierno, sino que procura la estabilidad y funcionalidad del Ejecutivo constituido; y que un mal uso de su espíritu puede conllevar a «producir gobiernos sin capacidad de gobernar, aunque sí con capacidad de resistir». Con una apelación directa a la ciudadanía: la democracia requiere de unos contratos sociales «desempeñados por ciudadanos "virtuosos"; esto es, alertas y conscientes de su libertad».

El quinto capítulo, elaborado por Fernando Simón Yarza, Catedrático de Derecho constitucional, se centra en el acertado examen de la moción de censura en el Derecho alemán. Toda vez que su regulación en el artículo 113 de la Constitución de 1978 está fuertemente inspirado en la Ley Fundamental de Bonn de 1949. En sus páginas se atiende a su precedente en la República de Weimar, y, sobre todo, se detiene en el análisis del artículo 67 de la Constitución alemana, al hilo de cuatro logrados apartados: la moción de censura en el supuesto de defensa; responsabilidad colectiva y reprobación ministerial; la regulación de la moción de censura en los Estados federados; y la aplicación histórica de la moción en el ámbito federal: la moción fracasada contra Willy Brandt (27 de abril de 1972) y la moción de censura contra Helmut Schmidt (1 de octubre de 1982).

Tras una brillante exposición, el autor llega a unas interesantes conclusiones, que no me resisto a no referir. Primera. La constatación fáctica de que su reglamentación ha abortado, sin duda, el obstruccionismo parlamentario, como atestigua el solo triunfo de una de las mociones interpuestas. Segunda. Dicho lo cual, se argumenta bien, «el tiempo ha demostrado, igualmente, que la moción constructiva no constituye la panacea a todos los males... resultaría ingenuo creer que esta regla puede paliar la debilidad del Gobierno —como hemos visto también en el trabajo de García Blanco— que carece de apoyos suficientes para gobernar». Y, tercera, el riesgo, advertido entre otros por H. Nawiasky y H. Schneider, de que «la necesidad de contar con un candidato alternativo podría conducir a que, en momentos de descontento frente al Gobierno, minorías heterogéneas se coaligasen en torno a un candidato ambicioso y sin programa, dispuesto a subastar lo público entre unos y otros con la única finalidad de llegar al poder».

Los capítulos seis y siete, dedicados al examen de la moción de censura en los ámbitos de las Comunidades Autónomas y de la Administración Local, siguen la línea de excelencia de las colaboraciones de esta monografía. El primero de ellos, a cargo de Rosa María Vidal Monferrer, Abogada del Estado y socia directora de Derecho público del despacho Broseta, referido a su tratamiento normativo en las diferentes Comunidades Autónomas. Una exposición que se cierra con unas consideraciones, de carácter más personal, sobre las distintas mociones autonómicas instadas estos años.

Unas reglamentaciones muy similares, todas ellas, se afirma certeramente, cuyas «principales diferencias (se centran) en el número de parlamentarios que pueden proponerla, así como en los límites en orden al número de mociones que se pueden plantear, así como sus peculiaridades en el procedimiento establecido para el desarrollo de las sesiones, pero idénticas en la regulación fundamental».

Apuntándose particularmente, por su autora, los siguientes rasgos compartidos: a) La adopción por el Parlamento autonómico exige la de mayoría absoluta de sus miembros; b) Se requiere, en su propuesta avalada por un número mínimo de parlamentarios, que habrán de instar en el escrito motivado a la Mesa de la Cámara, la inclusión de un candidato alternativo a la Presidencia del Consejo de Gobierno; c) Un diputado no puede suscribir diferentes mociones que den lugar a un mismo debate; d) Su aprobación implica, de forma paralela, la dimisión del Presidente del Consejo censurado y la investidura y nombramiento, a todos los efectos, del nuevo; e) Si triunfa una moción de censura, ya no se someterán lógicamente a debate, por haber perdido objeto, otras interpuestas ante la Cámara; f) Queda proscrita, instada una moción de censura, que el Presidente del Consejo de Gobierno pueda ejercer el derecho de disolución de la Cámara; así como plantear una paralela cuestión de confianza; g) La moción de censura será susceptible de retirarse, en cualquier momento, por sus proponentes. No obstante, si durante su tramitación, y antes de que inicie la sesión de su debate y votación, el Presidente del Consejo presentare su dimisión, está quedará sin efecto; h) La función de la Mesa de la Cámara se circunscribe al enjuiciamiento de sus requisitos formales y materiales, dando cuenta de lo acordado al Presidente de la Junta de Portavoces y a los portavoces de los Grupos Parlamentarios; i) Dentro de los dos días siguientes a su interposición, se prescribe la posibilidad, como regla más extendida, de presentarse mociones alternativas sometidas a idénticos requisitos formales y materiales; j) Si se hubieran instado varias mociones, el Presidente de la Cámara, oída la Junta de Portavoces, podrá acordar el debate conjunto de todas las incluidas en el orden del día; aunque se habrán de someter a votación de manera individualizada según el orden de su presentación; k) La votación se realizará a la hora fijada por la Presidencia de la Cámara de acuerdo con el sistema de llamamiento.

Acto seguido, se exponen, con detenimiento, las Comunidades Autónomas en las que se han presentado mociones de censura, así como el resultado final de las mismas. Son los casos de las Comunidades de Madrid (1989 y 2017, aunque ninguna prosperó); Galicia (1987, que prosperó, y 2011 y 2012, que fueron, en cambio, rechazadas); Cataluña (2001, 2005 y 2019, aunque ninguna triunfó); Castilla-León (2021, que fue rechazada); La Rioja (1990, que prosperó); Valenciana (2006, que fue rechazada); Cantabria (1990, que prosperó); Principado de Asturias (1999, que fue rechazada); Canarias (1993, que triunfó); y Aragón (1993, que también prosperó).

Las motivaciones han sido, a juicio de nuestra compañera, de los más variado: «conseguir un atril donde poder presentar un discurso, presentar a un nuevo líder político a sus electores o perjudicar la imagen del Presidente vigente en ese momento. En la mayoría de los casos estos propósitos se han superpuesto, no teniendo carácter excluyente».

El segundo de ellos, es el elaborado por Antonio Jiménez Blanco, Catedrático de Derecho administrativo y Letrado de las Cortes. El autor realiza, con su pluma desenfadada y punzante, una disección de la organización de los Ayuntamientos en el texto de la Constitución (artículos 142 y 151), en parejo con lo dispuesto en otros preceptos de invocación irrenunciable (artículos 6 y 23). Así como un examen de su regulación en los Ayuntamientos y su paralelo crítico enjuiciamiento: los casos de los Ayuntamientos de Tacoronte (Tenerife), Arredondo (Cantabria) y Arapiles (Salamanca). También, finalmente, su reglamentación en las Diputaciones Provinciales. Un excurso que finaliza con una incisiva recapitulación y una serie de sugerentes conclusiones.

Su análisis parte de las consideraciones generales efectuadas en la STC 151/2017, de 21 de diciembre, al hilo del contenido y la extensión del artículo 23. 2 de la Constitución, relativo al ámbito y preservación del denominado «*ius in officium*» de los concejales. El presupuesto discursivo del que se parte, en la valoración del régimen previsto en la Constitución, es que «los miembros de una corporación local cuentan entre las funciones que pertenecen a ese núcleo representativo, entre otras, en todo caso, y, por tanto, también en el de los concejales no adscritos, con la de participar en la actividad de control del gobierno local». Desde la temprana STC 5/1983, de 4 de febrero, que declaró, «que la silla es de la persona elegida y no del partido: o sea, puso el artículo 23 de la CE por encima del artículo 6», se ha afianzado «el modelo parlamentario, o sea, partitocrático, con la mayoría en tarea de gobierno —y el Alcalde a su frente— y minoría confinada a la oposición, como en el Congreso de los Diputados. El patrón». Un perfil de sospecha/ animadversión hacia los concejales «tránsfugas» sentido en la Ley de Bases del Régimen Local (artículo 73. 3) y en el Reglamento de Organización, Funcionamiento y Régimen Jurídico de las Entidades Locales (artículos 23 a 29).

Aunque su fundamento discurre, sobre todo, en la Ley de Régimen Electoral General (artículos 196 y 197). Una normativa que ha sido objeto de dos importantes modificaciones. A saber: la primera, por Ley Orgánica 8/1999, de 21 de abril, que prescribía el automatismo de la convocatoria del Pleno, nada más instarse la presentación de la moción, cercenando cualquier política obstruccionista por parte del alcalde censurado. Y, la segunda, por Ley Orgánica 2/2011, de 28 de enero, con una abierta crítica, en su Preámbulo, al transfuguismo, al que califica de «anomalía», en los casos en que se altere de forma espuria la voluntad popular y se modifiquen los gobiernos municipales. En ella se incrementaba, junto al requisito de la mayoría absoluta para su aprobación y su naturaleza constructiva con la presentación de un candidato alternativo, el número de firmas exigibles de quienes formaran o hubiesen formado parte del grupo político al que pertenece el alcalde censurado, que se encuentren en tales circunstancias. Lo mismo que, se extendía, asimismo, al caso de aquellos concejales que hayan dejado de pertenecer, «por cualquier causa», al grupo municipal al que se adscribieron al inicio de su mandato. Esto es, se dirá con sorna, la sanción de «la expulsión del partido: la excomunión y no solo la apostasía». Unas agravantes que dificultan, obviamente, su interposición y triunfo, al elevarse considerablemente su «*quorum de procedibilidad*». Late, tras la reforma legal, un deseo de regeneración democrática que incide de forma importante, no obstante, en la modulación del ámbito de tutela del «*ius in officium*». El objetivo perseguido es, pues, la no alteración de «la voluntad popular», de «las mayorías de gobierno», ni que «cambien gobiernos municipales», favoreciéndose, desde «la regeneración democrática», «la estabilidad en la vida municipal».

Ahora bien, y a pesar de su loable finalidad, la restricción a los concejales que habían dejado de pertenecer al grupo inicial, «por cualquier causa», fue declarada inconstitucional (STC 151/2027, F J7). En efecto, se afirmó que «va demasiado lejos y supone una restricción desproporcionada del «*ius in officium*» en algo tan importante como firmar una moción de censura y votar a su favor. Quedan eso sí, aún por dilucidar por el Tribunal Constitucional, las causas en los municipios de Arredondo y Arapiles.

La investigación concluye con el estudio de las mociones en el ámbito de las Diputaciones Provinciales (artículos 142 CE y 207. 3 LOREG), con una hemeroteca bastante menor de casos, aunque con algún supuesto, como el de Ávila, ciertamente relevante.

El octavo y último capítulo, a cargo de Francisco Ruiz Risueño, Abogado del Estado y Diputado constituyente, es una comprometida denuncia sobre la inexcusable y repetitiva desfiguración de la moción de censura, en el modo que fue diseñada por el constituyente de 1978, por más que sea consciente que tales reflexiones no vayan más allá de un «mero soliloquio». Una realidad auspiciada, se argumenta, tanto «por la ausencia de un marco normativo claro que regule los efectos y consecuencias que su posible uso indebido pueda producir... no existen, según resulta de las decisiones hasta ahora adoptadas por la Mesa del Congreso de los Diputados (de simple constatación de los requisitos formales) ... mecanismos constitucionales, ni políticos ni jurídicos, que impidan que la misma sea admitida a trámite, debatida y, en su caso, resuelta». Y añade lo siguiente: «Tampoco existen previsiones sobre los efectos de la aprobación de una moción de censura contraria al espíritu constitucional (las denominadas mociones de censura destructivas)».

Ninguna de las seis mociones instadas hasta la fecha, incluida la que prosperó en 2018, habrían cumplido con su recta comprensión y adecuado espíritu constitucional, de quedar circunscritas a «aquellos supuestos en los que esté realmente en juego la estabilidad y gobernabilidad del Gobierno». Solo la concurrente presencia de una «justificada y objetivable situación de crisis institucional» y de que «el Gobierno alternativo goce de la viabilidad y estabilidad necesarias» ampararía, basándose en los propios debates constituyentes y en su auténtica naturaleza y fundamento, dicho instrumento de exigencia de responsabilidad política. Unas dudas de constitucionalidad que, sin parapetarse en una pétrea interpretación *originalista* de la Constitución, no pueden avalar una inadecuada hermenéutica evolutiva que implique una grosera mutación constitucional de perfiles inconstitucionales. Sea como fuere, estamos de acuerdo en que la bondad o no de la moción de censura, en tanto que demoledor mecanismo de control político, no depende de la utilización más o menos frecuente que de la misma se haga, «sino de que su uso sea el adecuado y de que su sola incorporación en nuestra Constitución sea garantía de la siempre necesaria estabilidad gubernamental, sin menoscabar por ello la legítima y necesaria alternancia en el Gobierno de la Nación».

Realizadas tales afirmaciones, el autor lleva a cabo una prolija taxonomía de las distintas mociones presentadas (1980, 1987, 2017, 2020, 2023 y

2018), en las que de forma razonada explica las causas y razones de su insatisfactoria acomodación al precepto y espíritu constitucional. Desde tales parámetros se impondría, en su opinión, que el Reglamento del Congreso de los Diputados asignase a la Mesa de la Cámara, «la función inexcusable, antes de proceder a la admisión a trámite de la moción de censura, de calificar la solicitud de moción de censura y analizar si concurren las razones de fondo, y muy especialmente, si existe la posibilidad real de que los diputados proponentes dispusieran de la mayoría cualificada para que la moción de censura pudiera prosperar». Solo escaparía a la ortodoxa configuración de la moción de censura querida por la Constitución —que no es otra que la sustitución de un Gobierno en entredicho por un Ejecutivo alternativo que asegure un Gobierno estable y sólido—, el supuesto en que se posibilite la disolución de las Cámaras, mediante la presentación de un «candidato instrumental», que convocara de forma inmediata elecciones generales.

Una tergiversación auspiciada por la exagerada fuerza expansiva del papel que se han arrogado los partidos políticos, con una omnímoda y *fagocitadora* presencia en la vida no solo política, sino privada. La consecuencia habría sido la constatable, a lo largo de estos años de régimen constitucional, utilización «partidista y sectaria» del presente mecanismo de exigencia de responsabilidad política. Tras tan tupidas y alargadas sombras se vislumbra una evidente «deslealtad constitucional». La solución pasaría, por más que nuestro compañero no espere grandes cambios, por la recuperación del respeto a los preceptos constitucionales y la satisfacción de una interpretación que cumpla con la letra y el espíritu de la Constitución. En tan desenfrenada carrera de incumplimientos, se esgrimirá, el mal funcionamiento de los demás mecanismos de control parlamentarios (preguntas, interpelaciones) tiene mucho que explicar en lo acontecido. Aunque me temo, como se trasluce en su exposición, que nos movamos en el ámbito de un pio deseo alejado de la realidad.

Estamos, en resumidas cuentas, antes una publicación digna del mayor elogio, tanto por la relevancia y actualidad de su objeto de análisis, como por la contrastada calidad de todos y cada uno de los trabajos a cargo de sus renombrados juristas. A ellos les testimoniamos, pues, nuestro sincero agradecimiento por su compromiso, sensibilidad y buen hacer.

Madrid, 19 de diciembre de 2023

Capítulo 1

El principio de división de poderes como garante del control político del Gobierno: especial referencia a la moción de censura

MARÍA LUISA GARCÍA BLANCO
Ex Abogada del Estado-Jefe ante el Tribunal Constitucional
Ex Agente del Reino de España ante el Tribunal Europeo de Derechos Humanos
Socia fundadora del Despacho Salama-García Blanco

La separación de poderes, principio dogmático surgido en el Estado constitucional liberal, constituye un elemento esencial de la democracia, indispensable para asegurar la libertad de los ciudadanos en cuanto ofrece medios de control recíprocos que, restringiendo el poder político, aseguran la supremacía de la soberanía popular.

Desde su formulación en el siglo XVIII se configura como un instrumento fundamental para lograr los objetivos del constitucionalismo al asegurar, mediante una organización racionalizada, la limitación del Estado.

La separación de poderes es, junto con la garantía constitucional de los derechos fundamentales del individuo, uno de los principios que caracterizan el Estado de Derecho moderno. De este modo, sin separación de poderes no puede hablarse de Constitución ni tampoco de libertad, de democracia ni, en definitiva, de Estado de Derecho.

En este sentido, la más reciente jurisprudencia constitucional recaída sobre el alcance de la separación de poderes declara que el principio de división y separación de poderes es *«esencial de nuestro constitucionalismo... consustancial al Estado social y democrático de Derecho que hemos formado los españoles mediante la Constitución de 1978 (art. 1.1 CE), pues se trata de un principio político y jurídico que impregna la estructura de todos los Estados democráticos...»* (STC 70/2022, de 2 de junio, FJ 5).

I. ANTECEDENTES

Si bien el origen del principio de la división de poderes se remonta a la Grecia clásica con Aristóteles —en su obra ya se hablaba de las tres funciones del Estado: senado, magisterio político y tribunales— será, sin embargo, Francia y su afamada Ilustración la que, a través de Montesquieu, dé esplendor a este clásico principio al adaptar su arcaico concepto al moderno concepto de Estado y alcanzar así la pura división de poderes. En su obra *El espíritu de las leyes* no solo dio forma a los tres poderes y a sus respectivas funciones, también destacó la debida coordinación que debe existir entre ellos.

Montesquieu no contemplaba por tanto una separación absoluta entre los tres poderes, sino que, habiéndose inspirado en la vida constitucional inglesa, entendió dicha separación de modo flexible entrañando una interdependencia entre ellos y la necesidad de cooperar para tomar decisiones políticas. Se trataba de crear una organización estatal que funcionase eficazmente y, al mismo tiempo, garantizase un equilibrio y control entre los diversos poderes. Se establecía así un anticipo de lo que posteriormente vino a ser el sistema de checks and balances, de pesos y contrapesos entre los diferentes órganos del Estado.

De este modo, si bien originalmente se entendió la separación de poderes como un principio que únicamente exigía la existencia de tres ramas —ejecutivo, legislativo y judicial— con funciones separadas, a medida que dicho principio evolucionó fue objeto de una aplicación transformadora que más que separar los poderes, reclamaba controles mutuos para evitar la concentración del poder. Como la historia ha demostrado, cuando los poderes públicos son moderados y controlados los unos por los otros, lo que en realidad se lleva a cabo es una colaboración de funciones, aunque obviamente no podría llegar a hablarse de colaboración si previamente no hubiera entre esos mismos poderes una separación, constituyendo de este modo la separación presupuesto necesario de la colaboración.

Pues bien, la inicial separación de poderes se expandió con el primer constitucionalismo como principio para asegurar la protección de los derechos y libertades. Tan vinculado estaba su concepto con la idea de libertad, que en Estados Unidos todas las disposiciones que en las diversas Constituciones estatales consagraban expresamente la separación de poderes la incluían dentro de su catálogo de derechos. En concreto, su plasmación constitucional aparece recogida por vez primera en la Declaración de Derechos del Pueblo de Virginia de 1776. Algunos años más tarde, en 1787, lo sería en la Constitución de los Estados Unidos de América y en Europa, en la Constitución francesa de 1791, aunque previamente, y en pleno furor revolucionario, aparecería en la Declaración de los Derechos del Hombre y del Ciudadano de 1789, cuyo art. 16 vino a declarar que «*Toda sociedad en la cual no esté establecida la garantía de los derechos ni determinada la separación de los poderes, carece de Constitución*».

Por lo que respecta al constitucionalismo histórico español, la Constitución de 1812 asumió el principio de la división de poderes por el influjo que los ejemplos constitucionales de Francia y de Norteamérica tuvieron sobre los constituyentes españoles, si bien la interpretación que franceses y estadounidenses hacían a su vez del régimen constitucional inglés se atenía más a los principios teóricos que a la práctica política.

En efecto, la idealización que realizó Montesquieu de la Monarquía británica, como sistema en el que el poder estaba dividido y atribuida cada faceta del mismo a un órgano diferente, se vio desfigurada por la *praxis* del parlamentarismo británico de finales del siglo XVIII. Sin embargo, los constituyentes de 1787 en Washington o de 1791 en París no atendieron a esa evolución y establecieron un sistema rígido de separación de poderes, que es el que recibirían como modelo los liberales españoles de principios del siglo XIX.

La plasmación de una separación rígida entre Legislativo y Ejecutivo alejaba la Constitución de 1812 del gobierno parlamentario. El Rey carecía de medios legales de acción sobre las Cortes, en particular, la disolución de las mismas, pero estas tampoco podían actuar políticamente sobre el poder Ejecutivo, al no tener ninguna intervención ni en el nombramiento ni en la separación de sus miembros.

Por su parte, el orden constitucional configurado en 1978 asume de una manera clara, aunque sin cita explícita, la separación de poderes. Nuestra Constitución no recoge el principio de división de poderes en su formulación tradicional de separación de poderes, como consecuencia lógica de que en el momento de su elaboración ya se habían superado, tanto en la doctrina como en la jurisprudencia, las interpretaciones más rígidas de tal división que solo tenían en cuenta su vertiente de separación funcional y orgánica e ignoraban la necesaria imbricación de poderes y funciones. El propio Tribunal Constitucional ha constatado la falta de rigidez con la que el principio está recogido en nuestra Carta Magna afirmando que «*la evolución histórica del sistema constitucional de división de poderes ha conducido a una flexibilización que permite hoy hablar ..., de una cierta fungibilidad entre el contenido de las decisiones propias de cada una de dichas funciones*» (STC 70/2022, FJ 5).

El art. 1.2 de la Constitución declara que «*La soberanía nacional reside en el pueblo español, del que emanan los poderes del Estado*», habla pues, de forma genérica, de «los poderes» que más tarde se concretarán en otros Títulos de su articulado. En este sentido, reconoce el Tribunal Constitucional que «... *aunque la Constitución de 1978 no enuncia expresamente el principio de separación de poderes, sí dispone que "[l]as Cortes Generales ejercen la potestad legislativa del Estado" (art. 66.2 CE); que el Gobierno "[e]jerce la función ejecutiva y la potestad reglamentaria de acuerdo con la Constitución y las leyes" (art. 97 CE); y que "[e]l ejercicio de la potestad jurisdiccional en todo tipo de procesos, juzgando y haciendo ejecutar lo juzgado, corresponde exclusivamente a los Juzgados y Tribunales determinados por las leyes" (art. 117.3 CE)...*» (STC 70/2022, FJ 5).

II. FACTORES QUE DEBILITAN LA SEPARACIÓN DE PODERES. CONFIGURACIÓN CONSTITUCIONAL DEL SISTEMA PARLAMENTARIO ESPAÑOL

La evolución del primer constitucionalismo que intentaba llevar a la práctica las ideas de Montesquieu como garantía del respeto a los derechos y libertades de las personas, dio paso a una nueva separación de poderes con el énfasis puesto en un reparto de funciones entre los diversos órganos del Estado al objeto de evitar, mediante controles mutuos, la concentración del poder.

Fueron varios los factores que, al impulsar este cambio, contribuyeron a difuminar la estricta separación de poderes.

(i) Por una parte, el surgimiento del Estado regulador.

Desde hace más de un siglo, el Estado moderno representa un rol diverso y más activo en la dinámica de los países, involucrándose en la provisión y regulación de una serie de servicios que, en los orígenes de la separación de poderes, simplemente no formaban parte del campo de sus atribuciones. Aparecen así servicios públicos con cierta autonomía que dan lugar a un nuevo poder radicado en autoridades y funcionarios que, si bien no son elegidos democráticamente, su conocimiento técnico permite atribuirles una intensa potestad reguladora e importantes cuotas de discrecionalidad. Emerge de esta forma un conjunto de órganos, organismos y agencias con capacidad regulatoria que adolecen de un acoplamiento claro en la clásica separación tripartita de poderes.

(ii) Un segundo factor que vino a debilitar la concepción original de la separación de poderes fue la configuración de los regímenes de Gobierno, tal y como la conocemos hoy.

En efecto, desde que se formulara la teoría de la división de los poderes se han articulado diferentes modelos de relaciones entre el Legislativo y el Ejecutivo que han dado lugar básicamente a dos formas de Gobierno: el presidencialismo y el parlamentarismo. Y dado que la separación de poderes ya no es exclusivamente una separación de funciones, sino una exigencia de coordinación y contrapesos institucionales, tal principio deviene aplicable tanto en los regímenes parlamentarios como en los presidenciales, pues ambos permiten configurar mecanismos que eviten la concentración y promuevan la cooperación, pudiéndose apreciar también en ambos un predominio del Gobierno en perjuicio de las labores legislativas y de control del Parlamento.

Si bien es obvio que los sistemas presidenciales, desde sus orígenes, han presentado dificultades con el balance de poderes, no puede tampoco negarse la conflictividad latente entre el parlamentarismo y la división de poderes.

En concreto, el sistema parlamentario contemporáneo se desenvuelve principalmente a través de dos elementos. El primero es un elemento fundamentalmente fáctico, político, escasamente reglamentado, pero que expresa acertadamente cómo funcionan los sistemas parlamentarios de tipo occidental. El Gobierno, bien a través de una elección directa parlamentaria, bien por nombramiento del jefe del Estado, se debe corresponder ideológicamente con la mayoría parlamentaria y solo con ella, es decir, que no puede depender de otro órgano del Estado. Por ello, la instauración de la confianza es el momento central del régimen parlamentario, al establecer el vínculo formal entre la mayoría y el Gobierno, y ello debe hacerse sobre bases sólidas.

El segundo elemento, la responsabilidad política, es de tipo jurídico, recogido expresamente en las Constituciones, y permite que un Gobierno que persista en continuar en sus funciones sin acomodarse a la mayoría parlamentaria pueda ser cesado.

La exigencia de la responsabilidad política, a través de la moción de censura, es el único instrumento impulsado por el Parlamento (por su mayoría) para romper la relación de confianza establecida con el Gobierno, si considera que éste no representa la mayoría parlamentaria y, por tanto, a la mayoría del electorado.

Mientras que tradicionalmente se ha considerado que la responsabilidad política, exigible por el Parlamento, había de ser contrapesada por la potestad de disolución en manos del Gobierno, ya que, de otra manera, no se realizaría el equilibrio de poderes necesario entre Legislativo y el Ejecutivo; en la actualidad, las relaciones entre Parlamento y Gobierno no funcionan como relaciones de contradicción entre poderes equilibrados e independientes, sino como relaciones de coordinación entre el Gobierno y su mayoría parlamentaria. El Gobierno puede sostenerse, sin recurrir al derecho de disolución, gracias a los poderosos medios que le proporcionan las Constituciones modernas.

En nuestro sistema parlamentario, el desdibujamiento de la división de poderes está ya apuntado en la propia Constitución, cuyo art. 1.3, al consagrar la Monarquía parlamentaria como forma política del Estado español, opta por establecer un régimen político basado en la integración Gobierno-mayoría parlamentaria y en la responsabilidad política del primero hacia la segunda. La definición del artículo 1.3 se concreta en el Título V «De las relaciones entre el Gobierno y las Cortes Generales», al establecer un parlamentarismo de tipo racionalizado, siguiendo las corrientes que han impregnado el constitucionalismo europeo contemporáneo.

En este sentido, cabe observar cómo la redacción del art. 56.3 CE excluye cualquier intervención activa del Monarca en el juego político, al señalar que los actos del Rey «estarán siempre refrendados en la forma establecida en el artículo 64 (por el Presidente del Gobierno o por los Ministros competentes, salvo los casos en que deba hacerlo el Presidente del Congreso), careciendo de validez sin dicho refrendo, salvo lo dispuesto en el artículo 65.2 (nombramiento y relevo de los miembros de la casa del Rey)». Se evita así la posible actuación regia al margen del Gobierno pues todo acto del Rey ha de ir refrendado, no habiendo ninguno libre (salvo el citado de su casa), y asumiendo el refrendante la responsabilidad derivada de esos actos (art.

64.2 CE), ya que el Rey no está sujeto a ninguna (art. 56.3 CE). El Rey es, por tanto, únicamente el titular de un órgano del Estado: su Jefatura.

Además. la tendencia a la racionalización del poder, imperante en Europa desde 1919, conlleva que los procedimientos que regulan las relaciones interorgánicas sean explicitados en la propia Constitución. Por ello, el régimen parlamentario, a diferencia de lo que ocurre en la mayoría de las Monarquías europeas, se encuentra expresamente definido en nuestra Constitución.

De este modo, la Constitución de 1978 regula detalladamente la instauración de la relación de confianza entre el Gobierno y la mayoría parlamentaria (art. 99), excluyendo la posibilidad de que un Presidente del Gobierno sea nombrado sin haber obtenido la confianza del Congreso de los Diputados. Relación de confianza que ha de ser permanente por el propio carácter parlamentario del régimen.

El Gobierno puede, en cualquier momento, comprobar la subsistencia de la relación de confianza establecida en la investidura por medio de la cuestión de confianza (arts. 112 y 114.1 CE). El Congreso de los Diputados está facultado para romper ese vínculo fiduciario a través de la exigencia de la responsabilidad política, de manera solidaria (art.108 CE) y articulada por medio de la moción de censura constructiva (arts. 103 y 114.2 CE), o individual (art. 98.1 CE) y articulada por medio de las mociones (art. 111 CE). El Presidente del Gobierno, por su parte, puede proponer la disolución de las Cámaras (art. 115 CE).

En este sentido, tres peculiaridades de nuestro sistema de gobierno parlamentario son destacables.

En primer lugar, la Constitución ha optado por un claro reforzamiento del Gobierno tanto por las funciones que desarrolla como por su relación con el Parlamento. En efecto, el Ejecutivo se constituye en el polo central de la estructura jurídico-constitucional del Estado y así lo concreta el art. 97 CE: «El Gobierno dirige la política interior y exterior, la Administración civil y militar y la defensa del Estado. Ejerce la función ejecutiva y la potestad reglamentaria de acuerdo con la Constitución y las leyes». Frente a la visión decimonónica de un Ejecutivo mero aplicador de las decisiones adoptadas por el Parlamento, el Gobierno pasa ser un órgano autónomo, con competencias propias, ejercidas por derecho propio y no por delegación, y que asume la dirección política. A pesar de que las Cortes son teóricamente el principal órgano del Estado al representar al pueblo español (art. 66.1 CE) y, por tanto, emanar directamente de éste, el Gobierno ostenta, en la práctica, el lugar principal al poseer la dirección de los asuntos públicos y elaborar la orientación política general del Estado.

Y, si bien las Cortes Generales «ejercen la potestad legislativa, aprueban sus Presupuestos, controlan la acción del Gobierno y tienen las demás competencias que les atribuye la Constitución» (art. 66.2 CE), el Gobierno tiene la posibilidad de incidir en la potestad legislativa del Estado no solo a través de los proyectos de ley sino también legislando directamente a través de las delegaciones legislativas (arts. 82-85 CE) y, especialmente, de los Decretos-Leyes (art. 86), con los que, a pesar de su reserva para «casos de extraordinaria y urgente necesidad», el Gobierno realiza una significativa tarea legislativa pero cuyo encaje constitucional viene siendo muy cuestionado en las últimas legislaturas.

También los mecanismos de relación entre Ejecutivo y Legislativo benefician claramente al primero. La búsqueda de la estabilidad gubernamental se hace a costa de las posibilidades de exigir la responsabilidad política gubernamental. Así, frente a las extraordinarias cautelas con las que se rodea la moción de censura, la cuestión de confianza tiene un procedimiento sencillo y puede obtenerse por mayoría simple. La disolución, por su parte, no tiene más límites que el transcurso de un año desde la anterior y la no coincidencia con la tramitación de una moción de censura.

En segundo lugar, dentro del órgano colegiado que es el Gobierno, la Constitución otorga una preeminente posición jurídica a la figura de su Presidente, afirmando en su art. 100 que «los demás miembros del Gobierno serán nombrados y separados por el Rey, a propuesta de su Presidente». La facultad de proponer libremente el nombramiento y cese del resto de los miembros del Gobierno es la máxima potestad, al venir todo el funcionamiento del órgano condicionado por ese dato y, por ello, la dimisión o fallecimiento del Presidente conlleva la de todo el Gobierno (art. 101 CE).

En la misma línea, el art. 98.2 CE proclama que «el Presidente dirige la acción del Gobierno y coordina las funciones de los demás miembros del mismo...». Igualmente, es el Presidente el único que recibe la confianza inicial del Congreso de los Diputados y quien elabora el programa político del Gobierno que pretenda formar (art. 99 CE). Además, en la moción de censura constructiva, la exigencia de responsabilidad política se produce frente al Gobierno en su totalidad (art. 113 CE), pero en caso de triunfar la moción, se inviste solo a un nuevo Presidente (art. 114.2 CE). La cuestión de confianza es planteada tras la decisión personal del Presidente, aunque debe existir previa deliberación del Consejo de Ministros (art. 112 CE). En la misma situación se encuentra la propuesta de disolución de las Cámaras (art. 115 CE).

Y, en tercer lugar, una acusada protección a la subsistencia de Gobiernos minoritarios, incluso aunque no cuenten con la confianza del Congreso de los Diputados. Protección a los gobiernos minoritarios que se plasma en la regulación que la Constitución contiene de los mecanismos de la relación de confianza entre el Ejecutivo y el Legislativo: la investidura del Presidente del Gobierno, la cuestión de confianza y la moción de censura.

En efecto, la Constitución exige que la investidura del Presidente del Gobierno sea por mayoría absoluta del Congreso de los Diputados (art. 99.3 CE), pero permite que, si aquélla no se obtiene, en una segunda votación, el Presidente sea investido por mayoría simple. Pero este deseo de los constituyentes de que, si es posible, el Gobierno cuente desde el comienzo de la legislatura con una mayoría fuerte para poder realizar su programa político y legislativo, no es una obligación jurídica, pues a cualquier fuerza que cuente con la mayoría relativa del Congreso se le permite formar Gobierno. En definitiva, la Constitución exige solo en última instancia mayoría simple para gobernar.

Asimismo, al permitir nuestra Constitución la obtención de la cuestión de confianza por la mayoría simple del Congreso, accede igualmente a que el Gobierno nacido con el apoyo de dicha mayoría simple revalide su confianza con la obtención de esa misma mayoría. Por tanto, la cuestión de confianza por mayoría simple favorece también la formación y mantenimiento de gobiernos minoritarios.

E, igualmente, la exigencia de la responsabilidad política a través de la moción de censura llega incluso a permitir que un gobierno minoritario se mantenga a pesar de que la mayoría absoluta del Congreso le sea reacia: es la moción de censura constructiva.

En definitiva, la regulación de la relación fiduciaria entre Gobierno y Congreso de los Diputados que la Constitución diseña ha conseguido que, sin aportar elementos estabilizadores para el Gobierno —que como veremos dependerán del sistema de partidos que se vaya configurando— se beneficie claramente al Ejecutivo, sobre todo si es minoritario. Y tal Gobierno que será estable en el sentido de permanecer en el poder sin ser derribado parlamentariamente, será no obstante muy inestable en términos de cohesión interna y eficacia gubernamental.

Como pasamos a ver, en España, pese a que el constituyente, buscando la estabilidad gubernamental, ha hecho factibles Gobiernos que carezcan del respaldo de la mayoría absoluta de la Cámara, la consolidación de una democracia estable requiere de factores diferentes a la mera estabilidad gubernamental que si bien juega su papel en la estabilidad del régimen democrático, lo juega junto a otros muchos elementos.

(iii) El tercer factor que vino asimismo a desfigurar la división de poderes fue el surgimiento de los partidos políticos, constitucionalmente reconocidos en el art. 6 CE.

La aparición de los partidos políticos atenuó sin duda la antigua separación de poderes. Los conflictos ya no surgen entre Poderes sino entre distintos partidos políticos o coaliciones, sin importar si sus integrantes se encuentran en el Poder Legislativo o en el Ejecutivo. La alineación de intereses ya no gira en torno a uno u otro Poder sino alrededor del respectivo partido político.

Si un partido obtiene la mayoría absoluta del Parlamento, el jefe de Gobierno es, a la vez, líder del partido político mayoritario del Parlamento y, en este supuesto, la oposición entre Legislativo y Ejecutivo sería más formal que real porque un mismo partido político controlaría de hecho a ambos y la verdadera oposición se daría entre Gobierno y mayoría parlamentaria, de un lado, y oposición y minorías parlamentarias, de otro.

De esta forma, el Estado de partidos ha constituido un factor de perturbación del principio de división de poderes que lo ha alejado de su diseño tradicional. Hoy día, la división del poder no se materializa en la confrontación entre los Poderes Legislativo y Ejecutivo, sino en el juego de pesos y contrapesos entre mayorías y minorías parlamentarias.

Del anterior bipartidismo hemos pasado en España a un multipartidismo irritado en el que, tanto la polarización ideológica como la fragmentación parlamentaria, han conducido a la pérdida de una auténtica cultura del pacto. Urge recuperar un diálogo que, celebrado dentro de los márgenes que permite la Constitución, es el que constituye, precisamente, la cultura política democrática imprescindible para recobrar la centralidad del Parlamento. En este sentido, el anterior Presidente del Tribunal Constitucional, Excmo. Sr. D. Pedro González Trevijano, se encargó de subrayar en su discurso de despedida, que el Tribunal «*no constituye una tercera cámara, ni una cuarta instancia, ni una suerte de supercasación... no puede sustituir la concordia que debe alcanzarse entre los operadores políticos, ni debe, por tanto, constituirse en una suerte de arena agonística, en la que se diriman con habitualidad creciente conflictos en última instancia esencialmente políticos*».

De esta forma, el funcionamiento de nuestro modelo de Estado de partidos evidencia la necesidad de implantar un parlamentarismo menos pendiente de la conquista del poder y más pendiente de fortalecer la estructura de valores de la sociedad a la que representa. La regeneración de la democracia depende principalmente de la estructura de valores democráticos de la sociedad. Ninguna Constitución podrá cumplir su auténtico cometido si la estructura de poder de una sociedad es más determinante que su estructura de valores. Es necesario que arraigue en la sociedad una verdadera cultura constitucional y democrática y que se impida que los Poderes y los partidos, olvidando que aceptar sus respectivos roles implica consentir restricciones, se vayan desprendiendo progresivamente de los límites que la Constitución impone a su actuación.

Ahora bien, aunque la división de poderes basada en el antagonismo entre Legislativo y Ejecutivo tiende a desaparecer, transformándose aquella estructura dualista en una monista y a que, en el Estado actual, los instrumentos legislativo y administrativo no se contraponen, sino que actúan coordinadamente en la consecución de objetivos comunes, ello no significa que la diferenciación entre Parlamento y Gobierno deje de tener sentido desde una perspectiva jurídico-constitucional e incluso política, tan solo que la realidad social y política ha cambiado y que al ser la división de poderes un concepto que trasciende a cualquiera de sus versiones históricas, debe, por tanto, ser entendido con arreglo a cual sea dicha realidad sociopolítica.

De esta forma, pese a las transformaciones del principio de división, su finalidad continúa siendo la misma: limitar y controlar al poder para asegurar los derechos y libertades de las personas, siendo el mecanismo efectivo para ello atribuir diferentes funciones a distintos detentadores de poder que, ejerciéndolos con plena autonomía y responsabilidad propia, se hallen obligados a cooperar entre sí. Colaboración de funciones entre unos y otros poderes que alcanzará, en cada época, un determinado equilibrio en aras al respeto de los derechos y libertades de los ciudadanos.

En definitiva, nuestro sistema democrático no puede prescindir del sentido específico del principio de separación de poderes que es asegurar el goce efectivo de la libertad del individuo, a través de la fragmentación del poder del Estado y de la existencia y funcionamiento de diversos órganos que, desempeñando separada y coordinadamente las funciones estatales, se controlen y frenen recíprocamente, evitando que cada uno de ellos exceda de su competencia constitucional con el consiguiente detrimento de la libertad de las personas. Si no se respeta la separación de poderes, la democracia se resentirá inevitablemente.

III. SISTEMA DE PESOS Y CONTRAPESOS. PODER JUDICIAL Y TRIBUNAL CONSTITUCIONAL

Frente al aparente quebrantamiento del principio de la división de poderes entre Legislativo y Ejecutivo en el que la mayoría parlamentaria gobierna, se impone una distribución o equilibrio de poderes *«que evita su concentración y hace posible la aplicación de las técnicas de relación y control entre quienes lo ejercen legítimamente (ATC 60/1981, de 17 de junio, FJ 4)»*. Este sistema responde *«a lo que se ha dado en denominar "parlamentarismo racionalizado" (STC 223/2006, de 6 de julio, FJ 6)»* y lo realiza *«la Constitución en sus títulos III, "De las Cortes Generales", y IV, "Del Gobierno", definiendo, a su vez, el título V, las relaciones entre el Gobierno y las Cortes Generales, que vienen a establecer el sistema de frenos y contrapesos en que consiste la democracia (STC 176/1995, de 11 de diciembre, FJ 2)»* (STC 70/2022, FJ 5).

No obstante, por mucho que el poder se separe y divida, por mucho que se establezca un sistema de equilibrio funcional, no puede dejar de reconocerse en una democracia una posición singular al poder Legislativo al adoptarse en su seno, aplicando la regla de la mayoría, las decisiones jurídicamente imputables a la comunidad en su conjunto. Aunque sin olvidar que el respeto al principio mayoritario, se trata de una condición necesaria pero no suficiente para considerar cumplidas las exigencias de un sistema democrático, pues igualmente resulta imprescindible la correcta delimitación de la capacidad de actuación del Legislativo respetando las exigencias de un Estado que no solo ha de ser democrático sino también de Derecho.

Precisamente, nuestra Constitución impone límites a la actividad del legislador con los que persigue garantizar que las decisiones de la mayoría no lesionen intereses esenciales de las minorías y, en definitiva, de toda la comunidad. El principio mayoritario —dado el plus de legitimidad que comporta en un sistema democrático— requiere especiales protecciones frente a una eventual tiranía de la mayoría. La legitimidad de las actuaciones del legislador, la constitucionalidad de las leyes, no depende solo de que concurra su legitimación democrático-mayoritaria, también de que se respeten los equilibrios jurídicos constitucionalmente previstos.

Como pone de relieve la STC 70/2022, la Constitución completa el principio de separación de poderes con diversos mecanismos de frenos y contrapesos que se materializan en los controles mutuos que ejercen unos poderes sobre otros y en la colaboración entre sus clásicas funciones. De este modo, la Constitución encomienda a las Cortes Generales, entre otras, la función de controlar la acción gubernamental, facultándole para formular peguntas e interpelaciones al Gobierno y a cada uno de sus miembros (art.

111 CE) o para nombrar Comisiones de Investigación (art. 76 CE), pudiendo el Congreso de los Diputados exigir la responsabilidad política del Gobierno mediante la adopción de una moción de censura (art. 113 CE).

Por su parte, el Poder Ejecutivo, no se limita a realizar una actividad de ejecución sino que interviene en la función legislativa por propia iniciativa (art. 87 CE), por delegación de las Cortes (art. 82 CE) o a través de Decretos-leyes (art. 86 CE). Además, al Ejecutivo se le encomienda la redacción de reglamentos y normas de rango inferior a la ley (art. 97 CE) y tiene también la facultad de disolver las Cámaras (art. 115 CE).

Al Poder Judicial no solo le corresponde la función jurisdiccional, controlando la potestad reglamentaria y la legalidad de la actividad administrativa (arts. 106 y 117 CE), también la de complementar el ordenamiento jurídico con la doctrina del Tribunal Supremo y ejercer otras funciones no jurisdiccionales que la Ley Orgánica del Poder Judicial le atribuye.

De esta forma, como hemos dejado indicado, dichos frenos y contrapesos evidencian que la separación de poderes, tal y como fue concebida en el siglo XVIII, constituye un principio necesario para garantizar un Estado de Derecho pero cuyo cumplimiento no siempre resulta fácil pues requiere la constante búsqueda de un equilibrio permanente entre los tres Poderes que, sin renunciar a sus respectivas competencias y al mayor grado posible de independencia, se mueva siempre dentro del marco constitucional y bajo el imperio de la Ley.

Si bien Montesquieu interpretó que un Poder Judicial independiente podría ser un freno eficaz del Poder Ejecutivo, no le dedicó sin embargo tanta atención como a la confrontación entre Legislativo y Ejecutivo, dando por supuesto que los procedimientos establecidos para la selección de sus componentes eran suficiente garantía frente a la posible injerencia de los otros Poderes. Llegó incluso a afirmar que el Poder Judicial era, en realidad, un poder invisible y nulo.

El desarrollo del moderno Derecho Constitucional ha mostrado claramente que tal parecer no era en absoluto acertado, pues la necesidad de un órgano independiente que vele por los derechos y libertades de los ciudadanos, aplicando imparcialmente las normas que expresan la voluntad popular y controlando la actuación de los poderes públicos, se configura como la esencia del Estado de Derecho.

En este sentido, la STC 70/2022, al examinar en su fundamento jurídico 6 la «Independencia y reserva de jurisdicción del Poder Judicial», afirma que el mandato de exclusividad que contiene el art. 117.3 CE, reservando a los jueces y tribunales integrantes del Poder Judicial el juzgar y hacer ejecutar lo juzgado, *«impide que ningún otro poder del Estado ejerza la potestad jurisdiccional. Y también impide, en sentido inverso, que los jueces y tribunales integrantes del poder judicial ejerzan potestades públicas ajenas a la potestad de juzgar y hacer ejecutar lo juzgado. ... el principal rasgo que define a la función jurisdiccional y que la distingue de otras funciones públicas es que ha de ejercerse con independencia y sometimiento exclusivo al imperio de la ley. La independencia es atributo esencial del ejercicio de la jurisdicción..., y se erige en pieza esencial de nuestro ordenamiento constitucional»*. No obstante, el Tribunal recuerda a continuación que el art. 117.4 CE matiza el alcance absoluto de dicho principio de exclusividad jurisdiccional, tratando con ello de no menoscabar las funciones de garantías de derechos atribuidas constitucionalmente a otros poderes del Estado y también de *«asegurar el principio de separación de poderes»*, para lo que *«excluye una interpretación extensiva»* del art. 117.3 CE que impida al legislador *«atribuir a los jueces y tribunales, en garantía de cualquier derecho, cualquier tipo de función no jurisdiccional, desbordando los cometidos propios del Poder Judicial»*, originando un *«desequilibrio institucional que conllevaría la intromisión del Poder Judicial en las tareas constitucionalmente reservadas a otro poder del Estado, con la consiguiente quiebra del principio constitucional de separación de poderes, consustancial al Estado social y democrático de Derecho (art. 1.1 CE)»* e incluso comprometiendo el principio de responsabilidad de los poderes públicos (art. 9.3 CE) si al involucrarse un Poder en las funciones de otro, se impide o dificulta la exigencia de las responsabilidades políticas que a cada uno corresponden.

De este modo, frente a una primera etapa histórica en la que el Poder Judicial no inspiraba mayor confianza, en el contexto de la división entre poderes que configura nuestra Constitución, el Poder Judicial cobra especial relieve al ejercer un control de los Poderes Ejecutivo y Legislativo tanto a través de los tribunales contenciosos como a través de la jurisdicción constitucional.

En efecto, por una parte, se halla constitucionalizado el control judicial de la potestad reglamentaria (art. 106.1 CE) ya sea ejercida por la Administración o por el Gobierno y, por otra, el Tribunal Constitucional viene a ejercer su control sobre los tres poderes clásicos.

En concreto, el Tribunal Constitucional constituye un esencial instrumento de garantía de los equilibrios diseñados en la Constitución para delimitar el ámbito funcional de los diversos poderes del Estado pues, como órgano jurisdiccional supremo del Estado no inserto en el poder Judicial, ejerce su control sobre los tres poderes clásicos: Ejecutivo, Legislativo y Judicial.

La expresa voluntad del constituyente situó al Tribunal Constitucional como garante último del equilibrio de poderes constitucionalmente establecido. La especificidad de este órgano se hace visible, en términos sistemáticos, por su regulación en el título IX de la Constitución, que lo sitúa al margen de los poderes clásicos del Estado (Corona, Cortes Generales, Gobierno y Administración y Poder Judicial: títulos II a VI), e inmediatamente antes de la reforma constitucional (título X), integrando así el bloque que la doctrina constitucional denomina «garantías constitucionales».

La misma especificidad se desprende de la configuración que del Tribunal Constitucional hace su Ley Orgánica 2/1979, de 3 de octubre, cuyo art. 1 lo define «como intérprete supremo de la Constitución», subrayando que «es independiente de los demás órganos constitucionales y está sometido solo a la Constitución y a la presente ley orgánica», con lo que explícitamente refleja su posición de garante de la Constitución frente a todos los demás poderes, incluido el Legislativo, que como poder constituido se halla sujeto indubitadamente a la Norma Suprema. La centralidad de las Cortes Generales en nuestro Estado constitucional, en tanto poder público que asume la representación de la soberanía nacional y escenifica el pluralismo político, no significa sin embargo que el ejercicio de sus poderes esté exento de subordinación a la Constitución, de manera que solo podrá legislar sobre aquello que le esté permitido por dicho Texto Fundamental.

Pues bien, atendiendo a la concreta actividad que desarrolla el Tribunal Constitucional, observamos cómo mediante los recursos de amparo que se plantean ante el Tribunal Constitucional se controlan tanto el Poder Ejecutivo como el Legislativo y el Judicial. Así, mediante el recurso de amparo parlamentario (art. 42 LOTC) se persigue garantizar el respeto a los procedimientos parlamentarios que inciden en el núcleo de la función representativa, al poder plantearse aquel contra las decisiones o los actos sin valor de ley del Congreso de los Diputados, del Senado o de las Asambleas Legislativas de las Comunidades Autónomas. Con este recurso de amparo se permite a los parlamentarios reaccionar frente a la vulneración de los derechos fundamentales que garantiza el art. 23 CE.

Por su parte, mediante el recurso de amparo previsto en el art. 43 LOTC, en tanto procede contra las violaciones de derechos y libertades reconocidos en los artículos 14 a 29 CE cometidas por «disposiciones, actos jurídicos, omisiones o simple vía de hecho de los poderes públicos del Estado, las Comunidades Autónomas y demás entes públicos de carácter territorial, corporativo o institucional, así como de sus funcionarios o agentes», se trata de controlar al Poder Ejecutivo. Y, a través del recurso de amparo del art. 44 LOTC, se fiscaliza al Poder Judicial, al proceder la presentación de dicho recurso cuando la vulneración de tales derechos y libertades tuviera su origen inmediato y directo en un acto u omisión de un órgano judicial.

A través del recurso de inconstitucionalidad se viene a controlar al Poder Legislativo, en cuanto que al proceder su interposición contra «Leyes, disposiciones normativas o actos con fuerza de Ley» del Estado o de las Comunidades Autónomas que incurran en infracción de preceptos constitucionales, incluidos los que consagran la distribución de competencias entre aquel y estas, se procede a examinar la adecuación al bloque de constitucionalidad del ejercicio de la potestad legislativa, ya sea estatal o autonómica.

De igual manera, el Poder Legislativo queda controlado mediante la posibilidad de planteamiento de la cuestión de inconstitucionalidad pues, en virtud del principio de sometimiento a la ley de los poderes públicos, cuando los jueces consideren que una ley o norma con rango legal, de cuya validez dependa el fallo en un procedimiento del que estén conociendo, pueda ser contraria a la Constitución, no pueden sin más dejar de aplicarla sino que habrán de plantear cuestión sobre su constitucionalidad ante el Tribunal Constitucional.

Asimismo, a través de los conflictos competenciales que cabe suscitar ante el Tribunal Constitucional, se llega a controlar al Poder Ejecutivo, pues al permitirse iniciar aquellos contra «disposiciones, resoluciones y actos» o contra su omisión, ya procedan del Estado o de las Comunidades Autónomas, se enjuicia la constitucionalidad de la potestad reglamentaria, estatal o autonómica, cuando se considere que su ejercicio menoscaba el orden competencial, constitucional o estatutariamente, establecido.

En definitiva, el Tribunal Constitucional constituye una institución de contrapeso de innegable relevancia, que actúa como límite contra los excesos, errores o abusos de los tres Poderes. Tan inestimable función equilibradora debe ser siempre meticulosamente salvaguardada.

IV. LA RACIONALIZACIÓN PARLAMENTARIA COMO INSTRUMENTO PARA OBTENER LA ESTABILIDAD DEMOCRÁTICA

Desde la tripartición del poder efectuada por Montesquieu, si bien se confirió al Poder Legislativo las potestades de vigilancia y control del mandato democrático derivado de las urnas, se estimó que el Poder Judicial, en cuanto limitado a aplicar la ley y a resolver los conflictos que planteaba su aplicación, se hallaba carente de auténtico contenido político, por lo que la verdadera división de poderes es la que se planteaba entre el Legislativo y el Ejecutivo.

Tras la Primera Guerra Mundial, el parlamentarismo occidental, en su afán por corregir el desequilibrio contrario al Ejecutivo, evolucionó hacia el denominado parlamentarismo racionalizado que, regulando las relaciones entre Legislativo y Ejecutivo, permitió que aquel, a través de instrumentos creados al efecto, exigiese responsabilidad política al Gobierno pero sentando una serie de límites y condiciones a las facultades que para ello le correspondían.

Así pues, el régimen parlamentario está indisolublemente unido a la facultad parlamentaria de exigencia de la responsabilidad política del Gobierno. La regulación que de esta última se ha realizado en el constitucionalismo europeo contemporáneo ha tenido como elemento constante la introducción una serie de requisitos que han convertido a la moción de censura en un instrumento parlamentario excepcional, actuado por un número importante de Diputados, con un procedimiento fijado y tratando siempre que el cese del Gobierno sea producto de la voluntad expresa de la mayoría del Parlamento.

En efecto, gran parte del constitucionalismo europeo de la segunda posguerra, en su intento de preservar la democracia, adoptó como objetivo en la regulación de las relaciones interorgánicas la consecución de la estabilidad gubernamental, cuya ausencia había sido, para los constituyentes, uno de los determinantes de la caída de los regímenes democráticos en los años treinta. El mecanismo utilizado para intentar lograr esa deseada estabilidad gubernamental fue la racionalización de los procedimientos parlamentarios y, especialmente, del voto de censura.

Y es que, como vimos, el Estado democrático-parlamentario no se caracteriza en la actualidad como un Estado en el que exista división de poderes, por lo menos en sentido material. La limitación del poder, desde el momento en que el binomio Gobierno-mayoría parlamentaria ocupa tanto el Ejecutivo como el Legislativo, pasa a realizarse por los diversos controles que la Constitución establece para limitar la actuación de los órganos de poder.

En los sistemas parlamentarios de gobierno, entre los que se incluye el nuestro, existe entre ambos Poderes una intensa relación que nace con el procedimiento de investidura, a través del cual el Legislativo, único poder elegido directamente por los ciudadanos, designa al Presidente del Gobierno y le otorga una confianza, no incondicional, para que desempeñe, a lo largo de la legislatura, la función ejecutiva liderando a tal efecto el programa de gobierno que hubiese presentado. De esta forma, en los regímenes parlamentarios, no siendo el Gobierno elegido directamente por el pueblo, su legitimidad proviene del Parlamento, por lo que para su permanencia debe mantener una constante relación de confianza con el poder Legislativo, siendo responsable ante el mismo.

De esta forma, el sistema parlamentario se caracteriza por el establecimiento de una relación de confianza entre Gobierno y Parlamento, desde el momento de entrar en funcionamiento el primero. Dicha relación fiduciaria se termina al cesar el Gobierno, bien por la celebración de elecciones, bien por decisión del propio órgano gubernamental, bien por pérdida de la confianza parlamentaria. Entre esos dos momentos, es decir, mientras dura la relación de confianza entre el Gobierno y el Parlamento, éste controla la actividad tanto de aquel como de la Administración bajo su cargo. El Parlamento, en cuanto representante de la voluntad popular, ha de comprobar, de manera permanente durante la legislatura, si la actividad estatal se adecua a los intereses de los representados, pudiendo decidir unilateralmente la ruptura de dicha relación a través de la exigencia de la responsabilidad política.

La relación orgánica que liga al Parlamento con el pueblo, de un lado y con el Estado-gobierno, de otro, es lo que permite atribuir a aquel la defensa del regular funcionamiento de las instituciones constitucionales. El Parlamento es el garante de que la actuación de los gobernantes se adecue a los objetivos constitucionalmente señalados y también el garante de que la actuación de los poderes públicos sea conocida por el pueblo. Para ello, el Parlamento requiere, por una parte, conocer con exactitud la actividad gubernamental realizada y confrontarla con los fines establecidos en la Constitución y los parámetros establecidos por el propio Parlamento y, por otra parte, necesita poder asegurar que el equipo gubernamental, considerado no merecedor de la confianza parlamentaria, sea sustituido por otro que la posea. El primer elemento de dicha garantía constitucional sería el control parlamentario, que no se limita al Gobierno sino que alcanza a la Administración, a sus organismos autónomos y a las disposiciones con fuerza de ley del Ejecutivo; y el segundo, la exigencia de la responsabilidad política del Gobierno. Así, las Cortes Generales poseen instrumentos de control parlamentario para verificar la actuación gubernamental (preguntas e interpelaciones, Comisiones de Investigación, etc.) que pueden tener diversas consecuencias, siendo una de ellas la exigencia de la responsabilidad política al Gobierno por el Congreso de los Diputados.

En definitiva, la exigencia de la responsabilidad política del Gobierno por el Parlamento es la institución jurídica por la cual este último puede romper la relación de confianza inaugurada en el momento del nombramiento del Gobierno o reiterada con la aprobación de una cuestión de confianza. La responsabilidad política se convierte así en la cláusula de finalización del contrato que unía a ambos órganos.

Ahora bien, no puede equipararse a la responsabilidad política, la cuestión de confianza, al ser un mecanismo jurídico accionado únicamente por deseo del Gobierno, o de su Presidente, para comprobar si sigue subsistiendo la relación de confianza con el Parlamento. Si el Gobierno no desea hacer uso de la cuestión de confianza en toda la legislatura, no hay posibilidad parlamentaria alguna de obligar al Gobierno a que la utilice. Ese es el rasgo fundamental de la cuestión de confianza, su dependencia absoluta de la voluntad gubernamental, por lo que no puede ser un mecanismo de exigencia de la responsabilidad política del Gobierno por parte del Parlamento si éste no tiene potestad para accionarlo.

Frente a ello, la responsabilidad política sí puede ponerse en acción por el simple deseo del Parlamento, al ser totalmente libre y basada en el espíritu esencial del parlamentarismo: el Gobierno responde al sentir de la mayoría parlamentaria cuando ésta cambia, o, aunque no cambie, está insatisfecha con la actuación del Gobierno, puede cesarlo. Al ser una relación de confianza política, la ruptura de la relación es también un juicio político, de oportunidad, no jurídico. La decisión de exigir la responsabilidad política corresponde a la mayoría parlamentaria existente en un momento determinado, que puede ser diferente a la que apoyó el nombramiento del Gobierno, por lo que no tiene porqué basarse en el incumplimiento por el Gobierno de lo pactado o acordado con el Parlamento en la investidura o en la cuestión de confianza.

No obstante, como quedó indicado, en los sistemas parlamentarios occidentales, los actores principales en la ruptura fáctica de la relación de confianza entre Gobierno y Parlamento vienen a ser los partidos políticos. Tanto en el caso de gobiernos mayoritarios homogéneos o de coalición, como en el de gobiernos minoritarios, es la relación entre los diferentes partidos la que determina la subsistencia de los gobiernos. En el caso de gobiernos homogéneos, será la situación dentro del partido gubernamental la que determine la continuación o no del Gobierno. En los gobiernos de coalición, serán las relaciones entre los diversos miembros integrantes de la misma las que posibilitarán o no la permanencia gubernamental.

De este modo, solo un sistema de partidos estructurado y que proporcione mayorías parlamentarias claras aseguraría la estabilidad gubernamental, y ese sistema de partidos es consecuencia de una sociedad estable sin graves fisuras internas. Si faltan esos datos, cualquier mecanismo constitucional resultará ineficaz.

El sistema de partidos se constituye así en el elemento clave del mantenimiento de los gobiernos. Donde existan mayorías parlamentarias homogéneas, el Gobierno podrá mantenerse durante toda la legislatura, condición que se cumple más fácilmente en los sistemas bipartidistas aunque ciertamente la existencia de varios partidos parlamentarios con posibilidad de formar coaliciones alternativas, puede conducir a un sistema con una mecánica cercana al bipartidismo. Pero si dicha existencia de varios partidos se conjuga con la presencia de partidos antisistemas y la imposibilidad de formar coaliciones alternativas estables, se originaría un multipartidismo extremo y polarizado que podría causar una gran inestabilidad gubernamental.

V. ESPECIAL REFERENCIA A LA MOCIÓN DE CENSURA

Si bien el concepto amplio de control parlamentario cabe apreciarlo en el art. 66.2 de la Constitución, es en su Título V donde se articulan las relaciones entre el Gobierno y las Cortes Generales, regulando los instrumentos de información de las Cortes (arts. 109 y 110), los principales mecanismos de control del Gobierno por las Cortes (art.111), la cuestión de confianza planteada por el Presidente del Gobierno (arts. 112 y 114.1), la exigencia de responsabilidad política del Gobierno por el Congreso de los Diputados (arts. 113 y 114.2) y la disolución del Parlamento por el Gobierno (art. 115).

La regulación de la tramitación de la moción de censura, contenida en los artículos 113 CE y 175 a 179 del Reglamento del Congreso de los Diputados, se encuentra marcada por su carácter racionalizado que, persiguiendo limitar la inestabilidad del sistema, trata de dificultar su presentación y exige para ello un número mínimo de Diputados.

En efecto, el art.113.1 CE prescribe que «El Congreso de los Diputados puede exigir la responsabilidad política del Gobierno mediante la adopción por mayoría absoluta de la moción de censura», estableciendo el mecanismo a través del cual se puede actuar la responsabilidad solidaria del Gobierno que proclama el art. 108 CE. Cuando una parte del Congreso de los Diputados juzgue inconveniente la política desarrollada por el Ejecutivo, por cualquier motivo, puede exigirle la responsabilidad política solidaria. Para ello, la Constitución estableció un único mecanismo, la moción de censura, adoptando uno de los pilares del parlamentarismo racionalizado: la regulación exhaustiva de las condiciones en que el Parlamento puede exigir la responsabilidad política gubernamental.

Así pues, siendo el objetivo principal de la racionalización en el parlamentarismo europeo, y también en el español, frenar la inestabilidad gubernamental generalizada en el período de entreguerras evitando peligrosos paréntesis sin Ejecutivo, nuestra Constitución prescribe que la moción sea constructiva, exigiendo la inclusión de un candidato alternativo que sustituya al actual titular del Ejecutivo. Esta característica fue importada de la Ley Fundamental de Bonn de 1949 con la que se intentó evitar la inestabilidad política que había regido en la República de Weimar donde hasta llegar a los gobiernos presididos por Hitler, se conocieron veintiún Ejecutivos en el plazo de catorce años.

La coincidencia de la exigencia de presentación de un candidato a la Jefatura del Ejecutivo y la necesidad de aprobación por mayoría absoluta, es de un carácter tan cualitativo que permite señalar al art. 67 alemán como antecedente directo de la forma de exigir la responsabilidad política solidaria en España. La moción de censura constructiva viene pues a confundir en un mismo acto dos operaciones parlamentarias de contenido y objetivos absolutamente diferentes: la censura a un Gobierno con la investidura a un nuevo Presidente del Gobierno. Se intenta así resolver en un único momento todo el proceso de censura a un Gobierno, sustitución del mismo y formación de uno nuevo.

De este modo, la moción de censura constructiva requiere, no solo que los diversos grupos de oposición se reúnan en torno a un candidato común, sino también que esa oposición obtenga la mayoría absoluta del Congreso (art. 113.1 CE), dificultando enormemente la exigencia de responsabilidad política al Gobierno, al sumar a los requisitos propios de una moción de censura racionalizada la unión de toda la oposición en torno a un candidato común. La necesidad de que la oposición no sea solo mayoritaria sino de que también sea homogénea para tener que presentar un candidato a la Presidencia del Gobierno, hace que la aprobación de la moción de censura sea, en un sistema de partidos como el español, de una dificultad prácticamente insuperable.

Se pensaba sin duda que la acumulación de obstáculos procedimentales en el mecanismo parlamentario que podía derribar al Gobierno, haría muy difícil ese derribo. Pero, por el contrario, la práctica evidenció que la inestabilidad provenía de la debilidad de los Gobiernos apoyados en minorías parlamentarias o en mayorías inestables, es decir, tenía como causa directa el sistema de partidos y como causa mediata los conflictos sociales que existían entonces.

En realidad, las consecuencias de una moción que, sin proporcionar *per se* la estabilidad gubernamental viene a proteger a los gobiernos minoritarios, pueden perjudicar al conjunto del sistema parlamentario. La conjunción de la exigencia de la presentación de un candidato, unida a la superación de la mayoría absoluta, hace extremadamente difícil no solo el triunfo de una moción de censura, sino también su mera presentación, infundiendo una gran rigidez a la relación entre los Poderes con un claro beneficio del Ejecutivo.

Si la oposición no puede cesar al Gobierno porque no consigue consensuar un candidato, las repercusiones para el sistema político pueden ser muy graves. A la oposición le cabría hacer fracasar todo el programa legislativo del Gobierno y paralizar la actividad política, ante lo cual el Ejecutivo probablemente dimitiría. Y si persistiera en no dimitir, surgiría una situación de conflicto institucional, que debilitaría tanto al Gobierno como al Parlamento al no existir una política de gobierno ni una salida por parte de la oposición.

Efectivamente, la protección de los Gobiernos minoritarios puede conducir fácilmente a situaciones antiparlamentarias en las que el Gobierno, pese a ser contrario a la mayoría del Congreso, puede mantenerse en el poder, quedándole entonces a la oposición los dos recursos señalados: entorpecer continuamente la labor del Gobierno provocando un estancamiento de la actividad del Estado; o aprobar una moción de censura con un candidato artificial que dimita tras la formación del Gobierno. Claramente, ninguna de esas dos posibilidades es buena para el sistema político democrático.

De esta forma, puede decirse que uno de los más peligrosos efectos de la racionalización de la moción de censura consiste en el quebrantamiento que supone de la relación fiduciaria entre Parlamento y Gobierno, propiciando la permanencia de Gobiernos que, gozando tan solo de un apoyo minoritario, se amparan en la protección que les otorga dicho mecanismo de control pese a ser incapaces de llevar a cabo su programa político por no disfrutar de la confianza parlamentaria, sacrificándose con ello el poder del Parlamento en aras de una pretendida estabilidad.

Es decir, la situación que permite la moción de censura constructiva de que la oposición parlamentaria sea mayoritaria pero esté incapacitada para derribar jurídicamente al Gobierno, representa la negación del principio de la responsabilidad política y, en definitiva, un distanciamiento del sistema parlamentario proclamado en el art.1.3 CE.

Frente a ello, la moción de censura constructiva puede convertirse políticamente en un instrumento parlamentario muy útil para comprobar la actividad del poder Ejecutivo, avalar la seriedad del programa de gobierno propuesto por la oposición y provocar la exigencia de la responsabilidad política difusa del Gobierno por parte del electorado. Ese es el significado político de la moción de censura constructiva: abrir un debate político de gran magnitud en el que se evidencien los defectos de la política gubernamental, de cara a transmitir esa evidencia a la opinión pública para que, transformada en electorado al disolverse las Cortes, produzca un cambio en la situación política, que lleve a la oposición al Gobierno.

La victoria en una moción de censura puede no ser en sí el objetivo de quienes la proponen, sino el de tratar de provocar un debate político que evidencie ante la opinión pública los defectos de la actuación gubernamental y la bondad del programa alternativo de la oposición.

En todo caso, la moción de censura constructiva, al ser una de las manifestaciones de la racionalización parlamentaria en beneficio de la estabilidad de los gobiernos, constituye un instrumento de control parlamentario que permite subsanar las deficiencias del sistema de partidos. La transformación de los Estados en Estados de partidos, cuya estructura y funcionamiento real vienen determinados por la dinámica del sistema de partidos políticos, ha influido de manera decisiva en las relaciones Legislativo-Ejecutivo. Y es que siendo el partido que tiene la mayoría en el Parlamento el que forma Gobierno, en la práctica, el equilibrio de poderes descansa más en la división partido mayoritario-oposición que en la clásica división Legislativo-Ejecutivo y, por tanto, la eficacia de la moción de censura como instrumento de control viene a depender de los equilibrios internos en el partido o en la coalición de partidos que hayan formado Gobierno.

De este modo, en la actualidad, lo que realmente conduce a la estabilidad del Poder Ejecutivo no es la utilización de la moción de censura sino la disciplina y la cohesión de los grupos parlamentarios. En el vigente régimen parlamentario, la vida de las Cámaras no la determina el Parlamento sino el Gobierno. Si la mayoría que apoya el Gobierno acata la disciplina de partido, las mociones de censura no prosperarán y se evitarán las crisis gubernamentales. En cambio, si se rompe la unidad del partido del Gobierno o de las coaliciones que forman la mayoría al dividirse los grupos que la integran, se propiciará la caída del Gobierno y la consecuente inestabilidad gubernamental.

Teniendo en cuenta el importante giro político que ha experimentado nuestro país desde 2016, el carácter constructivo de la moción de censura ha demostrado que constituye un remedio normativo eficaz para evitar la inestabilidad política aunque no garantice por sí solo el correcto funcionamiento del parlamentarismo.

La legislatura que comenzó con las elecciones de junio de 2016 fue la primera en la que se aprobó una moción de censura suponiendo un cambio de signo político del Ejecutivo en el curso de una legislatura. Y si bien se evitó así una crisis gubernamental y se confirió cierta estabilidad política, no quedó debidamente protegido nuestro régimen parlamentario. El fin del bipartidismo que conllevó, cediendo el paso a un Parlamento fragmentado con su función legislativa prácticamente paralizada, vino a influir en el funcionamiento de la dinámica Gobierno-Parlamento, afectando intensamente a las relaciones entre el Ejecutivo y el Legislativo.

El complejo momento político que afrontamos, con una importante fragmentación del panorama electoral y un ajustado equilibrio entre fuerzas políticas que se traduce en gobiernos alejados de la mayoría absoluta, confiere una indudable trascendencia a los valores de estabilidad de nuestro sistema parlamentario.

Sin duda, las actuales alteraciones de la vida parlamentaria y en particular, la debilidad del poder Legislativo, no son exclusivamente imputables a cual sea la concreta regulación de los instrumentos de exigencia de responsabilidad política; al contrario, tales disfunciones debieran tratar de abordarse atendiendo a muy diferentes y variados elementos integrantes de nuestra cultura política, como pudieran ser la regulación del sistema electoral, del funcionamiento de los partidos, de los Reglamentos parlamentarios y, en general, el establecimiento de una ética política de responsabilidad.

Y, si bien la perspectiva mayoría-minoría parece que supera hoy la tradicional relación entre el Ejecutivo y el Legislativo y el distanciamiento entre la original finalidad constitucional de la moción de censura y su utilización en la práctica entraña carencias que impiden un control efectivo del Gobierno por el Parlamento, no puede negarse sin más el valor del voto de censura como mecanismo de exigencia responsabilidad política que, al defender en última instancia el buen funcionamiento del sistema parlamentario, se constituye, en definitiva, en esencia de nuestro régimen parlamentario y en garantía de nuestra democracia.

VI. MOCIONES DE CENSURA EN ESPAÑA 1977-2023

En nuestro país, han sido seis las mociones de censura que se han presentado durante los más de 40 años de democracia española. En efecto, un total de seis mociones han tenido lugar contra los presidentes Adolfo Suárez (1980), Felipe González (1987), Mariano Rajoy (2017 y 2018) y Pedro Sánchez (2020 y 2023). Las tres primeras fueron rechazadas. La cuarta fue aprobada el día 1 de junio de 2018 y el candidato Pedro Sánchez quedó investido Presidente del Gobierno. La quinta y sexta también resultaron rechazadas.

Las elecciones generales de la I Legislatura (1979-1982) tuvieron lugar el 1 de marzo de 1979. Durante los días 28, 29 y 30 de mayo de 1980 se debatió una moción de censura al Gobierno presidido por Adolfo Suárez, presentada por los Grupos Parlamentarios Socialistas del Congreso, Socialistas de Catalunya y Socialistas Vascos, que incluía como candidato a la Presidencia del Gobierno a Felipe González.

La tramitación de esta primera moción de censura, presentada año y medio después de la entrada en vigor de la Constitución, tuvo como peculiaridad que el debate se centró más en la investidura del candidato alternativo presentado que en la crítica al Gobierno. La confusión entre moción de censura e investidura se evidenció cuando los portavoces de los distintos grupos parlamentarios expresaron el sentido de su voto más en función del programa de Gobierno del candidato que en la reprobación al Ejecutivo que la había originado.

Sin embargo, al no obtenerse la mayoría absoluta de la Cámara por ser el resultado de la moción: votos a favor, 152; votos en contra, 166; abstenciones, 21; ausencias, 11, se entendió aquella rechazada.

Pese a no prosperar la moción, tuvo importantes consecuencias políticas en tanto conllevó un debilitamiento parlamentario del Gobierno, al haber sido los únicos votos contrarios a la censura los de UCD, y ello a su vez se vio reflejado en la cuestión de confianza que hubo de presentar poco después, en septiembre de 1980.

De este modo, fue Felipe González quien estrenó la moción de censura constructiva contra Adolfo Suárez, quedándose a 14 diputados de la mayoría absoluta. Este primer candidato socialista se presentó realmente como una alternativa sólida, viendo reforzada su condición de líder así como su habilidad parlamentaria por lo que, pese a ser derrotado en la moción, empezó ya entonces a ganar las elecciones de 1982. Felipe González fue elegido Presidente del Gobierno en cuatro legislaturas consecutivas (desde la II a la V, desde 1982 a 1996).

Las elecciones generales de la III Legislatura (1986-1989) se celebraron el 22 de junio de 1986.

Durante los días 26, 27 y 30 de marzo de 1987 se debatió una moción de censura al Gobierno presidido por Felipe González que fue promovida por Alianza Popular y que incluía como candidato a la Presidencia del Gobierno a Antonio Hernández-Mancha. El grupo parlamentario promotor no alcanzaba el 20 por ciento de la Cámara por lo que sabía de antemano que no gozaba de los apoyos necesarios para prosperar. Su presentación tuvo en realidad una finalidad de propaganda electoral, de reafirmación de su posición en el centro-derecha y de potenciar la figura de su líder Hernández-Mancha, entonces presidente del Partido. Se plantearon seis motivos para su presentación: el deficiente funcionamiento de los servicios del Estado, la ineficaz gestión económica, la ineficacia de la Administración, la errática política exterior y de defensa, la actitud intervencionista del Estado y, por último, la ausencia de cauces de diálogo entre la sociedad y las instituciones.

El resultado de la votación fue: votos emitidos, 332; votos a favor de la moción de censura, 66; votos en contra, 195; abstenciones, 71. Al no haberse obtenido la mayoría absoluta se consideró rechazada la moción presentada. El resultado obtenido vino a fortalecer al Ejecutivo en vigor.

Las elecciones generales de la XII Legislatura (2016-2019) tuvieron lugar el 26 de junio del 2016.

El 19 de mayo de 2017, se presentó por Irene Montero y 35 diputados más, pertenecientes al Grupo Parlamentario Confederal de Unidos Podemos-En Comú Podem-En Mare, la tercera moción de censura de nuestra vigente democracia, en este caso, al Gobierno presidido por Mariano Rajoy e incluía como candidato a la Presidencia del Gobierno a Pablo Iglesias. La moción fue debatida durante los días 13 y 14 de junio de 2017.

En el escrito de presentación se argumentaba que el Ejecutivo «había abandonado las instituciones para ponerlas al servicio de sus propios intereses»; los numerosos casos de corrupción abiertos contra el partido gobernante; así como la falta de acuerdos parlamentarios y la reprobación cameral del Ministro de Justicia, derivada de su injerencia en el Ministerio Fiscal; así como la colusión entre el Gobierno y los intereses empresariales causante de desigualdades sociales.

A través de esta presentación, el Grupo promotor, sabedor de los insuficientes apoyos con los que contaba para prosperar, pretendía erigirse como alternativa política y grupo parlamentario que representase la oposición en el Parlamento, potenciando al tiempo, la figura de su líder.

El resultado de la votación fue: votos emitidos, 349; votos a favor de la moción de censura, 82; votos en contra, 170; abstenciones, 97. Al no haberse obtenido la mayoría absoluta de la Cámara, se estimó rechazada esta tercera moción de censura. Dicho resultado final no consiguió ninguno de los objetivos que perseguía con su presentación y en su lugar, provocó el fortalecimiento del Ejecutivo en el poder.

El 25 de mayo de 2018, tras haber dictado sentencia la Audiencia Nacional en el caso Gürtel, se presentó por Margarita Robles y 83 diputados (Grupo Parlamentario Socialista), una nueva moción de censura al Gobierno presidido por Mariano Rajoy y que incluía a Pedro Sánchez, que en aquel momento no era diputado, como candidato a la Presidencia del Gobierno.

Durante los días 31 de mayo y 1 de junio de 2018 se debatió esta cuarta moción, siendo el resultado de la votación: 180 votos a favor; 169 en contra; y 1 abstención. Alcanzándose el voto favorable de la mayoría absoluta de la Cámara, quedó aprobada, siendo la primera vez en nuestra historia que prospera una moción de censura. Con arreglo al art. 178 del Reglamento del Congreso de los Diputados, el candidato incluido en la moción se consideró investido de la confianza de la Cámara a los efectos previstos en el art. 99 de la Constitución. Pedro Sánchez ha sido el primer Presidente no diputado de la democracia.

Las elecciones generales de la XIV Legislatura tuvieron lugar el 10 de noviembre del 2019.

Durante los días 21 y 22 de octubre de 2020 se debatió una moción de censura al Gobierno presidido por Pedro Sánchez, presentada por Santiago Abascal y 51 Diputados (Grupo Parlamentario VOX), incluyendo como candidato a la Presidencia del Gobierno a Santiago Abascal. El resultado de la votación fue: votos emitidos 350; votos a favor de la moción de censura, 52; votos en contra, 298. Al no haberse obtenido la mayoría absoluta de la Cámara, se consideró rechazada la moción de censura.

Posteriormente, durante los días 21 y 22 de marzo de 2023 se debatió la sexta moción de censura presentada, segunda al Gobierno presidido por Pedro Sánchez e igualmente promovida por Santiago Abascal y 51 Diputados (Grupo Parlamentario VOX), incluyendo como candidato a la Presidencia del Gobierno a Ramón Tamames. El resultado de la votación fue: votos a favor de la moción de censura 53; votos en contra 201; abstenciones 91. Al no haberse obtenido la mayoría absoluta de los miembros de la Cámara, se estimó rechazada esta última moción de censura.

De este modo, en 45 años de Constitución, se han propuesto seis mociones con un solo caso aislado de triunfo. Por ello pudiera decirse que la mayoría de mociones presentadas en nuestro país han sido campañas de presión que dirigidas a agitar la política española y a tratar de desgastar la oposición ante la opinión pública, provocando una atmósfera de cambio de ciclo que favorece la puesta en marcha de la maquinaria preelectoral con la promoción de un líder político como candidato.

Así pues, en España, las mociones de censura han venido a jugar un papel de impulso de cambios políticos que en realidad ya estaban próximos, al haberse presentado con la perspectiva de que hubiera un cambio de gobierno en poco tiempo.

En definitiva, el uso que se viene haciendo de este mecanismo constitucional se aleja de intentar una verdadera alternativa de gobierno, habiéndose convertido en una potente herramienta de presión y desgaste que permite la confrontación de modelos de país y el lanzamiento de líderes incipientes, al representarse en el Congreso una especie de juicio político de unos parlamentarios contra los otros que ayuda a anticipar cambios de ciclo.

VII. BIBLIOGRAFÍA

Berning Prieto, Antonio David. *La división de poderes en las transformaciones del estado de derecho.* Conocimiento Artículos Doctrinales. Noticiasjuridicas.com, 2009.

De la Nuez Sánchez-Cascado, Elisa. *Crisis constitucional.* Diario El Mundo 21/12/2022.

Delgado Ramos, David. *De la separación de poderes al conflicto entre órganos constitucionales.* Revista de las Cortes Generales núm. 77, 2009, págs. 144-184.

Duce Pérez-Blasco, M.ª Cristina. *La moción de censura.* Anuario de derecho parlamentario núm. 31, 2018, págs. 455-472.

Elías Méndez, Cristina. *Comentarios a la Constitución Española. XL Aniversario.* Tomo II, págs. 602-620.

Fernández Díaz, Andrés. *Sobre la División de Poderes: una reconsideración en el contexto actual.* Revista Española de Control Externo núm. 63, 2019, págs. 27-58.

García-Escudero Márquez, Piedad. *Balance de la moción de censura constructiva en un Parlamento fragmentado.* UNED. Teoría y realidad constitucional, núm. 44, 2019, págs. 101-136.

Martín Morales, Ricardo. *División de poderes en el Estado de partidos.* Revista de las Cortes Generales núm. 114, 2022, págs. 449-456.

Solozábal Echavarría, Juan José. *Sobre el principio de la separación de poderes.* Revista de Estudios Políticos núm. 24, 1981, págs. 215-234.

Soto Velasco, Sebastián. *La vieja y la nueva separación de poderes en la relación entre el Poder Ejecutivo y el Poder Legislativo. Estudios Constitucionales.* Vol. 16 núm. 2. Santiago, 2018.

Vírgala Foruria, Eduardo. *La moción de censura en la Constitución de 1978.* Centro de Estudios Constitucionales. Madrid, 1988.

Capítulo 2

La responsabilidad política del Gobierno ante el Parlamento y sus procedimientos de articulación

PASCUAL SALA SÁNCHEZ
Socio Consultor de Rocajunyent
Expresidente del Tribunal Constitucional
Expresidente del Tribunal Supremo y del Consejo General del Poder Judicial
Expresidente del Tribunal de Cuentas

I. INTRODUCCIÓN

El control del Parlamento sobre la gestión política del Gobierno es un principio básico de los sistemas parlamentarios. Correlativamente, la exigencia de responsabilidad política como consecuencia de ese control es también un principio esencial propio de los referidos sistemas. Pero, a diferencia del control que, en términos generales, puede producir resultados de contraposición o crítica de la actividad gubernamental sin sanciones políticas de cese o terminación, cuando se aborda la exigencia de máxima responsabilidad gubernamental, el Parlamento puede imponer, como consecuencia, el cese del Gobierno al que, en su investidura, le otorgó la confianza. Por eso, es totalmente correcto —y compartido por la generalidad de doctrina en la materia[1]— la distinción entre los instrumentos ordinarios o generales de control de la actividad política del Gobierno y aquellos otros que conllevan, como resultado, la dimisión o cesación del Gobierno y la apertura, consecuentemente, de un nuevo proceso de investidura gubernamental o, incluso, la sustitución automática del Presidente y del Gobierno censurado por otros procedentes de la representación parlamentaria que exigió, como responsabilidad política, la referida sustitución.

A modo de consideraciones generales, en esta introducción, es preciso, de acuerdo con lo acabado de exponer, distinguir dos tipos de control parlamentario de la acción política del Gobierno: a) uno, amplio o general, que comprende actividades de control dirigidas a obtener determinadas informaciones, a criticar o impulsar actividades políticas, a inspeccionar las llevadas a cabo por el Gobierno o incluso a reprobar la actuación de algún o algunos de sus miembros, aunque, de por sí, no lleve aparejada su cese o sustitución; y b) otro, estricto, que se traduce en la deducción de responsabilidad política del Gobierno mediante la imposición de sanciones jurídicas determinantes de su cese o, como antes se ha indicado, de su sustitución por otro en la misma oportunidad.

1. *Vid.* Elías Méndez, C., «Comentario a los arts. 112, 113 y 114 de la Constitución», en *Comentarios a la Constitución Española,* dir. Miguel Rodriguez-Piñero y Bravo-Ferrer y María Emilia Casas Baamonde. Conmemoración del XL Aniversario de la Constitución, págs. 602 y sigs. — López Guerra, L., «El control parlamentario como instrumento de control de las minorías», *Anuario de Derecho Constitucional y Parlamentario,* n.º 8, 1996, págs. 81 y sigs. — Aragón Reyes, M., «Sobre el significado actual del Parlamento y del control parlamentario: información parlamentaria y función de control», en *Estudios de Derecho Constitucional,* 2.ª ed. Madrid, Centro de Estudios Políticos y Constitucionales, 2009, págs. 603 y sigs. — Rastrollo Ripollés, A., «El control parlamentario (I): La moción de censura y la cuestión de confianza en el sistema constitucional español», en *Revista de las Cortes Generales,* n.º 104,segundo cuatrimestre (2018), págs. 287-314. — Naranjo de la Cruz, R., «Las causas del cese del Gobierno en el ordenamiento constitucional español», en *Cuestiones Constitucionales,* n.º 4, 2001, págs. 115-152. — Montero Gibert, J. R. «La moción de censura en la Constitución de 1978: supuestos constituyentes y consecuencias políticas», *Revista de Estudios Políticos,* n.º 13, 1979, págs. 5-40. — Ollero Gómez, C., «Democracia y moción de censura en la Constitución Española de 1978», *Revista de Estudios Políticos,* Madrid, 1986, págs. 7-18. — Álvarez Vélez, M. I., «Relaciones entre Cortes Generales y Gobierno y los mecanismos de exigencia de la responsabilidad política (1978-2016)», *Revista de Derecho Político,* n.º 101, 2018, págs. 215-238. — Vírgala Foruria, E., «La moción de censura en la Constitución de 1978 (y en la historia del parlamentarismo español)», *Centro de Estudios Políticos y Constitucionales,* Madrid, 1988. — Requejo Pagés, J. L. «Las relaciones entre el Gobierno y las Cortes Generales», *Revista Española de Derecho Constitucional,* n.º 70, 2004.

Los sistemas parlamentarios incorporan el principio de responsabilidad política de sus Gobiernos, de su Poderes Ejecutivos, ante la representación de la soberanía popular, encarnada en los respectivos Poderes Legislativos, que son los que, tras las correspondientes consultas electorales, traducen el control genérico a su vez ejercido por la ciudadanía.

Pues bien; en España rige un sistema parlamentario —monarquía parlamentaria como forma política del Estado (art. 1.º. 3 CE)— que recoge los expresados modos de control político del Parlamento sobre el Gobierno una vez este resulta investido y ha obtenido la confianza parlamentaria (art. 99 CE), aunque sin establecer una clasificación bipolar entre control amplio, general o abstracto y control estricto. No obstante, está configurada esta distinción en el Título V de la Norma Fundamental de tratar «De las relaciones entre el Gobierno y las Cortes Generales», cuando: A) como modos de control que, al no llevar aparejada la posibilidad de sanción jurídica de cese pueden calificarse de modos de control general o abstracto, atribuye a las Cámaras —al Congreso y al Senado, por tanto— el poder recabar la información y ayuda que precisen del Gobierno y de sus Departamentos (Art. 109 CE); el poder reclamar también la presencia ante las mismas de los miembros del Gobierno a efectos de información, siendo obligatoria su comparecencia (arts. 110.1 y 76.2 CE); la posibilidad para ambas Cámaras, por sí mismas o conjuntamente, de nombrar Comisiones de investigación sobre cualquier asunto de interés público (art. 76.1 CE) o el estar sometidos, el Gobierno y cada uno de sus miembros, a las interpelaciones y preguntas que se les formulen en las Cámaras, pudiendo dar lugar toda interpelación a una moción en la que la Cámara manifieste su posición (Art. 111 CE), moción ésta que incluso puede ser de reprobación del sujeto interpelado.

Y cuando: B) establece modos de control que pueden llevar consigo la pérdida de la confianza que se otorgó en la investidura y el cese del Gobierno afectado y su sustitución por otro de acuerdo con el sistema general de investidura (cuestión de confianza —art.114.1 CE—) o a su sustitución por el propuesto en la propia medida de exigencia de responsabilidad política (moción de censura —art.114.2 CE—) y que, por esa misma consecuencia de cese del Gobierno, pueden ser calificados de modos de control concreto de la responsabilidad política gubernamental.

También es preciso concretar que la responsabilidad que puede determinar, o que persigue, la cesación del Gobierno es la responsabilidad política, es decir, la derivada de su gestión política, respecto de la cual responde necesariamente todo el Gobierno ante el Congreso de los Diputados (art. 108 CE), sin prejuicio de la responsabilidad individual de sus miembros en el ejercicio particularizado de su propia gestión (art. 98.2 CE) y, asimismo, de la posibilidad de referir a su actividad individual los que antes se han calificado de medios ordinarios de control de la actuación política del Gobierno (preguntas, interpelaciones, mociones, etc.).

La gestión política se manifiesta a través de las funciones que el Gobierno puede desarrollar y que, como acertadamente se ha observado[2], se especifica en el art. 97 CE cuando reconoce la potestad de dirección política del Gobierno (la dirección de «la política interior y exterior, la Administración civil y militar y la defensa del Estado») y su potestad de ejecución («la función ejecutiva y la potestad reglamentaria de acuerdo con la Constitución y las leyes»), es decir, los instrumentos mediante los que se materializa la función de dirección política. Ello no es óbice para que, si estos instrumentos dan lugar a actos o normas concretos/as, tales actos o normas sean controlables jurisdiccionalmente y puedan determinar responsabilidades distintas de las políticas y exigibles, según su naturaleza, ante los cuatro órdenes jurisdiccionales a que se refiere el art. 9 de la Ley Orgánica del Poder Judicial, Ley 6/1985, de 1.º de julio.

La Constitución, conforme ya se ha anticipado, concentra los procedimientos de exigencia parlamentaria de responsabilidad política en su máxima dimensión —es decir, los que llevan aparejada la cesación del Gobierno y su sustitución por otro— en la cuestión de confianza y la moción de censura, por este mismo orden (arts. 112, 113 y 114), y los atribuye, a diferencia de las medidas de control parlamentario ordinario, exclusivamente, al Congreso de los Diputados. Puede, en principio, parecer extraño que si tanto el Congreso como el Senado —las Cortes Generales— representan al pueblo español (art. 66.1 CE), no puedan ser activados en el Senado los referidos procedimientos. Pero esta solución es congruente con el hecho de que la investidura del Presidente del Gobierno está atribuida también «solo» al Congreso de los Diputados, que es el único que puede otorgar «su confianza» al candidato en dicha sesión propuesto (Art. 99 CE) y también con la realidad de que el Senado no es una Cámara de representación de la población en general, como lo es el Congreso, sino una Cámara de representación territorial (art. 69.1 CE), con alta incidencia en el control de la política que afecta a las Comunidades Autónomas, como revela el extenso número de competencias atribuido a la Comisión General de las Comunidades Autónomas por el Reglamento del Senado de 3 de mayo de 1994, art. 55.

2. *Vid.* Rastrollo Ripollés, A., «El control parlamentario...» cit. pág. 289. También Bar Cendón, A. *Comentario mínimo a la Constitución Española*, Santiago Muñoz Machado (ed.), 2018, Comentario al art. 97, pág. 379.

En definitiva, es la confianza que el Congreso de los Diputados da al Presidente del Gobierno en su investidura la que el mismo debe conservar a lo largo de su mandato, por propia iniciativa (cuestión de confianza), o la que, inversamente, le puede aquel —el Congreso— retirar mediante la moción de censura. Ambas, pues, y por este orden, tal y como se ha dicho las regula la Constitución, van a ser examinadas.

II. LA CUESTIÓN DE CONFIANZA

1. CONFIGURACIÓN CONSTITUCIONAL Y REQUISITOS

Es, conforme se ha anticipado, la primera de las medidas a que la Constitución atribuye la posibilidad de exigencia de responsabilidad política como resultado del rechazo de la confianza mediante ella solicitada.

En efecto. El art. 112 CE establece: «El Presidente del Gobierno, previa deliberación del Consejo de Ministros, puede plantear ante el Congreso de los Diputados la cuestión de confianza sobre su programa o sobre una declaración de política general. La confianza se entenderá otorgada cuando vote a favor de la misma la mayoría simple de los Diputados».

Y el art. 114.1 añade que: «Si el Congreso niega su confianza al Gobierno, éste presentará su dimisión al Rey, procediéndose a continuación a la designación de presidente del Gobierno, según lo dispuesto en el artículo 99».

Se trata, por tanto, de una medida para cuya activación ante el Congreso de los Diputados —única Cámara que pueda conocer de ella— está legitimado únicamente el Presidente del Gobierno, aun cuando previamente ha tenido que someterla a la deliberación del Consejo de Ministros. No está prevista, ni exigida, la aprobación por este último, aunque lo normal será que se obtenga. Sin embargo, sobre todo en gobiernos de coalición, puede admitirse la discrepancia de una parte del Gobierno respecto de la presentación de la cuestión, lo que no evitará su tramitación y votación en la Cámara, aunque, por elemental lógica, puede influir en la votación que la misma adopte facilitando su desestimación, con, entonces, la consecuencia de la consiguiente designación de un nuevo Presidente del Gobierno y un nuevo Gobierno con arreglo al art. 99 de la Constitución.

Su promoción, exclusivamente, por el Presidente del Gobierno se refiere a un presidente en pleno ejercicio de sus competencias, es decir, en activo y no en funciones, habida cuenta de que, si bien un presidente en funciones puede ser objeto de control parlamentario y solo puede realizar actuaciones políticas ordinarias o determinadas por razones de urgencia o interés general (art. 21 de la Ley 50/1997, de 27 de noviembre, del Gobierno), no puede plantear la cuestión de confianza puesto que, en la situación «en funciones», la relación de confianza que en su día le otorgó la investidura se considera ya extinguida, y puesto que así expresamente la excluye el citado art. 21.4 de la Ley del Gobierno[3].

Como contenido de la cuestión de confianza, la Constitución la refiere al programa político del Gobierno o a una declaración de política general. Pero, aparte de esta previsión constitucional acerca del contenido de la cuestión, que a continuación se examinará con mayor detalle, por pura lógica, hay que entender que se trata de una medida a utilizar por el Gobierno para reforzar su posición ante el Congreso de los Diputados, para reconducir a la unidad una mayoría que se haya dividido, para rehacer los apoyos recibidos del Parlamento o para hacer frente a una oposición circunstancial sobre un concreto tema.

Por eso, puede comprenderse que la cuestión de confianza no se utiliza con el propósito de someter al Gobierno a una medida de responsabilidad política con la finalidad de cesarlo, sino que consiste en un procedimiento dirigido, en principio, a la consolidación del Gobierno. Es solo cuando la confianza es rechazada cuando se convierte en una medida a través de la cual se articula la responsabilidad política del Gobierno originando su cese. Lo contrario, pues, de la moción de censura, con la que, como después se verá, se pretende, desde su inicio mismo, la retirada de la confianza en el Gobierno que en su día fue en él depositada con la investidura.

Conforme se ha anticipado, la cuestión de confianza ha de referirse al programa del Gobierno presentado por su Presidente en el acto de investidura (art. 99.2 CE) y puede comprender tanto su mera reproducción —en aras de confirmar el apoyo en su día recibido—, como la aprobación de cualesquiera modificaciones en el él introducidas, incluso las que signifiquen un cambio de orientación política que exija, por elemental lógica, el respaldo del Parlamento.

También puede referirse, como segunda opción, a una «declaración de política general». Pese a ser este un concepto claramente indeterminado, resulta patente la exclusión de cuestiones concretas, como serían, sobre todo, los proyectos legislativos sobre un tema específico o sobre una parte del mismo, según criterio general de la doctrina. Y ello para evitar la utilización de la cuestión con la finalidad de conseguir el apoyo a iniciativas legislativas de difícil aceptación por el Congreso de los Diputados y, ade-

3. *Vid.* Marc Carrillo, «Parlamento y Gobierno en funciones», *Diario La Ley*, 3552/2016.

más, sin necesidad de someterse a una tramitación legislativa que revelaría el rechazo de la Cámara[4].

En términos generales, la «declaración de política general» es susceptible de comprender temas afectantes a la integridad territorial del Estado, a la seguridad nacional o a situaciones de crisis económica[5]. Así se hizo en las dos únicas ocasiones en que se ha utilizado por el Gobierno la cuestión de confianza. En la primera ocasión en que fue activada (16, 17 y 18 de septiembre de 1980, por el presidente Adolfo Suárez, que resultó aprobada por mayoría absoluta), se hizo referencia a la crisis económica, a su repercusión sobre el paro y a la necesidad de continuar la construcción del Estado Democrático, tanto en su dimensión de Estado de Libertades como en la de Estado de las Autonomías. En la segunda, presentada el 2 de abril de 1990 y debatida, votada y aprobada el 5 de abril siguiente, también por mayoría absoluta —pese a no ser ya necesaria— se señaló como objeto la repercusión para España de su incorporación a la entonces Comunidad Económica Europea, hoy Unión Europea. Pues bien; pese a la clara generalidad de los planteamientos, la oposición a las cuestiones alegó su carácter concreto o su versión sobre aspectos concretos, con lo que quiere ponerse de relieve la dificultad de conseguir compatibilizar el carácter general que ha de tener la declaración política con su relación con los problemas o situaciones que la han de determinar. En cualquier caso, su resultado positivo —otorgamiento de la confianza en las dos planteadas— demuestra la viabilidad práctica en su utilización.

2. PROCEDIMIENTO DE LA CUESTIÓN DE CONFIANZA[6]

El Reglamento del Congreso de los Diputados, de 10 de febrero de 1982 (BOE n.º 55, de 5 de marzo), regula el procedimiento de la cuestión de confianza en los arts. 173 y 174, reproduciendo unas veces el texto constitucional y remitiéndose otras al procedimiento de investidura (art. 174.3). Importa resaltar la exigencia, en su presentación, de escrito motivado, al igual que sucede, como después se verá, con la moción de censura, y de que se aporte, también en el momento de la presentación, la certificación del Consejo de Ministros que acredite su deliberación, sin que, como se dijo antes, se exige que esta sea aprobatoria.

Una vez concluido el debate —desarrollado con sujeción a las mismas normas establecidas para el debate de investidura— y cuando hayan transcurrido 24 horas desde su presentación —período de reflexión menor que

4. *Vid.* Elías Méndez, C., «Comentarios a la Constitución Española», cit. pág. 605.
5. *Vid.* Rastrollo Ripollés A., «El control parlamentario...» cit. pág. 311.
6. *Vid.* Elías Méndez, C., «Comentarios a la Constitución Española...» cit. pág. 607.

el previsto para la moción de censura, pero suficiente para evitar decisiones poco meditadas— la cuestión se somete a votación (art. 174.4 del Reglamento del Congreso), entendiéndose aprobado cuando vote a su favor «la mayoría simple de los Diputados» (arts. 112 CE y 174.5 RCD) debiéndose comunicar al Rey, por la Presidencia del Congreso, el resultado de la votación, cualquiera que haya sido (art. 174.6 RCD).

Pese a la facilidad que este «*quorum*» de aprobación por mayoría simple supone para su promoción, la cuestión de confianza ha sido, como se ha visto, escasamente utilizada. Quizás su resultado de sanción terminal para el Gobierno en caso de ser rechazada y la existencia de otros medios más eficaces para evitar la discusión y división parlamentaria, como puede ser la amenaza de una disolución del Parlamento, son la causa de su escasa utilización, al menos en nuestra historia política.

Importa asimismo resaltar que, aun cuando la cuestión de confianza depende de la voluntad del Presidente del Gobierno, con los requisitos acabados de apuntar, no se establece en el Reglamento del Congreso ninguna previsión sobre su posible retirada. Habrá que entender que ésta no será factible una vez el escrito de presentación haya sido admitido a trámite por la Mesa del Congreso y se haya dado cuenta el mismo a la Junta de Portavoces y convocado el Pleno (art. 174.2 RCD), pues entonces la retirada significaría el fraude de impedir a la Cámara pronunciarse sobre la confianza inicialmente solicitada cuando es uno de sus cometidos esenciales[7]. Lo mismo que tampoco podría evitarse, por la misma razón, el pronunciamiento del Congreso sobre el mismo tema mediante la presentación de una propuesta de disolución del Parlamento, pese a que, a diferencia de que en la moción de censura está expresamente excluida dicha posibilidad por la propia Constitución (art. 115.2 CE), en la regulación de la cuestión de confianza no aparece su exclusión.

Los efectos jurídicos de la cuestión de confianza están, conforme se anticipó, previstos en el art. 114.1 de la Constitución y se concretan, si es denegada por el Congreso de los Diputados, en la dimisión del Presidente del Gobierno y de todo el Gobierno, abriéndose a continuación el procedimiento de designación de Presidente del Gobierno con arreglo al art. 99 CE. Los efectos políticos de su resultado positivo son favorecer la estabilidad gubernamental y su cohesión y, asimismo, detectar la posible debilidad del apoyo parlamentario al Gobierno que la propuso, con también posibles

7. *Vid.* Mellado Prado, P., «La responsabilidad política del Gobierno en el ordenamiento español», Congreso de los Diputados, Madrid 1988, pág. 254.

consecuencias de sustitución por otro Gobierno del mismo signo político o de adelanto electoral[8].

III. LA MOCIÓN DE CENSURA

1. CONFIGURACIÓN CONSTITUCIONAL

Conforme quedó sentado al principio, constituye la moción de censura el instrumento parlamentario específicamente dirigido —y el más importante— para hacer efectiva la responsabilidad política del Gobierno.

En efecto. Así como la responsabilidad política, en la cuestión de confianza, está asociada a su fracaso y es, por tanto y en principio, un efecto secundario y contrario a su finalidad principal, su exigencia en la moción de censura constituye el núcleo básico de su articulación parlamentaria, puesto que permite al Congreso de los Diputados dar por terminada la confianza depositada en el Presidente del Gobierno en la sesión de investidura y al propio tiempo, dada su naturaleza constructiva, dar por investido al candidato a dicha Presidencia propuesto en la propia moción.

La Constitución regula la moción de censura en los arts. 113 y 114.2

El primero de ellos dispone que:

«1. El Congreso de los Diputados puede exigir la responsabilidad política del Gobierno mediante la adopción por mayoría absoluta de la moción de censura».

«2. La moción de censura deberá ser propuesta al menos por la décima parte de los Diputados, y habrá de incluir un candidato a la Presidencia del Gobierno».

«3. La moción de censura no podrá ser votada hasta que transcurran cinco días desde su presentación. En los dos primeros días de dicho plazo podrán presentarse mociones alternativas».

«4. Si la moción de censura no fuere aprobada por el Congreso, sus signatarios no podrán presentar otra durante el mismo período de sesiones».

El segundo de los citados artículos (114.2 CE) añade que:

«Si el Congreso adopta una moción de censura, el Gobierno presentará su dimisión al Rey y el candidato incluido en aquélla se entenderá investido

8. *Vid.* Elías Méndez, C., «Comentarios a la Constitución...» cit. págs. 606 y 607.

de la confianza de la Cámara a los efectos previstos en el artículo 99. El Rey le nombrará Presidente del Gobierno».

A su vez el Reglamento del Congreso de los Diputados dedica a la moción de censura los arts. 175 a 179, inclusive.

Claramente se desprende, de los textos constitucionales acabados de exponer, que la Constitución española ha optado por la modalidad constructiva de la moción de censura, al llevar asociada, sin posibilidad de separación, la elección de un nuevo Presidente y, por tanto, de un nuevo Gobierno. Con ello, sin duda y como mayoritariamente se sostuvo en el debate parlamentario de la Constitución[9], se salvaguardó la estabilidad gubernamental, evitando un aumento desmedido de crisis gubernamentales, como lo prueba su escasa utilización con resultado positivo —es decir, con su estimación— y, a lo sumo, su reducción a constituir un modo de hacer más resonante la función de oposición política, aún a sabiendas de su inoperatividad en lo que a su finalidad principal se refiere, esto es, la cesación del Gobierno[10]. Posteriormente se comprobará esta conclusión al hacer referencia a los resultados de la utilización de la moción de censura en nuestra práctica parlamentaria, tanto en la estatal como en la autonómica.

2. REQUISITOS

De la regulación de la moción de censura en la Constitución —antes expuesta— y en el Reglamento del Congreso de los Diputados, resultan los siguientes requisitos:

2.1. Presentación

La propuesta de moción ha de ser realizada, al menos, por la décima parte de los Diputados, es decir, de acuerdo con el art. 162.1 de la Ley Orgánica del Régimen Electoral General, Ley 5/1985, de 19 de junio, que cifra el número de Diputados en 350, da que el número de Diputados proponentes habrá de ser, como mínimo, de 35. Con esta exigencia se evita que minorías exiguas o, incluso, Grupos Parlamentarios que pueden constituirse con un número de Diputados considerablemente inferior al indicado de la décima parte de los totales del Congreso (art. 23.1 RCD), puedan proponer mociones de esta clase.

La propuesta deberá serlo en escrito motivado (art. 175.2 RCD), exigencia esta de motivación no recogida expresamente en la Constitución, pero

9. *Vid.* Rastrollo Ripollés, «El control parlamentario...» cit. págs. 293 y sigs.
10. *Vid.* Rastrollo Ripollés, «El control parlamentario...» cit. págs. 298 y 299.

que es de toda lógica, dada la trascendencia que puede tener su resultado positivo —cese del Gobierno— y la necesidad, por ello, de su completo conocimiento no solo por el Parlamento, sino también por el conjunto de la ciudadanía a que este representa.

En cuanto al tiempo, la presentación puede hacerse dentro o fuera del período de sesiones, salvo que se trate de un Gobierno en funciones, que, al no tener ya la confianza que en su día le otorgó el Congreso, no puede ser el destinatario de una moción de censura, y salvo igualmente que se esté en el período de tiempo que discurre entre dos Legislaturas. Otra cosa es que los signatarios de una moción de censura rechazada —como después se verá— no pueden formular otra en el mismo período de sesiones y que la presentada en el que media entre sesiones, se impute al siguiente período de estas (art. 179 RCD).

2.2. Inclusión de un candidato alternativo a la Presidencia del Gobierno

La exigencia de que la moción de censura incluya «un candidato a la Presidencia del Gobierno», establecida, como se ha visto, de forma terminante por el art. 113.2 de la Constitución y reproducida por el Reglamento del Congreso de los Diputados (art. 175.2), que añade a esta exigencia la de que el candidato propuesto «haya aceptado la candidatura», es la que convierte la moción de censura en su modalidad constructiva, y la que, como se puso de relieve en el debate de la primera moción de censura de nuestra historia parlamentaria (la presentada contra el Gobierno de UCD el 20 de mayo de 1980), ha evitado vacíos de poder e inestabilidades gratuitas[11].

Una vez presentada la moción de censura, debe examinarse la posibilidad de desactivarla mediante otras actuaciones políticas de la Presidencia del Gobierno contra la que se propone, o en virtud de otros mecanismos de control parlamentario tendentes a exigir responsabilidad política a los miembros del Gobierno, incluido lógicamente su Presidente. Se trataría del efecto de una dimisión del Presidente del Gobierno, una vez presentada la moción de censura, sobre la permanencia o continuidad de esta, y de si podría verse sustituida por la utilización de las mociones de reprobación, factibles también, como ya se dijo, en nuestro ámbito parlamentario.

En el primer caso, parece claro que si la dimisión del Presidente del Gobierno provoca su cesación (art. 101 CE) y, por tanto, la necesidad de investidura de otro nuevo (art. 99 CE), que son los resultados pretendidos, como se ha visto, por la moción de censura, esa dimisión supondría que la

11. *Vid.* Álvarez Gelabert, P., «La moción de censura Española» Universidad Islas Baleares.

finalidad de la moción de censura habría desaparecido. Eso sí, siempre que la dimisión hubiera precedido a la votación de la moción de censura. Claro que también puede argumentarse, como se ha hecho[12], que la posibilidad de dimisión quedaría suspendida una vez presentada y admitida la moción, pues aparte de burlarse con ella el pronunciamiento de la Cámara sobre la confianza del Gobierno, quedaría también proscrita la investidura del candidato alternativo a Presidente, que es asimismo una de las finalidades de la moción constructiva, según quedó expuesto con anterioridad.

En el segundo, si bien es cierto que la reprobación del Gobierno y la de sus miembros es un supuesto que puede determinar la exigencia posterior de responsabilidad política como resultado de las interpelaciones a que aquellos están sometidos (art. 111 CE), no lo es menos que se trataría, conforme se anticipó, de una medida no asociada de inmediato a una sanción jurídica de cesación del Gobierno o de cualquiera de sus miembros y, por consiguiente, no de máxima responsabilidad política, sino solo causante de desprestigio parlamentario y desprestigio también ante la ciudadanía[13].

3. PROCEDIMIENTO

Realizada la presentación ante la Mesa del Congreso y tras comprobar ésta que la moción de censura reúne los requisitos antes examinados, la admitirá a trámite, dando cuenta de su presentación al Presidente del Gobierno y a los portavoces de los grupos parlamentarios (art. 176.1 RCD). Se trata, por tanto, de una comprobación meramente formal que determina la admisión a trámite preceptivamente —esto es, sin ninguna otra posibilidad de apreciación, como podría ser la de suficiencia de la motivación realizada— y que, de suyo, produce, sin embargo, efectos trascendentes, como es el de no poder presentarse por el Presidente del Gobierno, a partir de ese momento, una propuesta de disolución del Congreso, del Senado o de las Cortes Generales (art. 115.2 CE), pese a constituir esta facultad un derecho expresamente a él atribuido, y bajo su exclusiva responsabilidad, por la Constitución (art. 115.1).

El trámite de debate de la moción de censura no prevé expresamente cuando debe procederse a su iniciación. Deberá, por tanto, fijarlo la Presidencia del Congreso, que es la legitimada para convocar los Plenos, y deberá

12. *Vid.* Torres del Moral, A., «Principios de Derecho Constitucional Español», Servicio de Publicaciones Facultad de Derecho de la Universidad Complutense, Madrid, 1988, págs. 667. *Vid.* También Villanueva Turnes, A., en «La moción de censura en el ordenamiento constitucional español», Academia Vasca de Derecho, Boletín JADO, Bilbao, Año x, n.º 28, enero-diciembre 2017-2018, pág. 579.

13. *Vid.* Rastrillo Ripollés, A., «El control Parlamentario...» cit. págs. 300 y sigs.

hacerlo teniendo en cuenta que la votación de la moción no puede ser anterior al transcurso de cinco días desde su presentación (art. 177.4 RCD). Se trata de un plazo de enfriamiento o reflexión, como ha sido calificado[14], que evite mociones de censura poco meditadas y permita, al mismo tiempo, una también no improvisada defensa del Gobierno frente a la misma. También, en el señalamiento del comienzo del debate, deberá tenerse en cuenta que durante los dos primeros días desde la presentación de la moción, pueden formularse mociones de censura alternativas (art. 176.2 RCD) y, por tanto, el comienzo del debate deberá, por elemental prudencia, tener lugar con posterioridad a ese plazo, máxime cuando la Presidencia de la Cámara, oída la Junta de Portavoces, puede «acordar el debate conjunto de todas las incluidas en el orden del día», aunque su votación deberá hacerse «por separado, siguiendo el orden de su presentación» (art. 177.3 RCD).

El debate se inicia «por la defensa de la moción de censura que, sin limitación de tiempo, efectúe uno de los Diputados firmantes de la misma» y «a continuación y también sin limitación de tiempo, podrá intervenir el candidato propuesto para la Presidencia del Gobierno, a efectos de exponer el programa político del Gobierno que pretende formar», y «tras la interrupción decretada por la Presidencia, podrá intervenir un representante de cada uno de los Grupos Parlamentarios de la Cámara que los solicite, por tiempo de treinta minutos» teniendo todos los intervinientes «derecho de turno de réplica o rectificación de diez minutos» (art. 177.1 y 2 RCD).

Pese al carácter potestativo de estas intervenciones («podrá» que el precepto utiliza), la doctrina mayoritaria entiende que la intervención del candidato propuesto en la moción es obligatoria, habida cuenta que la moción de censura constructiva es determinante de una nueva investidura, en que el candidato debe comparecer públicamente y exponer su programa de Gobierno, como ocurre con la investidura general del art. 99 CE[15].

Por lo demás, también ha sido objeto de crítica que, en este procedimiento, se haya dado más protagonismo al candidato alternativo propuesto en la moción que a la crítica del Presidente del Gobierno —y de éste— contra los que la moción se dirige, puesto que no se prevé específicamente su

14. *Vid.* Elías Méndez, C., «Comentarios a la Constitución...» cit. pág. 610 y sigs.
15. *Vid.* Wikipedia. La enciclopedia libre https:es.wikipedia.org/w/index.php?title=moción_de_censura(España)&oldid=150
Vid. Elías Méndez, C., «Comentarios a la Constitución...» cit. pág. 613; y Rastrillo Ripollés, A. «El Control Parlamentario...» cit. 305 y sigs.

intervención en el debate diseñado en el art. 177 RCD, aunque lógico es que su intervención se produzca por elemental principio de defensa[16].

Concluido el debate, la moción o mociones de censura será, o serán, «sometidas a votación a la hora que previamente haya sido anunciada por la Presidencia» y que, conforme ya se ha anticipado, «no podrá ser anterior al transcurso de cinco días desde la presentación de la primera en el Registro General», requiriendo para su aprobación «el voto favorable de la mayoría absoluta de los miembros del Congreso de los Diputados» (art. 177.4 y 5, RCD).La aprobación de una moción de censura impide someter a votación a las restantes que se hubieran presentado (art. 177.6, RCD) y se completa con su comunicación, por la Presidencia de la Cámara y de forma «inmediata», al Rey y al Presidente del Gobierno, considerándose investido de la confianza de la Cámara el candidato incluido en aquella a los efectos previstos en el art. 99 de la Constitución (art. 178, RCD), y siendo nombrado, sin más requisitos, Presidente del Gobierno por el Rey (art. 114.2 CE) mediante Real Decreto, que habrá que entender será refrendado por la Presidencia del Congreso de los Diputados. A su vez, y por pura lógica, el Presidente del Gobierno censurado habrá tenido que presentar de forma inmediata su dimisión antes del nombramiento del nuevo Presidente.

La investidura del nuevo Presidente podría, pues, calificarse de automática y que, por consiguiente, da lugar a que aparezcan evitados los trámites que una investidura ordinaria ha de seguir, incluida la intervención moderadora del Rey, conforme al art. 99 CE.

El último de los preceptos del Reglamento del Congreso de los Diputados, el art.179, establece la prohibición de los signatarios de una moción de censura rechazada para firmar otra durante el mismo período de sesiones, con efectos y condicionamientos a que ya antes se ha hecho mención. Esta limitación temporal encuentra su fundamento en evitar la paralización de la función del Gobierno que provocaría una muy frecuente presentación de mociones de censura.

4. LA MOCIÓN DE CENSURA EN LA PRÁCTICA PARLAMENTARIA ESPAÑOLA Y SU VALORACIÓN CRÍTICA

Frente a la escasa utilización de la cuestión de confianza —en dos ocasiones como anteriormente se puso de relieve—, la moción de censura se ha activado parlamentariamente, y de acuerdo con las previsiones norma-

16. *Vid.* Aragón Reyes, M., «El Control parlamentario como control político», *Revista de Derecho político*, n.º 23, 1986, pág. 32. *Vid.* también Villanueva Turner, «La moción de censura...» cit. pág. 583.

tivas de la Constitución y del Reglamento del Congreso de los Diputados, antes expuestas, en seis ocasiones[17] (18); contra los Presidentes Adolfo Suárez (1980), Felipe Gonzalez (1987), Mariano Rajoy (2017 y 2018) y Pedro Sánchez (2020 y 2023). Solo una, la aprobada el 1.º de junio de 2018, tuvo por resultado el cese del Gobierno de D. Mariano Rajoy Brey y la investidura, como nuevo Presidente, de D. Pedro Sánchez Pérez-Castejón.

De esta realidad se desprende la utilización prevalente de las mociones de censura para fines distintos de los constitucionalmente definidos —cesar un Gobierno y dar entrada a uno nuevo—. Como pueden ser la presentación de los líderes políticos y su mayor conocimiento por la ciudadanía, la consolidación de la posición del candidato dentro de su propio partido, el debate de un problema que por el Grupo proponente se considera esencial, pero su examen parlamentario no puede lograrse por los medios normales de control político o, incluso, la confrontación entre el Presidente del Gobierno y el candidato propuesto en la moción, si optan por ejercerla, confrontación esta difícil de conseguir por los procedimientos ordinarios de control[18].

Pero el hecho de que la utilización práctica de la moción de censura haya conducido, en la mayoría de las ocasiones, a su uso como un medio ordinario, aunque de especial resonancia, del control del Gobierno más que al logro de su cesación, no es argumento para suprimirla y sustituirla por la moción de censura ordinaria o destructiva, puesto que puede servir como instrumento apto para comprobar el grado de confianza parlamentaria que el Gobierno tiene en determinados momentos en que la confrontación política está, podríamos decir, disparada y el titular del Gobierno no ha procedido a activar la cuestión de confianza o a promover un anticipo electoral[19].

Y es que, en la valoración crítica de la moción de censura constructiva ha de tenerse en cuenta que su efecto de evitar una inestabilidad gubernamental es innegable ante situaciones parlamentarias de fragmentación y multiplicación de partidos políticos con considerable diferenciación ideológica. También que un aumento de la inestabilidad gubernamental, pude conducir a una inestabilidad política, contraria, por pura evidencia, a un sistema democrático apto para respetar y desarrollar los postulados de un Estado Social y Democrático de Derecho como el que proclama nuestra Constitución en el primero de sus artículos.

---

17. *Vid.* Wikipedia ... cit. folio 10 vto.
18. *Vid.* Simón Yarza, F. «La moción de censura: ¿constructiva u "obstructiva"?», *Revista Española de Derecho Constitucional,* n.º 103, enero-abril 2015, pág. 98.
19. *Vid.* Simón Yarza, «La moción de censura...» cit. págs. 99 y sigs.

IV. BREVE RESEÑA DE LA MOCIÓN DE CENSURA EN LAS COMUNIDADES AUTÓNOMAS Y ENTIDADES LOCALES

La moción de censura opera, como categoría máxima en la exigencia de responsabilidad política, en todas las Comunidades Autónomas, bien mediante su reconocimiento estatutario, bien mediante una remisión a los Reglamentos de la Cámaras o mediante su regulación en la Leyes de Administración y Gobierno que tienen en vigor.

En términos generales, puede afirmarse que todas las Comunidades Autónomas han aceptado la modalidad de moción constructiva establecida por la Constitución, esto es, la que, junto a la censura del Gobierno, lleva asociada la propuesta de un nuevo candidato a su presidencia. Varían respecto de la determinación del sujeto al que se achaca la pérdida de la confianza, pues unos Estatutos la atribuyen al Presidente, otros a éste conjunta o alternativamente con el Gobierno y otros al Gobierno sin más concreciones. Pero, en definitiva, al ser solidaria la responsabilidad del Gobierno por su gestión política y al estar reconocida esta solidaridad en las regulaciones específicas de la normativa autonómica —al igual que sucede con el Gobierno nacional (art. 108 CE) y lo mismo que, para las Comunidades Autónomas, contempla el art. 152.1 de la Constitución— la concreción del sujeto al que cabe atribuirle la responsabilidad y la pérdida de confianza es innecesaria, ya que, conforme se ha hecho constar repetidamente, afecta a todo el Gobierno cuando se trata de la responsabilidad política. Otra cosa es que pueda exigirse la responsabilidad y su censura individualizada a los miembros del Gobierno autonómico por su particularizada gestión, como también se dijo podía hacerse con los miembros del Gobierno central.

También hay variaciones respecto del porcentaje de miembros de los Parlamento Autonómicos que pueden presentar una moción de censura, que guarda lógica correspondencia con el número de parlamentarios que componen las diferentes Cámaras, y lo mismo en cuanto a la exigencia de su motivación, que no es compartida por todo los Reglamentos de las mismas, pero que está admitida como un requisito lógico y necesario para la decisión parlamentaria, variando igualmente las previsiones reglamentarias sobre la imposibilidad de que los signatarios de una moción rechazada puedan formular otra durante el mismo período de sesiones, durante un determinado plazo, o incluso que no solo no puedan hacerlo los signatarios, sino toda la Cámara.

En definitiva, pues, salvo en los antedichos aspectos particulares y secundarios de la moción de censura, la adopción de su modalidad constructiva, con todos sus elementos esenciales y su finalidad estabilizadora, por las Comunidades Autónomas, puede considerarse una realidad[20].

Su utilización práctica, hasta la fecha, ha tenido lugar en 29 ocasiones para las Comunidades Autónomas y en 2 para las Ciudades Autónomas de Ceuta y Melilla. De ellas, 21 fueron rechazadas, 1 fue retirada, 2 desactivadas por dimisión presidencial, 2 descartadas por disolución de la Cámara y 5 aprobadas[21]. Por ello, puede llegarse a la misma conclusión que manifiesta el resultado de las mociones de censura constructivas respecto del Gobierno Central: su eficacia real en determinadas ocasiones —lo que confirma su naturaleza no teórica—, su conseguida finalidad de favorecimiento de la estabilidad gubernamental y su utilización para el logro de finalidades de control y oposición parlamentaria distintos de la cesación de un Gobierno y su sustitución por otro nuevo —la que ha sido llamada función latente de la moción de censura—, es decir, la llevada a cabo a sabiendas de que será rechazada.

En materia de Régimen Local, la moción de censura al Alcalde ha sido recogida por la Ley Orgánica 5/1985, de 19 de junio, sobre Régimen Electoral General, recogiendo criterios jurisprudenciales, en su art. 197, con sumisión a los requisitos de que se suscriba por, al menos, la tercera parte de los Concejales; que se incluya el nombre del candidato propuesto, quien quedará proclamado como tal en caso de prosperar la moción, pudiendo todos los Concejales ser candidatos; y que se adopte por la mayoría absoluta del número de Concejales que componen la Corporación, y con la sanción prohibitiva de que ningún Concejal puede suscribir más de una moción de censura durante su mandato[22].

Como puede comprobarse, también en la Administración Local rige la moción de censura, con el carácter constructivo que tiene en las Autonomías y Gobierno Central y con los mismos requisitos y consecuencias.

---

20. *Vid.* Soriano Hernández, Letrado de las Cortes Valencianas «El uso de la moción de censura en las Comunidades Autónomas» pág. 25 y sigs.
21. *Vid.* Wikipedia, La enciclopedia libre, Moción de Censura (España) cit.
22. *Vid.* Wikipedia, La enciclopedia libre, Moción de Censura (España) cit.

Capítulo 3

Fundamentos y precedentes constitucionales sobre la responsabilidad política y la moción de censura hasta la Constitución de 1978

ALBERTO PALOMAR OLMEDA
Profesor Titular (Acred.) de Derecho administrativo
Magistrado de lo contencioso-administrativo (EV)
Abogado

I. INTRODUCCIÓN

La responsabilidad política del Gobierno ante las Cortes Generales nos parece, hoy, algo innato a la propia democracia y su aplicación nos ha llevado a la destitución de algún presidente del Gobierno en la historia reciente. Se trataba del triunfo de la soberanía nacional que reside en el pueblo y se representa por el Parlamento negando la capacidad de seguir gobernando por haber perdido la confianza de aquel.

Es cierto que en este esquema de funciones hay que recordar, y así lo señala la Constitución Española vigente, que es el propio Parlamento el que inviste, mediante mayoría, al presidente del Gobierno y éste el que designa a los ministros[1].

Sobre uno y otros se establece un marco de responsabilidad política que tiene como esencia la crítica política y, finalmente, la disensión del programa o de la gestión que realiza la mayoría del Parlamento[2]. Por decirlo en términos coloquiales se trata de una confianza —la inicial— que se mantiene en tanto los que la atribuyen mantienen el criterio y la confianza misma[3].

Un planteamiento con visión histórica nos lleva, de forma inmediata, a que el concepto de confianza política está ligado a la gestión pública establecida sobre bases democráticas y de participación del pueblo en la designación de aquellos que tienen tal responsabilidad. *Sensu contrario*, cuando la voluntad del pueblo no ha participado en la designación del Gobierno, los mecanismos de responsabilidad son más limitados. De hecho, como analizamos seguidamente, se han centrado en los miembros de las secretarías del Despacho o los ministros cuando esta figura se ha establecido[4].

---

1. En el ámbito local y autonómico también se ha recogido la figura de la moción de censura. En primer lugar, la Ley 7/1985, de 2 de abril, Reguladora de las Bases del Régimen Local establece en el artículo 22 la facultad del Pleno de la votación sobre la moción de censura al alcalde, así como de las cuestiones de confianza planteadas, respecto de los municipios, y en el ámbito de las provincias en el artículo 33 de la misma ley.
Las autonomías también han recogido la moción de censura en sus respectivos Estatutos de autonomía. Así, por ejemplo, en el Estatuto de Autonomía de la Comunidad de Madrid la ubicamos en el artículo 20, en el Estatuto de Autonomía de Castilla-La Mancha en el artículo 21, o en el Estatuto de Autonomía de Cataluña en el artículo 67. Puede consultarse las monografías de Trujillo Pérez, A.J., *La moción de censura en las Entidades Locales*. Madrid. 1999; Martínez Alonso Campta, J.L. y Madgre. J., *Reflexiones sobre la moción de censura a alcaldes: evolución, comportamiento y regulación actual.* Fundació Carles Pi Sunyer d`Estudis Autonómics i Locals. Barcelona. 2000.
2. Por todos, Rastrollo Ripolles, A., «El control parlamentario (I): la moción de censura y la cuestión de confianza en el sistema constitucional español». *Revista de las Cortes Generales*. Núm. 104. 2018, págs. 287-314.
3. *Vid.* por todos, la monografía de Sánchez de Dios. M. *La moción de censura: (un estudio comparado).* Publicaciones del Congreso de los Diputados, Madrid. 1992.
4. García Escudero Márquez, M. P., «Balance de la moción de censura constructiva en un parlamento fragmentado». *Universidad Nacional de Educación a Distancias. Teoría y realidad constitucional*. Núm. 44. 2019. Págs. 101-136.

Es cierto también que, con vocación de síntesis podríamos indicar que los términos y el alcance de la responsabilidad han estado muy centrados en el ámbito penal y de responsabilidad de dicha índole más que del control de la gestión y de la responsabilidad por lo efectuado. En este contexto, observamos que el conjunto de las Constituciones se refiera a la responsabilidad general de los ministros o secretarios del despacho. No se precisa la forma ni el alcance de su exigencia más allá de la competencia del Rey de destituir (con o sin motivo) a los designados sin otra consideración que su condición de españoles con el pleno ejercicio de sus derechos civiles.

Esto nos permite indicar que los términos en los que conocemos actualmente la responsabilidad política del ejecutivo tienen una regulación histórica muy reciente que se sitúa, especialmente, en el siglo XX y en la Constitución de 1931[5].

Nuestro ordenamiento se rige por la relación básica entre el Gobierno y las Cortes, de ahí que el Tribunal Constitucional considere en la sentencia 141/1990, de 20 de septiembre, que «el modelo parlamentario no ha de considerarse únicamente como un mero mecanismo técnico, sino que se inserta en el orden de valores y principios a los que sirve y que han de inspirar la interpretación de las normas que lo regulan»[6].

Con este planteamiento general podemos ahora rastrear los fundamentos y las regulaciones que contienen en las diversas constituciones españolas centrándonos en lo que, actualmente, se configura como elementos esenciales de la responsabilidad política que van desde la designación parlamentaria del presidente del gobierno, su diferenciación de la monarquía hereditaria, la configuración del poder ejecutivo y, específicamente, de los mecanismos para la exigencia de algún tipo de responsabilidad.

Con base en los anteriores argumentos procede que analicemos las características de los Textos Constitucionales o similares que se dictan desde 1812.

---

5. Sobre ello, Vírgala Foruria, E., *La moción de censura en la Constitución de 1978 (y en la historia del parlamentarismo español).* Centro de Estudios Constitucionales. Madrid, 1988.
6. Puede consultarse Gil Arroyo, A., «La moción de censura al alcalde a la luz de la jurisprudencia constitucional (Comentario a la STC 151/2017, de 21 de diciembre)», *Revista Española de Derecho Constitucional*. Núm. 116. 2019, págs. 329-364.

II. LA CONSTITUCIÓN ESPAÑOLA DE 1812[7]

1. CONTEXTO GENERAL

La Constitución de 1812 se aprobó en un contexto muy especial como fue la Guerra de la Independencia (1808 a 1814) y es la consecuencia de la opción popular por luchar contra la invasión de Napoleón Bonaparte que se vale, en gran medida, de la situación española y los problemas dinásticos entre Carlos IV y Fernando VII para intentar asumir el poder en España.

Con carácter general podemos indicar que la Constitución de 1812 incorpora como elemento central la soberanía nacional y la separación de poderes en términos que no son idénticos a los actuales pero que tenían aquella referencia final y de contexto. Específicamente y en lo que se refiere a la separación de poderes cabe indicar que siguió el modelo de la Constitución francesa de 1791.

La Constitución de 1812 tuvo como es sabido una vigencia efímera. Fernando VII la derogó a su vuelta a España en 1814, implantando un sistema político caracterizado por el más férreo absolutismo durante seis años. Tras el pronunciamiento de Riego en 1820, precisamente con las tropas que debían viajar a América para detener la emancipación, el Rey se vio obligado a jurar la Constitución de 1812, iniciándose así el denominado «Trienio liberal».

2. ESTRUCTURA NORMATIVA

Señalaba el artículo 1 que «la nación española es la reunión de todos los españoles de ambos hemisferios», y el 3 que «la soberanía reside esencialmente en la nación y por lo mismo pertenece a ésta exclusivamente el derecho de establecer leyes fundamentales».

El título II de la Constitución de 1812 se refiere al territorio de las Españas, su religión y gobierno y a los ciudadanos españoles.

El Capítulo III se refiere al Gobierno del que señala que «...el objeto del gobierno es la felicidad de la Nación, puesto que el fin de toda sociedad política no es otro que el bien estar de los individuos que la componen...». «El gobierno de la Nación es una monarquía moderada hereditaria» decía el artículo 14.

7. En general, sobre la Constitución de 1812, pueden consultarse por todas las monografías de Fernández-Rodríguez, T. R. *La constitución de 1812: utopía y realidad*. Dykinson, Madrid, 2011 y Artola. M. y Flaquer Montequi, R., *La Constitución de 1812*. Iustel, Madrid, 2008.

Esta determinación se completaba con tres referencias:

- La potestad de hacer las leyes reside en las Cortes con el Rey. De hecho, el artículo 131 de la Constitución señala como facultad de las Cortes la de proponer y decretar las leyes e interpretarlas y derogarlas en caso necesario.
- La potestad de hacer ejecutar las leyes reside en el Rey. Expresamente el artículo 131 también refiere algunas referencias esenciales de la ejecución como la de establecer las contribuciones e impuestos, fijar los gastos de la Administración Pública o aprobar el repartimiento de las contribuciones entre las provincias. Desde otra perspectiva le correspondía disponer lo conveniente para la administración, conservación y enajenación de los bienes nacionales.
- La potestad de aplicar las leyes en las causas civiles y criminales reside en los Tribunales establecidos por la ley.

La Constitución de 1812 se caracterizó por suprimir la monarquía absoluta existente hasta el momento dando paso a un modelo de monarquía parlamentaria con planteamientos que, ciertamente, hoy, nos parecen rudimentarios pero que tienen un origen ciertamente reconocible. Ostentaba un carácter progresista y fue la primera norma en delimitar la separación de poderes: legislativo, ejecutivo y judicial. Esta nueva forma de organizar el poder requirió de la existencia de mecanismos para garantizar el cumplimiento de las funciones que a cada uno le correspondían. El Parlamento era el único poder formado con legitimación democrática directa, mientras que del Gobierno no se podía predicar esta misma cualidad, ostentando una legitimidad indirecta al tener un papel ejecutor de las labores nacidas en el Parlamento.

En esta Constitución de 1812, en su artículo 131 se indicaba como una de las facultades de las Cortes, «hacer efectiva la responsabilidad de los secretarios del Despacho y demás empleados públicos». Con la expresión de secretarios del Despacho hacía referencia a los ministros con quien el rey despachaba las consultas pertenecientes al ámbito del que estaban encargados. Se observa que no desarrolló un mecanismo definido de control del Gobierno, no figurando en ningún caso la figura de la moción de censura.

La justificación puede hallarse en que en 1812 la preocupación máxima era limitar el poder absoluto del monarca, no el de un poder sobre otro. Además, la idea era que cada poder ostentaba una serie de funciones, viendo aquí reflejado los principios inspiradores de la Ilustración, que consideraba que para un ordinario funcionamiento de las instituciones era preciso otorgar un margen de libertad organizativa y definitoria de estos poderes.

En este sentido comentaba Karl Loewenstein en su obra *Teoría de la Constitución que* el mecanismo más eficaz para el control del poder político consiste en la atribución de diferentes funciones estatales a diferentes detentadores. Este autor diferenciaba entre distribución de poder y control del poder, siendo este último una consecuencia del primero[8].

El sistema de lo que, hoy, llamamos control parlamentario era fruto de la ordenación monárquica del sistema y se reflejaba en los siguientes términos:

- El artículo 123 establecía que, en la inauguración de las sesiones de las Cortes el Rey haría un discurso en el que proponía a las Cortes lo que creía conveniente y al que el presidente contestaba en términos generales.
- No obstante lo anterior, y, como consecuencia del sistema monárquico, el artículo 124 de la Constitución de 1812 determinaba que «las Cortes no podrán deliberar en la presencia del Rey».
- En los casos que los secretarios de Despacho hagan a las Cortes alguna propuesta en nombre del Rey, asistirán a las discusiones cuando y en el modo que las Cortes determinen y hablarán en ellas, pero no podrían, tampoco, estar presentes en la votación.

3. LA REGULACIÓN DE LA CORONA

3.1. Consideraciones generales

La regulación de la Corona se contenía en el Título IV de la Constitución de 1812 que comenzaba, de conformidad con el artículo 168, declarando que la persona del Rey es sagrada e inviolable y no está sujeta a responsabilidad.

Con carácter general, el artículo 170 atribuye al Rey la potestad de ejecutar las leyes. Su autoridad se extendía a cuanto conduce a la conservación del orden público en el interior, a la seguridad del Estado, en el exterior, de conformidad con la Constitución y las leyes.

Adicionalmente se atribuían al Rey elementos que, claramente, conforman el haz competencial del poder ejecutivo. Entre los mismos se encon-

8. *Vid.* Loewenstein, K., Teoría de la Constitución, 4.ª reimpresión, Ariel, Barcelona, 1986. Sobre su obra, por todos, González Casanova, J.A., «La idea de Constitución en Karl Loewenstein», *Revista de Estudios Políticos*, Núm. 139, 1965, págs. 73-98.

traba la prerrogativa de expedir decretos, reglamentos e instrucciones que sean conducentes a la ejecución de las leyes. Asimismo, le correspondía el promover todos los empleos civiles y militares, conceder los honores y distinciones, mandar a los ejércitos y fuerzas armadas, dirigir las relaciones diplomáticas y comerciales, cuidar la fabricación de la moneda, indultar a los delincuentes, hacer a las Cortes las propuestas de leyes o de reformas que crea conducentes al bien de la Nación, para que deliberen de forma precisa.

El apartado 16 de este artículo 171 concluía indicando que le correspondía al Rey el nombramiento y separación de los secretarios de Estado y de Despacho.

3.2. Los secretarios de Estado y del despacho[9]

Su regulación se contenía en el artículo 222 que, curiosamente, constitucionalizaba la figura indicando que serían siete los secretarios del Despacho:

- El secretario del despacho de Estado.
- El secretario de despacho de Gobernación del reino para la Península e islas adyacentes.
- El secretario de Despacho de la Gobernación del reino para ultramar.
- El secretario del Despacho de Gracia y Justicia.
- El secretario del despacho de Hacienda.
- El secretario del despacho de Guerra.
- El secretario del despacho de Marina.

Lo relevante es que la facultad de modificar el sistema de secretarias del despacho correspondía a las Cortes Generales en función de la experiencia o de que las circunstancias lo exigieran.

9. Escudero, J.A., *Los secretarios de Estado y del despacho (1474-1724).* Instituto de Estudios Administrativos. Madrid. 1876; Nava Rodríguez, M. T., «Problemas y perspectivas de una historia social de la Administración: Los Secretarios del Despacho en la España del siglo XVIII». *Mélanges de la Casa de Velázquez.* Núm. 30. fasc. 2. Madrid. 1994.

Para ser secretario del despacho se exigía únicamente ser ciudadano en el ejercicio de sus derechos. Quedaban excluidos los extranjeros, aunque tuvieran carta de ciudadanos.

La atribución competencial de cada secretaria del despacho se atribuía a un reglamento particular, aprobado por las Cortes Generales, que debían señalar los negocios que debían pertenecerle a cada secretaria.

Las órdenes del Rey debían ir firmadas por el secretario del Despacho del ramo sin que las mismas tuvieran eficacia sin dicho refrendo.

Desde la perspectiva de la responsabilidad, el artículo 226 de la Constitución señalaba que «... Los secretarios del Despacho, serán responsables ante las Cortes Generales de las órdenes que autoricen contra la constitución o las leyes, sin que les sirva de excusa haberlo mandado el Rey...».

Esta responsabilidad ante las Cortes se articulaba mediante la «formación de causa» que se realizaba por decreto y que conllevaba la suspensión del Despacho. Esta circunstancia implicaba que las Cortes debían remitir al Tribunal Supremo de justicia todos los documentos concernientes a la causa que haya de formarse por el mismo tribunal.

4. CONSIDERACIONES DE CONJUNTO

Las características de la Constitución de 1812 nos presentan un tímido esquema de formulación de la división de poderes en el que, para ser puro, se produce la complicación de la presencia del Rey al frente del poder ejecutivo y, claro está, el carácter hereditario de la monarquía que impedía realmente cualquier forma de control directo sobre el titular del poder ejecutivo y a la imbricación de la condición de Jefe de Estado con la de Gobierno y el carácter hereditario de la primera impedían la actuación parlamentaria de control.

La formación de una monarquía hereditaria a cuyo frente se situaba al Rey que ejercía el Poder ejecutivo de una forma *sui generis* en relación con lo que hoy consideramos. De esta forma, se le atribuía la potestad ejecutiva, la de dirigir la Administración, nombrar al Gobierno y, en general, articular la potestad ejecutiva.

La responsabilidad en términos de responsabilidad penal —específicamente— tenía, con este esquema, una limitación esencial porque ningún mecanismo de control podría afectar a la figura y al contenido funcional de la actividad real. De ahí que se aludiera a la responsabilidad ante las Cortes de los Secretarios del Despacho aunque la forma de reproche no se encuentra en la Constitución sino en las normas internas de organización.

Desde la perspectiva de lo que aquí se analiza la moción de censura en cuanto mecanismo con capacidad de derrocar o sustituir al poder ejecutivo partiendo, como hemos dicho, de que el artículo 168 de la CE excluye al Rey de cualquier responsabilidad y configuraba, adicionalmente, la propia monarquía como hereditaria[10].

Los notables avances democráticos que supone la CE de 1812 en lo que se refiere a la soberanía popular y la formulación del Parlamento no encuentra, sin embargo, una referencia similar en la formulación del poder ejecutivo a cuyo frente se situaba al monarca que, por su propia esencia, no podría ser cuestionado en términos de gestión política por el Parlamento. De ahí que las únicas referencias que se pueden encontrar se refieren a la responsabilidad de los primeros niveles ejecutivos, esto es los Secretarios de Despacho que constituyen el primer nivel del gobierno o del poder ejecutivo cuyo nombramiento y destitución corresponde al Rey y sin que pueda producirse la reprobación de este en cuanto titular del poder ejecutivo.

III. EL ESTATUTO REAL DE 1834[11]

1. PERSPECTIVA GENERAL

Es a la muerte de Fernando VII (1833) cuando su esposa, María Cristina de Borbón-Dos Sicilias, accede al trono en calidad de regente y, desde la perspectiva constitucional, se caracteriza por la aprobación del Estatuto Real en 1834[12], que en esencia reformula la organización de las Cortes.

Técnicamente hablando no era formalmente una Constitución porque su origen fue propiamente monárquico y no fruto de la iniciativa popular consagrada o situada en las Cortes.

Fue aprobado por Real Decreto y se convierte en una carta otorgada desde la corona en el que, finalmente, se aprecia la presencia monárquica y

10. Específicamente, el artículo 180 de la Constitución señalaba que «...a falta del Sr. Fernando VII de Borbón, sucederán sus descendientes legítimos, así varones como hembras; a falta de estos sus hermanos y tíos hermanos de su padre, así varones como hembras y los descendientes legítimos de estos por el orden que queda prevenido, guardando en todos el derecho de representación y la preferencia de las líneas anteriores a las posteriores».

11. *Vid.* Pro Ruiz, J., *El Estatuto Real y la Constitución de 1837*. Iustel. Madrid, 2010.

12. Tomás Villaroya, J., *El Estatuto Real de 1934 y la Constitución de 1837*. Fundación Santa María. Madrid, 1985. Tomás Villaroya, J., *El sistema político del Estatuto Real, 1834-1836*. Dykinson. Madrid, 2019.

la mayor parte de los poderes convencionales tienen una referencia monarquía final. Puede afirmarse que:

> «... El Estatuto Real fue el primer texto en hablar de Cortes Generales, fijando definitivamente el bicameralismo en el constitucionalismo español del siglo XIX. Así, el artículo segundo establecía que: "Las Cortes Generales se compondrán de dos Estamentos: el de Próceres del Reino y el de Procuradores del Reino".
>
> En el Estamento de Próceres se reunían la aristocracia social, eclesiástica, de sangre, administrativa, intelectual y económica. Estaba compuesto por dos clases de miembros: los de pleno derecho y los de nombramiento real, entre las categorías citadas[13].
>
> El Estamento de Procuradores era la Cámara electiva[14], de signo conservador, pues para ser Procurador se necesitaba una renta propia anual de doce mil reales. El texto no contenía ningún precepto referido al sistema electoral, y fue el Decreto de 24 de mayo de 1836 el que estableció por primera vez en

13. El artículo 3 establecía que:
«El Estamento de Próceres del Reino se compondrá:
1.º De muy reverendos arzobispos y reverendos obispos.
2.º De grandes de España.
3.º De títulos de Castilla.
4.º De un número indeterminado de españoles, elevados en dignidad e ilustres por sus servicios en las varias carreras, y que sean o hayan sido secretarios del Despacho, procuradores del Reino, consejeros de Estado, embajadores o ministros plenipotenciarios, generales de Mar o de Tierra, o ministros de los Tribunales Supremos.
5.º De los propietarios territoriales o dueños de fábricas, manufacturas o establecimientos mercantiles que reúnan a su mérito personal y a sus circunstancias relevantes el poseer una renta anual de 60.000 reales y el haber sido anteriormente procuradores del Reino.
6.º De los que en la enseñanza pública, o cultivando las ciencias o las letras, hayan adquirido gran renombre y celebridad, con tal que disfruten una renta anual de 60.000 reales, ya provenga de bienes propios, ya de sueldo cobrado del erario».

14. El artículo 13 establecía que: «El Estamento de Procuradores del Reino se compondrá de las personas que se nombren con arreglo a la ley de elecciones».
Por su parte, el artículo 14 establecía que:
«...Para ser procurador del Reino se requiere:
1.º Ser natural de estos Reinos o hijo de padres españoles.
2.º Tener treinta años cumplidos.
3.º Estar en posesión de una renta propia anual de 12.000 reales.
4.º Haber nacido en la provincia que le nombre, o haber residido en ella durante los dos últimos años, o poseer en ella algún predio rústico o urbano, o capital de censo que reditúen la mitad de la renta necesaria para ser procurador del Reino.
En el caso de que un mismo individuo haya sido elegido procurador a Cortes por más de una provincia, tendrá el derecho de optar entre las que le hubieran nombrado».

España la elección directa, introduciéndose además "el sufragio censitario"»[15].

2. LA FUNCIÓN EJECUTIVA

Al Rey se le concedía un conjunto desorbitado de facultades que se pueden enumerar en las siguientes:

1. Monopolio de la iniciativa legislativa.

2. Convocaba, suspendía o disolvía las Cortes.

3. Sancionaba leyes con posibilidad última de ejercer el derecho de veto.

4. Nombraba Próceres de modo ilimitado.

5. Elegía Presidente y Vicepresidente de los Estamentos, a propuesta por éstos de una nómina de cinco personas.

6. Nombraba y cesaba al Presidente del Consejo de Ministros y a los miembros del gabinete.

Se configura el poder ejecutivo delegado por el monarca en el presidente del Consejo de Ministros, el Gobierno y los Ministros. Aparece un incipiente proto-sistema de parlamentarismo al necesitar la doble confianza, del Rey y las Cortes, para gobernar y la aparición de la llamada cuestión de confianza.

Esta aparición de un esquema organizativo diferenciado en el marco de la representación real y la función ejecutiva, estrictamente considerada, no se trasluce, sin embargo, en un esquema de responsabilidad autónoma y específica de los miembros del ejecutivo. Dos son las razones de la argumentación de que no supone una alteración del régimen de responsabilidad de los miembros del poder ejecutivo. El primero, que, como se ha visto, se mantiene la designación real y, el segundo, en línea con el anterior, la condición de poder delegado del Consejo de Ministros lo que, finalmente, referenciaba en la figura real —aun con la delegación— la titularidad del poder ejecutivo.

15. Así se indica en la referencia que al Estatuto Real de 1834 se hace en la página web oficial del Congreso de los Diputados. Disponible en: https://www.congreso.es/es/cem/constesp1812-1978 (último acceso: 4 de octubre de 2023).

IV. LA CONSTITUCIÓN DE 1837[16]

1. CONSIDERACIONES GENERALES

Posteriormente, se aprobó la Constitución de 1837. Esta norma estaba inspirada, en gran medida, en la Constitución de 1812, aunque originó ciertos cambios. En primer lugar, la soberanía pasó a ser compartida entre el Rey y las Cortes. Por otro lado, declaró la descomposición de las Cortes en dos Cuerpos Colegisladores, iguales en facultades, el Congreso de Diputados y el Senado. Adoptó una separación de poderes elástica, dado que permitía la coordinación entre el Gobierno y las Cortes. La razón se halla en que se trata de un texto constitucional conciliador políticamente, debido al contexto histórico en el que se aprueba.

Muchos autores la han calificado como una «ocasión perdida» para la continuación en la progresión del marco normativo vigente con la Constitución de 1812. En materia de control político, se ubica una manifestación en el artículo 40. 4, donde se indicaba que era competencia de las Cortes «hacer efectiva la responsabilidad de los ministros, los cuales serán acusados por el Congreso y juzgados por el Senado». Del mismo modo que en la de 1812, no existe referencia expresa de la figura de la moción de censura[17].

2. CONTENIDO CONCRETO

El Título II y, específicamente, el artículo 12 de la CE señalaba como potestad de la Cortes «hacer» las leyes con el Rey. Las Cortes se componían de dos cuerpos colegisladores con iguales facultades: el Senado y el Congreso de los Diputados. Una de las características más notables es la circunscripción electoral que, para el congreso de los diputados, incluida, al menos, un diputado por cada 50.000 almas de su población. Los diputados eran elegidos por el método directo y podrían ser reelegidos indefinidamente.

---

16. En general sobre esta Constitución, puede consultarse Estrada Sánchez, M., «El primer constitucionalismo post-fernandino. Del Estatuto Real a la Constitución de 1837», *Estudios de Derecho español y europeo: libro conmemorativo de los primeros 25 años de la Facultad de Derecho de la Universidad de Cantabria,* 2009, págs. 287-304, y García García, R., «Desamortización y financiación del culto y el clero: la Constitución de 1837». *Universidad Pontificia Revista de Derecho Canónico.* Vol. 57, núm. 48. 2000, págs. 71-127.

17. *Vid.* Villarroya, J.T., «La publicación de la Constitución de 1837», *Revista de Derecho Político.* Núm. 20, 1983, págs. 15-32, y Fernández Segado, F., *Las bases vertebradoras de la constitución de 1837.* Consejo Superior de Investigaciones Científicas. Instituto de la Historia. Madrid, 1987.

Se mantiene la tradición histórica de que correspondía al Rey la iniciación y la clausura de las Cortes, en persona o por medio de sus ministros, expresión que había sustituido la de secretarios del despacho a la que nos hemos referido anteriormente.

El artículo 40 de la Constitución atribuye a las Cortes la competencia en relación con «... hacer efectiva la responsabilidad de los ministros, los cuales serán acusados por el Congreso, y juzgados por el Senado...».

Desde una perspectiva ejecutiva se mantiene, cifrado expresamente en el artículo 45, que corresponde al Rey «... La potestad de hacer ejecutar las leyes reside en el rey, y su autoridad se extiende a todo cuanto conduce a la conservación del orden público en lo interior y a la seguridad del Estado con lo exterior, conforme a la Constitución y a las leyes...»[18].

Adicionalmente, el artículo 47 establece las siguientes funciones que corresponden al Rey:

1.º Expedir los decretos, reglamentos e instrucciones que sean conducentes para la ejecución de las leyes.

2.º Cuidar de que en todo el Reino se administre pronta y cumplidamente la justicia.

3.º Indultar a los delincuentes con arreglo a las leyes.

4.º Declarar la guerra y hacer ratificar la paz, dando después cuenta documentada a las Cortes.

5.º Disponer de la fuerza armada, distribuyéndola como más convenga.

6.º Dirigir las relaciones diplomáticas y comerciales con las demás potencias.

7.º Cuidar de la fabricación de la moneda, en la que se pondrá su busto y nombre.

8.º Decretar la inversión de los fondos destinados a cada uno de los ramos de la Administración Pública.

9.º Nombrar todos los empleados públicos y conceder honores y distinciones de todas clases, con arreglo a las leyes.

---

18. Sobre ello, Lario, A., «El lugar del rey. La configuración del lugar del rey a partir de la Constitución de 1837», *Revista de historia contemporánea*. Núm. 21. 2017, págs. 21-50.

10.º Nombrar y separar libremente los ministros.

Por su parte, la regulación de los ministros se contenía de una forma no demasiado somera en el Título IX de la Constitución cuando señala, en su artículo 61, que «... todo lo que el rey mandare o dispusiere en el ejercicio de su autoridad, deberá ser firmado por el ministro a quien corresponda, y ningún funcionario público dará cumplimiento a lo que carezca de este requisito...».

Esta determinación se completa con la prevista en el artículo 62 según el cual «... Los ministros pueden ser senadores o diputados, y tomar parte en las discusiones de ambos Cuerpos Colegisladores; pero solo tendrán voto en aquel a que pertenezcan...».

V. LA CONSTITUCIÓN DE 1845[19]

1. PLANTEAMIENTO GENERAL

Afirmaba el preámbulo de la Constitución de 1845 que «… D.ª Isabel II, por la gracia de Dios y la Constitución de la Monarquía Española, reina de las Españas; a todos los que las presentes vieren y entendieren, sabed: que siendo nuestra voluntad y la de las Cortes del Reino regularizar y poner en consonancia con las necesidades actuales del Estado los antiguos fueros y libertades de estos Reinos, y la intervención que sus Cortes han tenido en todos tiempos en los negocios graves de la Monarquía, modificando al efecto la Constitución promulgada en 18 de junio de 1837, hemos venido, en unión y de acuerdo con las Cortes actualmente reunidas, en decretar y sancionar la siguiente Constitución de la Monarquía Española...».

2. LA FUNCIÓN EJECUTIVA

Señalaba el artículo 49 que la reina legítima de las Españas era D.ª Isabel II de Borbón. El artículo 12 de la Constitución establecía que la potestad de hacer las leyes reside en las Cortes con el Rey.

El artículo 45 se refiere a las siguientes competencias del Rey:

> «... Además de las prerrogativas que la Constitución señala al rey, le corresponde:

19. Tomas Font de la Mora, M., «El preámbulo de la Constitución de 1845». *Universidad de Educación a distancia. Revista de derecho político*. Núm. 39. Madrid. 1994. Pág. 81-106; Medina Muñoz, M. A., «Las Cortes en la Constitución de 1845». *Instituto de Estudios Políticos y constitucionales. Revista de Estudios Políticos*. Núm. 208. Madrid. 1976, págs. 131-148.

1.º Expedir los decretos, reglamentos e instrucciones que sean conducentes para la ejecución de las leyes.

2.º Cuidar de que todo en el Reino se administre pronta y cumplidamente la justicia.

3.º Indultar a los delincuentes con arreglo a las leyes.

4.º Declarar la guerra y hacer y ratificar la paz, dando después cuenta documentada a las Cortes.

5.º Disponer de la fuerza armada, distribuyéndola como más convenga.

6.º Dirigir las relaciones diplomáticas y comerciales con las demás potencias.

7.º Cuidar de la fabricación de la moneda, en la que se pondrá su busto y su nombre.

8.º Decretar la inversión de los fondos destinados a cada uno de los ramos de la Administración Pública.

9.º Nombrar todos los empleados públicos y conocer honores y distinciones de todas clases, con arreglo a las leyes.

10.º Nombrar y separar libremente los ministros»[20].

Desde una perspectiva de la función ejecutiva, estrictamente considerada, el artículo 64 establece que «...Todo lo que el rey mandare o dispusiere en el ejercicio de su autoridad, deberá ser firmado por el ministro a quien corresponda, y ningún funcionario público dará cumplimiento a lo que carezca de este requisito...»[21].

Desde la perspectiva de la responsabilidad, el artículo 19 de la Constitución señalaba respecto del Senado que:

«...Además de las facultades legislativas corresponde al Senado:

---

20. Esta función ejecutiva se completaba en la siguiente forma en el artículo 46:
«El rey necesita estar autorizado por una ley especial:
1.º Para enajenar, ceder o permutar cualquier parte del territorio español.
2.º Para admitir tropas extranjeras en el Reino.
3.º Para rectificar los tratados de alianza ofensiva, los especiales de comercio y los que estipulen dar subsidios a alguna potencia extranjera.
4.º Para abdicar la Corona en su inmediato sucesor».

21. El régimen jurídico de los Ministros se completaba indicando en el artículo 65 que «...Los ministros pueden ser senadores o diputados y tomar parte en las discusiones de ambos Cuerpos Colegisladores; pero solo tendrán voto en aquel al que pertenezcan...».

1.º Juzgar a los ministros cuando fueren acusados por el Congreso de los Diputados.

2.º Conocer de los delitos graves contra la persona o dignidad del rey, o contra la seguridad del Estado, conforme a lo que establezcan las leyes.

3.º Juzgar a los individuos de su seno en los casos y en la forma que determinaran las leyes...».

VI. LA CONSTITUCIÓN DE 1869[22]

1. PLANTEAMIENTO GENERAL

La Constitución de 1869 se caracterizó por ser fruto de la «Gloriosa Revolución», retomando nuevamente el ideal liberal. Se reestablece la soberanía popular, así como el sufragio universal de la ciudadanía masculina, insertándose nuestro ordenamiento en los ideales que regían el sistema europeo del momento con el krausismo y el socialismo.

En este sentido, destaca la ampliación de derechos individuales y colectivos. El Poder Ejecutivo residía en el Rey, que lo ejercía por medio de sus ministros. Por su parte, el Poder Legislativo se erigió como el principal órgano del Estado por la labor legislativa encomendada (correspondiendo únicamente al Rey la iniciativa legislativa, la promulgación y sanción de las leyes), así como en materia de control al Gobierno.

Se cita en el texto constitucional la función de las Cortes de hacer efectiva la responsabilidad de los ministros (artículo 58. 4). Por tanto, esta Constitución es la primera en definir los límites de la autoridad de la Corona.

2. DETERMINACIONES ESPECÍFICAS

El Título II de la Constitución de 1869 se refiere a los poderes públicos y comienza en el artículo 32 por señalar que la «soberanía reside esencialmente en la Nación, de la cual emanan todos los poderes», precepto que se conforma con la idea de que la forma de gobierno de la Nación es la monarquía.

Según el artículo 34 la potestad de hacer las leyes reside en las Cortes sin referencia ya de cualquier tipo a la vinculación con el Rey del que, sin embargo, señala el artículo 35 que es el titular del poder ejecutivo que lo

22. Puede consultarse Varela Suanzes, J., «La monarquía en las Cortes y en la Constitución de 1869». *Historia Constitucional*, Núm. 7, 2006, págs. 209-228 y Martínez-Martínez. F. «La nueva vida constitucional en 1869: entre (más) y (menos) poderes». *Memoria y civilización*. Vol. 23, 2020, págs. 127-165.

ejerce por medio de sus ministros. El artículo 58 atribuye a las Cortes el «hacer efectiva la responsabilidad de los ministros».

Por su parte, el Título IV que se refiere al Rey parte de la consideración de que la persona del Rey es inviolable y no está sujeta a responsabilidad. Añade el propio artículo que «son responsables los ministros» que, por otra parte, son nombrados y separados libremente por el Rey.

La función ejecutiva y de ordenación administrativa se completa en el artículo 73 de la Constitución con la atribución al rey de las siguientes competencias:

> «... Además de las facultades necesarias para la ejecución de las leyes, corresponde al rey:
>
> 1.º Cuidar de la acuñación de la moneda, en la que se pondrá su busto y nombre.
>
> 2.º Conferir los empleos civiles y militares con arreglo a las leyes.
>
> 3.º Conceder en igual forma honores y distinciones.
>
> 4.º Dirigir las relaciones diplomáticas y comerciales con las demás potencias.
>
> 5.º Cuidar de que en todo el Reino se administre pronta y cumplida justicia; y
>
> 6.º Indultar a los delincuentes, con arreglo a las leyes, salvo lo dispuesto relativamente a los ministros»[23].

---

23. Esta función ejecutiva se completa con un listado de materias en el que se el Rey solo puede actuar si tiene una autorización de una ley especial.
En concreto, el artículo 74 establece que:
«El Rey necesita estar autorizado por una ley especial:
1.º Para enajenar, ceder o permutar cualquier parte del territorio español.
2.º Para incorporar cualquier otro territorio al territorio español.
3.º Para admitir tropas extranjeras en el Reino.
4.º Para ratificar los tratados de alianza ofensiva, los especiales de comercio, los que estipulen dar subsidios a una potencia extranjera, y todos aquellos que puedan obligar individualmente a los españoles.
En ningún caso los artículos secretos de un tratado podrán derogar los públicos.
5.º Para conceder amnistías e indultos generales.
6.º Para contraer matrimonio y para permitir que lo contraigan las personas que sean súbditos suyos y tengan derecho a suceder en la Corona, según la Constitución; y
7.º Para abdicar la Corona».

VII. LA CONSTITUCIÓN DE 1876[24]

1. CONSIDERACIONES GENERALES

En 1876 se aprobó la Carta Magna de la Restauración, cuyo fin era permitir la alternancia del partido Liberal y el Conservador. De carácter conservadora, redujo el plano constitucional de las Cortes. Esto se debió en parte a: (i) el retorno al sufragio censitario, consecuencia de la Ley electoral de 1878, que incluía únicamente el derecho a voto de los propietarios y los ciudadanos con alto nivel de instrucción, lo cual representaba un 5% de la población (en 1890 se retornó al sufragio universal masculino) y, (ii) la designación real de los miembros del Senado.

Por tanto, la fórmula de soberanía establecida en este momento da un papel de mayor importancia a la Corona, excluyendo el poder de control de las Cortes sobre la figura del Rey aunque sí se reconocía al poder legislativo la gestión de la responsabilidad de los Ministros. Por su parte, el Rey tenía el poder de disolver las Cortes (artículo 32).

2. DETERMINACIONES ESPECÍFICAS

El artículo 18 vuelve a la fórmula tradicional y señala que la potestad de hacer las leyes reside en las Cortes con el Rey. Este mismo esquema tradicional se contempla en el artículo 32 cuando señala que:

> «... Las Cortes se reúnen todos los años. Corresponde al rey convocarlas, suspender, cerrar sus sesiones y disolver simultánea o separadamente la parte electiva del Senado y el Congreso de los Diputados, con la obligación, en este caso, de convocar y reunir el Cuerpo o Cuerpos disueltos dentro de tres meses...».

Esta determinación se completaba en el artículo 37 con la idea de que «el Rey abre y cierra las Cortes, en persona o por medio de sus ministros».

El artículo 45 atribuye a las Cortes, la facultad de «... Hacer efectiva la responsabilidad de los ministros, los cuales serán acusados por el Congreso y juzgados por el Senado».

En lo que a la función ejecutiva se refiere, el esquema es el que hemos visto en las Constituciones precedentes, esto es, la declaración enfática de que la persona del Rey es sagrada e inviolable, precepto que se completa, en el artículo 49 con la determinación de la que la responsabilidad es de los ministros.

---

24. Puede consultarse, por todos, Friea Álvarez. M. «La constitución de 1876». *Anuario de historia del derecho español*. Madrid. 2010. págs. 986-991.

Desde una perspectiva ejecutiva se residencian en manos del Rey las siguientes competencias a las que se refiere el artículo 54 cuando señala que:

> «Primero. Expedir los decretos, reglamentos e instrucciones que sean conducentes para la ejecución de las leyes.
>
> Segundo. Cuidar de que en todo el Reino se administre pronta y cumplidamente la justicia.
>
> Tercero. Indultar a los delincuentes con arreglo a las leyes.
>
> Cuarto. Declarar la guerra y hacer y ratificar la paz, dando después cuenta documentada a las Cortes.
>
> Quinto. Dirigir las relaciones diplomáticas y comerciales con las demás potencias.
>
> Sexto. Cuidar de la acuñación de la moneda, en la que se pondrá su busto y nombre.
>
> Séptimo. Decretar la inversión de los fondos destinados a cada uno de los ramos de la Administración, dentro de la ley de presupuestos.
>
> Octavo. Conferir los empleos civiles, y conceder honores y distinciones de todas clases, con arreglo a las leyes.
>
> Noveno. Nombrar y separar libremente a los ministros»[25].

VIII. LA CONSTITUCIÓN DE 1931[26]

1. DETERMINACIONES GENERALES

La Constitución de 1931 definió España como una «república democrática de trabajadores de toda clase, que se organiza en régimen de Libertad

25. Al igual que en la Constitución precedente, el artículo 55 determina los supuestos en los que el rey tiene que estar autorizado por las cortes mediante una ley especial. En concreto, indica que:
«El rey necesita estar autorizado por una ley especial:
Primero. Para enajenar, ceder o permutar cualquiera parte del territorio español.
Segundo. Para incorporar cualquiera otro territorio al territorio español.
Tercero. Para admitir tropas extranjeras en el Reino.
Cuarto. Para ratificar los tratados de alianza ofensiva, los especiales de comercio, los que estipulen dar subsidios a alguna potencia extranjera y todos aquellos que puedan obligar individualmente a los españoles.
En ningún caso los artículos secretos de un tratado podrán derogar los públicos.
Quinto. Para abdicar la Corona en su inmediato sucesor».
26. En general, por todos, las monografías de Juliá, S., *La Constitución de 1931*. Iustel. Madrid. 2009 y Pérez-Serrano Jauregui, N., *La constitución de 1931*. Tecnos, Madrid, 2022.

y de Justicia». Todo poder emanaba del pueblo. Los miembros de las Cortes eran elegidos por sufragio universal, igual, directo y secreto, reconociéndose por primera vez en nuestro país el derecho de voto de las mujeres. Fue en este texto constitucional donde se erige que el Gobierno precisa de la confianza de las Cortes, debiendo separar el Presidente de la República al Presidente del Gobierno y a los Ministros en caso de que las Cortes les negaren de modo explícito su confianza (Artículo 75).

2. DETERMINACIONES ESPECÍFICAS

Señala enfáticamente el artículo 1 de la Constitución de 1931 que «... España es una república democrática de trabajadores de toda clase, que se organiza en régimen de libertad y de justicia…». A esto se añade que «los poderes de todos los órganos emanan del pueblo» y que la «República constituye un Estado integral, compatible con la autonomía de los municipios y las regiones...»[27].

En este esquema se configura una auténtica división de poderes que se caracteriza porque, según el artículo 51, la potestad legislativa reside en el pueblo, que ejerce por medio de las Cortes o Congreso de los Diputados. Frente a las convocatorias limitadas en el tiempo, el artículo 58 señala que:

> «Las Cortes se reunirán sin necesidad de convocatoria el primer día hábil de los meses de febrero y octubre de cada año y funcionarán, por lo menos, durante tres meses en el primer período y dos en el segundo».

Por primera vez, se reconoce que la iniciativa legislativa corresponde al Gobierno y al Congreso de los Diputados. En desarrollo de esta competencia, el artículo 61 aclara los siguientes supuestos:

> «... El Congreso podrá autorizar al Gobierno para que éste legisle por decreto, acordado en Consejo de ministros, sobre materias reservadas a la competencia del Poder Legislativo.
>
> Estas autorizaciones no podrán tener carácter general, y los decretos dictados en virtud de las mismas se ajustarán estrictamente a las bases establecidas por el Congreso para cada materia concreta.
>
> El Congreso podrá reclamar el conocimiento de los decretos así dictados, para enjuiciar sobre su adaptación a las bases establecidas por él...».

Desde la perspectiva del Poder Ejecutivo, es el artículo 67 el que establece que el presidente de la República es el Jefe del Estado y personifica la

27. Sobre ello en concreto, Varela-Suanzes Carpegna, J., «La Constitución de 1931 y la organización territorial del Estado», *Iura Vasconiae*, 10/2013, págs. 323-354.

Nación. Es elegido «continuamente» por las Cortes y un número de compromisarios igual al de los diputados. El mandato del presidente de la República durará seis años.

El presidente de la República nombrará y separará libremente al presidente del Gobierno y, a propuesta de éste, a los ministros. Habrá de separarlos necesariamente en el caso de que las Cortes les negasen de modo explícito su confianza[28].

En este plano de conformación del poder ejecutivo, es el artículo 76 el que señala las competencias del presidente de la República en las siguientes:

> «a) Declarar la guerra, conforme a los requisitos del artículo siguiente, y firmar la paz.
>
> b) Conferir los empleos civiles y militares y expedir los títulos profesionales, de acuerdo con las leyes y los reglamentos.
>
> c) Autorizar con su firma los decretos, refrendados por el Ministro correspondiente, previo acuerdo del Gobierno, pudiendo el presidente acordar que los proyectos de decreto se sometan a las Cortes, si creyere que se oponen a alguna de las leyes vigentes.
>
> d) Ordenar las medidas urgentes que exija la defensa de la integridad o la seguridad de la nación, dando inmediata cuenta a las Cortes.
>
> e) Negociar, firmar y ratificar los Tratados y Convenios internacionales sobre cualquier materia y vigilar su cumplimiento en todo el territorio nacional.
>
> Los tratados de carácter político, los de comercio, los que supongan gravamen para la Hacienda Pública o individualmente para los ciudadanos españoles y, en general, todos aquellos que exijan para su ejecución medidas de orden legislativo, solo obligarán a la nación si han sido aprobados por las Cortes.
>
> Los proyectos de Convenio de la organización internacional del Trabajo serán sometidos a las Cortes en el plazo de un año y, en el caso de circunstancias excepcionales, de dieciocho meses, a partir de la clausura de la Conferencia en que hayan sido adoptados. Una vez aprobados por el Parlamento,

28. Desde otra perspectiva, el artículo 84 establece que:
«Serán nulos y sin fuerza alguna de obligar los actos y mandatos del presidente que no estén refrendados por un ministro.
La ejecución de dichos mandatos implicará responsabilidad penal.
Los ministros que refrenden actos o mandatos del presidente de la República asumen la plena responsabilidad política y civil y participan de la criminal que de ellos puedan derivarse...».

> el presidente de la República suscribirá la ratificación, que será comunicada, para su registro, a la Sociedad de las Naciones.
>
> Los demás tratados y convenios secretos y las cláusulas secretas de cualquier tratado o convenio no obligado a la nación».

En otro precepto, el artículo 79, establece las condiciones para el ejercicio de la potestad reglamentaria en los siguientes términos:

> «... El presidente de la República, una propuesta del Gobierno, expedirá los decretos, reglamentos e instrucciones necesarios para la ejecución de las leyes ...»[29].

3. EL GOBIERNO

Señala el artículo 86 que el presidente del Consejo y los ministros constituyen el Gobierno. Por su parte, el artículo 87 añade que el Presidente del Consejo de Ministros dirige y representa la política general del Gobierno. Le verifica las mismas incompatibilidades establecida en el artículo 70 para el presidente de la República. Por su parte, el propio artículo 87, determina que a los ministros les corresponde la alta dirección y gestión de los servicios públicos asignados a los diferentes departamentos ministeriales. Se añade, en el artículo 88, que el presidente de la República, podrá nombrar, a propuesta del presidente del Consejo a uno o más ministros sin cartera.

4. EL VOTO DE CENSURA

Antes de la formulación del voto de censura conviene indicar que según el artículo 91 de la Constitución de 1931 los miembros del Consejo responden ante el Congreso en la siguiente forma: solidariamente de la política del Gobierno e individualmente de su propia gestión ministerial[30].

Frente a los precedentes analizados, el artículo 64 de la CE de 1931 establece el voto de censura.

---

29. Sobre ello, Peña González, J., «*El poder presidencial en la Constitución de 1931: análisis jurídico y consecuencias políticas*». Priego de Córdoba: Patronato «Niceto Alcalá-Zamora y Torres», 2003.
30. El régimen de responsabilidad se completa en el artículo 92 de la misma Constitución en la siguiente forma:
    «... El presidente del Consejo y los ministros son, también, individualmente responsables, en el orden civil y en el criminal, por las infracciones de la Constitución y de las leyes.
    En caso de delito, el Congreso ejercerá la acusación ante el Tribunal de Garantías Constitucionales en la forma que la ley determine...».

El voto de censura puede ser acordado por el Congreso contra el Gobierno o alguno de sus ministros.

El voto de censura deberá ser propuesto, en forma motivada y por escrito, con las firmas de 50 diputados en posesión del cargo.

La proposición del voto de censura corresponde al Congreso, pero no puede ser votado sin que hayan transcurrido cinco días desde la presentación.

El Gobierno o el ministro afectado deben dimitir si la mayoría que censura obtiene una votación de la mayoría absoluta de los Diputados que componen la Cámara.

El resto del régimen del gobierno se contiene en el artículo 93 de la Constitución cuando se indica que:

> «Una ley especial regulará la creación y el funcionamiento de los órganos asesores y de ordenación económica de la Administración, del Gobierno y de las Cortes.
>
> Entre estos organismos figurará un Cuerpo Consultivo Supremo de la República en asuntos de Gobierno y Administración, cuya composición, atribuciones y funcionamiento serán regulados por dicha ley».

Desde una perspectiva ejecutiva, el artículo 41 delimita los elementos más representativos de la función pública institucionalizada cuando señala que:

> «Los nombramientos, excedencias y jubilaciones de los funcionarios públicos se harán conforme a las leyes. Su inamovilidad se garantiza por la Constitución. La separación del servicio, las suspensiones y los traslados solo tendrán lugar por causas justificadas previstas en la ley.
>
> No se podrá molestar ni perseguir a ningún funcionario público por sus opiniones políticas, sociales y religiosas.
>
> Si el funcionario público, en el ejercicio de su cargo, infringe sus deberes con perjuicio de tercero, el Estado o la Corporación a quien sirva serán subsidiariamente responsables de los daños y perjuicios consiguientes, conforme determine la ley.
>
> Los funcionarios civiles podrán constituir Asociaciones profesionales que no implican injerencias en el servicio público que les estuviere encomendado. Las Asociaciones profesionales de funcionarios se regularán por una ley. Estas Asociaciones podrán recurrir ante los Tribunales contra los acuerdos de superioridad que vulneren los derechos de los funcionarios».

Se detalla el control del Gobierno ejercido por las Cortes. El artículo 64 de este texto normativo estipula que el Congreso tenía la facultad de acordar un voto de censura contra el Gobierno o alguno de sus ministros.

Además, se creó el Tribunal de Garantías Constitucionales, antecedente del actual Tribunal Constitucional. Se encargaba, a parte del conocimiento del recurso de inconstitucionalidad de las leyes, del examen de la responsabilidad criminal del Jefe del Estado, del Presidente del Consejo y de los Ministros.

IX. RECAPITULACIÓN Y CONCLUSIONES

La exégesis de los preceptos y de los textos constitucionales que hemos realizado nos permite formar algunos criterios de alcance general que podemos resumir en los siguientes:

A) La configuración de un sistema de responsabilidad política de los gobernantes ha sido claramente tributaria del régimen político de gobierno o de la forma de Estado para ser más exactos. La configuración del poder ejecutivo sobre la base de la existencia de un conglomerado administrativo entorno a la figura ejecutiva del propio monarca reduce claramente las posibilidades de articular sistemas de responsabilidad política por la gestión y, por tanto, de hacer visible el control político de las Cortes sobre el citado poder ejecutivo.

B) La conformación del poder ejecutivo en estos términos produce una mezcla conceptual que, hoy, apreciamos con claridad y que consiste, precisamente, en la atribución de competencias que se sitúan en el plano político y del más alto nivel de representación de un Estado junto con competencias de carácter administrativo clásico más propias de un sistema ejecutivo convencional.

C) La facultad de nombrar y destituir a los secretarios del despacho o, en otros momentos, a los ministros se mantiene en manos del monarca sin que aparezcan explícitas las consecuencias de la responsabilidad que predican los textos constitucionales en relación con la actuación de los ministros. Parece configurarse en términos en los que, finalmente, el debate o la discusión en las Cortes solo tiene trascendencia efectiva si es el propio rey el que asume las consecuencias de la actuación.

D) En cualquier caso, la existencia de un sistema monárquico y hereditario impide la existencia de una censura en los términos que hoy conocemos hasta el punto de que algunos textos constitucionales se cuidan de resaltar que durante los debate no puede estar presente el monarca al que, por otro lado, desde la perspectiva del control parlamentario, se le sitúa en una posición prácticamente honorífica al reconocer que le corresponde la apertura de los periodos de las Cámaras pero al que, por su propia esencia, se le impide la participación activa y, como consecuencia, la pasiva en las Cortes.

E) Esta labor de control corresponde, en los términos de los respectivos reglamentos de las cámaras a los Secretarios del Despacho y a los Ministros sin que, como venimos, indicando se señalen en el plano constitucional ni los procedimientos ni la forma de exigir la responsabilidad ni, tampoco, sus consecuencias reales y a quien le corresponde adoptarlas.

F) Hasta la Constitución Española de 1931 no se ha articula una moción de censura en los términos que, posteriormente, señala la Constitución de 1978 y que constituye el objeto central del presente Libro.

G) La moción de censura es posible en este momento histórico por la abdicación del modelo de monarquía representativa y la aparición de un presidente del gobierno elegido por el Parlamento mediante una votación de confianza que puede, posteriormente, reducirse o enervarse y permite, por tanto, la atribución del poder a una mayoría diferente.

H) El proceso de evolución que hemos apuntado nos sitúa ante la moción de censura como un mecanismo de validación o no de la confianza parlamentaria que se proyecta sobre un gobierno elegido con aquella. Si pudiéramos, todavía, concretar más el esquema podríamos decir que toda su filosofía es bifronte. De un lado, supone una reprobación de la gestión, una llamada de atención en relación con la pérdida de confianza derivada del mal uso ejecutivo de la gestión gubernamental. De otro, del deseo o de la posibilidad de dotar al Gobierno de una nueva estabilidad mediante la atribución del poder gubernamental a quien obtenga la nueva mayoría de la Cámara.

I) La Constitución de 1931 fijaba la reprobación tanto en el presidente del Consejo de ministros como en los propios ministros sabiendo que la estimación de la votación conlleva la dimisión del afectado y no quedando claro qué debe hacerse salvo nombrar otro presidente o ministro.

En esta reflexión final se sitúa en el plano de las dos fórmulas de censura. La puramente destructiva que no tiene otra consideración que intentar que el responsable político abandone su cargo y la constructiva que añade al objetivo anterior la de incorporar al ejecutivo un nuevo titular.

La perspectiva histórica, con instrumentos más o menos rudimentarios y, finalmente la CE de 1931 se ubican en una posición más de destrucción que de construcción, aunque es evidente que la formulación conjunta o separada de los procesos no evite la necesidad de que se celebren de forma más o menos consecutiva.

J) La formulación de la Constitución de 1978 se sitúa, claramente, en un plano de moción constructiva con la obligación de presentar un candidato alternativo que obtenga la confianza de la cámara para ser investido cuando se produzca la reprobación[31]. El modelo actual es, claramente, un modelo que gira sobre el ámbito presidencial y no sobre los ministros que, de hecho, hemos presenciado a lo largo de algunos años como perdían la confianza de la cámara y se mantenían en su puesto ejecutivo porque, finalmente, el único mecanismo que tiene consecuencia evidentes y nítidas es la censura al presidente del Gobierno[32].

31. A parte de la moción de censura, cabe mencionar la proliferación de otros mecanismos de control político como consecuencia de la aprobación de la Constitución de 1978. Se puede citar: la creación de comisiones de investigación, la capacidad de reclamación de la presencia de cualquier miembro del Gobierno en Pleno y en Comisión, la posibilidad de plantear recurso de inconstitucionalidad ante el Tribunal Constitucional, el control del Tribunal de Cuentas que fiscaliza la gestión presupuestaria del Gobierno, o la presentación de enmiendas a los proyectos de ley del Gobierno. También cabe mencionar la Ley 50/1997, de 27 de noviembre, del Gobierno, que en su artículo 29 declara que los actos y omisiones del Gobierno están sometidos al control político de las Cortes Generales.

32. Durante la vigencia de la Constitución de 1978 se han llevado a cabo seis mociones de censura: en 1980 contra Adolfo Suárez, en 1987 contra Felipe González, en 2017 y 2018 contra Mariano Rajoy, y en 2020 y 2023 contra Pedro Sánchez.

Capítulo 4

Nuestro modelo constitucional de régimen parlamentario. Reflexiones críticas

MANUEL ARAGÓN REYES
Catedrático emérito de Derecho Constitucional
Magistrado emérito del Tribunal Constitucional

SUMARIO: I. OBJETIVO DEL PRESENTE TRABAJO. II. LAS PRESCRIPCIONES CONSTITUCIONALES SOBRE NUESTRA FORMA DE GOBIERNO. *1. Características generales del modelo constitucional de nuestra forma de Gobierno. 2. Características especiales. 3. Finalidad constitucional del modelo. 4. Garantía reforzada de nuestra forma parlamentaria de Gobierno.* III. LOS DESVÍOS QUE HA EXPERIMENTADO NUESTRA FORMA DE GOBIERNO RESPECTO DEL MODELO CONSTITUCIONAL. *1. La práctica entre diciembre de 2015 y junio de 2023.* 1.1. Un parlamentarismo no constructivo. 1.2. Un parlamentarismo presidencialista. 1.3. Una irrelevancia de las Cortes Generales. 1.4. Una conexión de los problemas de nuestra forma de Gobierno con los de nuestra forma democrática de Estado. 1.5. Una posible afectación a nuestra Monarquía parlamentaria. 1.6. Un riesgo para la legitimidad de nuestra democracia. *2. Los acontecimientos producidos desde las elecciones generales de 23 de julio de 2023.* 2.1. Una situación política de especial gravedad. 2.2. La proposición de Ley de amnistía. IV. CONCLUSIONES. *1. La necesidad de un entendimiento más correcto de nuestro modelo constitucional de forma de Gobierno. 2. La pertinencia de algunas consideraciones políticas sobre la democracia parlamentaria.*

I. OBJETIVO DEL PRESENTE TRABAJO

Lo que pretendo exponer, de forma breve y sin alardes eruditos, en consonancia con el estilo del libro en el que este trabajo se inserta, es el significado constitucional de nuestra forma parlamentaria de gobierno, para examinar después la evolución que esa forma de gobierno ha sufrido entre nosotros, una evolución que estimo desafortunada por las razones que daré. De ahí que también proponga las posibles reformas para remediar esa situación y recuperar aquel modelo constitucional, hoy gravemente distorsionado, hasta el punto de que esa distorsión pone en riesgo, a mi juicio, el sistema democrático en su conjunto.

En relación con esto último, no voy a tratar, en general, de los problemas que también existen hoy en otros regímenes parlamentarios europeos (por ejemplo, y no solo, en el Reino Unido, Alemania e Italia) pues creo que ello excedería, en extensión y temática, del objetivo del presente trabajo, aparte de que nuestros problemas, aunque en parte comunes a los de otros países, tienen, sin embargo, unas características especiales y más intensas que dotan de peculiaridad a la ingrata situación a que ha llegado el parlamentarismo español en la actualidad.

II. LAS PRESCRIPCIONES CONSTITUCIONALES SOBRE NUESTRA FORMA DE GOBIERNO

1. CARACTERÍSTICAS GENERALES DEL MODELO CONSTITUCIONAL DE NUESTRA FORMA DE GOBIERNO

Las describiré de manera sintética. Se trata, debo advertir, de características genéricas, sin entrar en las especialidades o peculiaridades de nuestro modelo, que después se expondrán.

- Responsabilidad solidaria del Gobierno, por su gestión política, ante las Cortes Generales (art. 108 CE).
- Posibilidad de planteamiento gubernamental de la cuestión de confianza ante el Congreso (art. 112 CE).
- Posibilidad de que el Congreso exija la responsabilidad política del Gobierno mediante una moción de censura (art. 113 CE).
- Posibilidad de la disolución anticipada del Congreso, el Senado o ambos a la vez (art. 115 CE).

- Comparecencias de los miembros del Gobierno ante las Cámaras, deber de información, sujeción a debates, preguntas, interpelaciones, etc. (arts. 109 a 111 CE).

2. CARACTERÍSTICAS ESPECIALES

A partir de las anteriores consideraciones genéricas, nuestro modelo constitucional posee unas características específicas que lo dotan de peculiaridad, y que son las siguientes:

- Nuestro régimen parlamentario no es de gabinete, sino de primer ministro. En España, de presidente del Gobierno.
- La relación de confianza política no se verifica en las dos cámaras parlamentarias, sino solo en el Congreso de los Diputados, que inviste al presidente del Gobierno (art. 99 CE) y puede derribarlo mediante la moción de censura (art. 112 CE) o la no aprobación de una cuestión de confianza (art. 115 CE).
- Aunque el control parlamentario extraordinario (designación y remoción del presidente del Gobierno) solo puede realizarlo el Congreso de los Diputados, el control ordinario del Gobierno (y no solo del presidente) se ejerce por ambas Cámaras (Congreso y Senado), mediante la crítica y el debate, las interpelaciones y las preguntas, la solicitud de información y comparecencias, o la aprobación de mociones o proposiciones que no traen consigo la verificación o la retirada de la confianza política (art. 66.2 CE).
- El presidente del Gobierno, sin intervención parlamentaria alguna, nombra y cesa libremente a los ministros (exactamente, propone libremente al Rey el nombramiento y cese, art. 100 CE).
- Al presidente del Gobierno le corresponde decidir (proponer al Rey) la disolución anticipada de las Cámaras (art. 115 CE).
- En consecuencia: se trata, como ya se anticipó, de un régimen parlamentario de presidente del Gobierno, y por ello, el art. 97.2 CE dispone que «El presidente dirige la acción del Gobierno y coordina las funciones de los demás miembros del mismo». Y el presidente del Gobierno, y no el Gobierno, es el que está legitimado para interponer recursos de inconstitucionalidad frente a las leyes ante el Tribunal Constitucional (art. 162 CE).
- De todos modos, el presidente del Gobierno no es uno de los tres poderes del Estado, ya que el poder ejecutivo no lo ostenta él, sino

el Gobierno (que es el que, según el art. 97 CE, «dirige la política interior y exterior, la Administración civil y militar y la defensa del Estado y ejerce la función ejecutiva y la potestad reglamentaria»). El presidente dirige al Gobierno, pero no puede sustituirle en el ejercicio de las competencias que a éste la Constitución le atribuye.

3. FINALIDAD CONSTITUCIONAL DEL MODELO

Esa finalidad no es otra que la de lograr Gobiernos estables y con capacidad de gobernar. Que se deriva no solo de la interpretación integrada de las prescripciones constitucionales (especialmente de las referidas a la investidura y la moción de censura), sino también del modelo alemán de forma de gobierno que fue, expresamente, el elegido por los constituyentes.

Precisamente, por aquella finalidad, se impone que tanto la investidura como la moción de censura deben ser «constructivas». El Reglamento del Congreso, en coherencia con ello, dispone que en la investidura el candidato a presidente ha de exponer su programa de gobierno, y que lo mismo haya de hacerse en la moción de censura (arts. 171.2 y 177.1), para que no solo se elija un presidente, sino que también se apruebe el programa gobierno que pretende llevar a cabo. No se trata, pues, de otorgar (investidura) o retirar (moción de censura) la confianza a una persona sino también, y necesariamente, de apoyar el programa de Gobierno que, si prosperan la investidura o la moción de censura, esa persona pretende llevar a cabo.

Insisto, lo que se persigue es la existencia de un Gobierno estable y capaz de gozar de la mayoría suficiente para gobernar. De ahí que en la investidura se requiera, en primera votación, la mayoría absoluta del Congreso, y que lo mismo se exija en la moción de censura, que no solo busca remover al presidente (y por ello a su Gobierno), sino que lo que viene a aprobarse (si la moción triunfa), además de la remoción, es la designación automática, por mayoría absoluta, como nuevo presidente, del candidato obligatoriamente previsto en la moción.

Es cierto que esa finalidad (clara en la moción de censura, y por ello, como en el modelo alemán del que se importó, se habla de una moción de censura «constructiva») se diluye un poco en la investidura cuando el candidato resulte elegido en una segunda vuelta por mayoría simple. Pero al menos se constata que no hay una mayoría absoluta contraria a ese programa.

4. GARANTÍA REFORZADA DE NUESTRA FORMA PARLAMENTARIA DE GOBIERNO

El art. 1.3. CE proclama que la Monarquía parlamentaria (único modo capaz de conciliar la Monarquía con la democracia) es la forma política del Estado. De donde se deriva que el régimen parlamentario está unido, en España, de manera indisociable, con la Monarquía. La reforma de este precepto constitucional está reservada al procedimiento del art. 168 CE.

Ello no solo significa que el régimen parlamentario no puede reformarse más que por el procedimiento sumamente agravado previsto en el art. 168 CE, sino también que no cabe, pues, sin abolir la Monarquía, la transformación del régimen parlamentario en uno presidencialista, régimen que solo es posible en una República.

III. LOS DESVÍOS QUE HA EXPERIMENTADO NUESTRA FORMA DE GOBIERNO RESPECTO DEL MODELO CONSTITUCIONAL

1. LA PRÁCTICA ENTRE DICIEMBRE DE 2015 Y JUNIO DE 2023

1.1. Un parlamentarismo no constructivo

Hasta 2015 el modelo constitucional funcionó con cierta regularidad, con algún altibajo (bipartidismo o cuasi bipartidismo en la representación parlamentaria). Pero a partir de las elecciones de diciembre de 2015 (que dieron como resultado una amplia fragmentación parlamentaria) el modelo ha entrado en quiebra por la incapacidad (o deliberada negativa) de los partidos (especialmente de los dos grandes partidos) de alcanzar pactos coherentes de gobernabilidad. Lo que ha provocado una indudable distorsión del modelo.

Desde entonces hasta junio de 2023 se produjeron cuatro elecciones generales, dos legislaturas fallidas, largos periodos de Gobiernos en funciones, investiduras no constructivas, moción de censura «destructiva» (y legislatura corta), elecciones de 2019 con posterior formación de un Gobierno, en enero de 2020, de coalición en minoría (una de cuyas partes muestra escasa lealtad a la Constitución) y con apoyos parlamentarios de algunos partidos abiertamente contrarios no solo a esta Constitución, sino a cualquier otra Constitución española. En esta última legislatura, la estabilidad del Gobierno se ha mantenido día a día cambiando votos por contrapartidas que aparentan poner al Estado en almoneda. Entre 2020 y 2023 se ha logrado, es cierto, una estabilidad gubernamental, pero a cambio de una ingobernabilidad, o de una gobernabilidad caracterizada por una política gubernamental errática y a veces contradictoria. La imagen proyectada ha sido la de un Gobierno políticamente dividido, hasta el punto de que parte del Gobierno ha estado a veces en contra del mismo Gobierno en el que estaba integrada.

Ello ha supuesto, sin ninguna duda, un apartamiento de la finalidad de nuestro modelo de forma de gobierno, que no es otra que la estabilidad y la gobernabilidad.

Sin embargo, las investiduras no constructivas, y la moción de censura «destructiva» no se explican solo por fragmentación parlamentaria, ya que ello no ha sucedido en los regímenes parlamentarios de otros países europeos con parlamentos tan, o más, fragmentados que el nuestro. Son otras las causas que han provocado entre nosotros esa situación: una extrema polarización política, una erradicación del consenso con la consiguiente negativa a contraer pactos trasversales tanto de gobernabilidad como de institucionalidad y una política de «pactos sanitarios» basada en la conversión del adversario político en «enemigo» al que se debe expulsar de la regular alternancia en el poder y, por qué no decirlo, un falseamiento de los preceptos del Reglamento del Congreso para la formación de grupos parlamentarios y una legislación electoral que provoca la sobre-representación de partidos, de ámbito territorial limitado, en el Congreso de Diputados (Cámara de representación nacional) atribuyéndoles un peso desproporcionado en la gobernación del Estado.

1.2. Un parlamentarismo presidencialista

En la práctica, la tendencia en España hacia un pseudo presidencialismo ya se puso de manifiesto casi desde el inicio de nuestra actual democracia, tendencia abonada por el bipartidismo, la personalización de la política, las elecciones más a presidentes del Gobierno que a parlamentarios, la imagen interna y externa de «presidentes del país», más que de presidentes del poder ejecutivo. Pero es en los últimos años cuando se ha intensificado de manera extraordinaria, a causa, entre otras, de la introducción, criticable, de las primarias, contrarias, en mi opinión, al art. 6 CE, en cuanto que han conducido, en el interior de los partidos, a una democracia plebiscitaria, cesarista, opuesta a la democracia representativa con frenos y contrapesos, que es la requerida por la correcta interpretación del art. 6 CE.

Esta situación, que erosiona nuestro modelo constitucional de régimen parlamentario, se puso de manifiesto con la aprobación una moción de censura «destructiva» en 2018, cuya finalidad no fue otra que la remoción del presidente del Gobierno y su sustitución por otro sin lograr al mismo tiempo un apoyo estable para que éste pudiera gobernar. Prueba de ello es que muy poco tiempo después tuvieron que disolverse las Cámaras y convocarse nuevas elecciones.

Pero tal erosión se agudizó desde enero de 2020, a partir de un Gobierno de coalición en minoría, que, por su heterogeneidad política, potencia, paradójicamente, la figura del presidente del Gobierno. Realmente, hemos asistido a una absorción por el presidente del Gobierno de la totalidad del poder ejecutivo, eludiendo, en muchas ocasiones, al Consejo de ministros, al que sustituye en sus competencias (uno de los ejemplos, y no el único lo constituye el cambio de la política internacional de España en el asunto Marruecos-Sahara, decidido en solitario por el presidente del Gobierno sin haberlo aprobado el Consejo de ministros).

El presidente, de la misma manera que ha absorbido a su partido (como consecuencia de las primarias), también ha absorbido al Gobierno. Más aún, incluso en las formas, parece haber absorbido al Estado en su conjunto, presentándose como «presidente de España», con difuminación del papel constitucional del Rey como jefe del Estado.

Nuestro parlamentarismo de presidente del Gobierno se ha convertido «de facto» en un parlamentarismo presidencialista, con clara infracción de lo que la Constitución establece.

Es cierto que ha habido estabilidad, al menos en la duración del último Gobierno, puesto que se ha mantenido hasta julio de 2023, pero también es cierto que esa estabilidad no ha ido acompañada de la eficacia en la acción gubernamental, sujeta a contradicciones internas, divergencias políticas y, como dije antes, a una «versión» presidencialista impropia del régimen parlamentario.

1.3. Una irrelevancia de las Cortes Generales

El innegable decaimiento de nuestro parlamento está reflejado en las siguientes realidades:

– Debilidad de su función de control, ordinario y extraordinario.

Respecto del ordinario: escasa disposición del Gobierno y de su presidente para someterse a ese control; y respecto del extraordinario: renuncia de la propia Cámara a ejercerlo, como lo muestran la STC que declaró la inconstitucionalidad de la suspensión de la función de control por el Congreso durante el primer período de la primera declaración del estado de alarma, o la STC que declaró la inconstitucionalidad de la voluntaria renuncia por el Congreso durante seis meses a ejercer su deber de control-sanción (potestad de decisión) acerca de la prórroga del segundo estado de alarma.

– Máximo decaimiento de la potestad legislativa parlamentaria.

Como lo muestra, de un lado, el abuso de los decretos-leyes, manifestado desde el comienzo mismo de nuestra etapa democrática y que fue acrecentándose (en los años anteriores a 2015 casi la mitad de la legislación por decreto-ley), pero extremado a partir de 2016: entre 2016 y 2019, más de la mitad de la legislación fue dictada por decretos-leyes, de 2020 a junio de 2023 prácticamente las dos terceras partes de la legislación también fue dictada por decretos-leyes.

El decreto-ley se ha convertido así en el modo ordinario de legislar (cuando en la mayoría de los casos no se da el presupuesto de la extraordinaria y urgente necesidad, y pudiera haberse regulado la materia por el procedimiento legislativo ordinario o de urgencia, o haciendo uso el Gobierno de su potestad reglamentaria).

Pero también el deterioro de la potestad legislativa parlamentaria se ha reflejado en el uso inmoderado de los procedimientos de urgencia, impidiéndose el debate sosegado de los proyectos y proposiciones de ley; el uso fraudulento de las proposiciones de ley para adoptar iniciativas que el Gobierno, declaradamente, había confesado que eran suyas y que incluso se habían elaborado en su seno; la inconstitucional y reiterada introducción de enmiendas en el procedimiento legislativo sin ninguna conexión de objeto y de materia con el texto que se debate en las Cámaras; y en fin la escasa calidad técnica de muchas de las leyes aprobadas, con grave riesgo para la seguridad jurídica. Por no hablar del uso frecuente de las leyes «ómnibus» y los decretos-leyes «ómnibus», que a la desfiguración que suponen de la actividad legislativa añaden los problemas que su falta de sistematicidad origina para su correcta aplicación.

– Pérdida del significado del parlamento como institución central del Estado democrático.

Un deterioro que se viene sufriendo desde hace tiempo, pero acentuado en los últimos años como lo nuestra en el lamentable proceso de renovación del Consejo General del Poder Judicial, donde las negociaciones se llevaron a cabo directamente por el Gobierno y representantes del Partido Popular que ni siquiera son parlamentarios. En unas designaciones que corresponde realizar al Congreso y al Senado, éstos están ausentes (como lo están los grupos parlamentarios e, increíblemente, los presidentes de ambas Cámaras, que serían los obligados a dirigir y encauzar esas negociaciones). Pero, lo que es aún peor, tal irrelevancia alcanza un grado casi insuperable cuando resulta que tales negociaciones no llegaron a buen término y estamos en la reprochable situación de que, después de terminado el mandado del CGPJ hace más de cinco años, aún sigue ese órgano pendiente de renovación.

– Escasa calidad de los debates parlamentarios.

Que se desarrollan como mítines políticos radicales y no como discusiones racionales, donde el Gobierno hace oposición de la oposición, donde se han perdido las formas, convirtiéndose los discursos políticos en una mezcla de insultos y mera propaganda. Es cierto que se trabaja en las Comisiones, pero los Plenos se han convertido en inútiles y bochornosos meros espectáculos de entusiastas aplaudidores.

1.4. Una conexión de los problemas de nuestra forma de Gobierno con los de nuestra forma democrática de Estado

Las dos facetas del parlamentarismo, el parlamentarismo como forma de Estado (la democracia parlamentaria) y el parlamentarismo como forma de gobierno (el régimen parlamentario) están hoy en situación problemática, no solo en España, también en el mundo occidental. Pero la democracia parlamentaria española creo que sufre esos problemas con más gravedad. Su causa principal entre nosotros es el mal funcionamiento de los partidos y su conversión en puras maquinarias para alcanzar el poder o mantenerse en él, excediendo, además, su cometido constitucional (expresión del pluralismo político, vehículos para la participación política electoral y parlamentaria, art. 6 CE). Se ha producido, lamentablemente, la absorción por los partidos de las instituciones del Estado que están fuera del parlamento y del Gobierno, con merma de la independencia que, como controladores técnicos y jurídicos (y no políticos) esas instituciones deben tener.

Lo que ha originado una distorsión de la división de poderes, por los intentos (muchas veces logrados) de ocupación por el Gobierno y los partidos de los altos órganos de la justicia y de las autoridades de regulación. El reparto por cuotas del CGPJ, el TC y el Tribunal de Cuentas lo refleja bien.

Estas malas prácticas ya venían de mucho más atrás, pero se intensificarán en los últimos años, debilitando el Estado de Derecho, debilitamiento acentuado porque en alguna parte del territorio nacional se incumplen impunemente la Constitución, las leyes y las sentencias de los tribunales. En resumen, la erosión de nuestras instituciones y la merma de su ejemplaridad, además de constituir un grave peligro para nuestra democracia, son tierra abonada para los populismos, de izquierda y de derecha.

No creo que puedan remediarse los problemas de nuestra forma de gobierno si no se remedian también los problemas de nuestra forma de Estado. Y de manera muy destacada, no creo que puedan resolverse esos problemas si no se recupera el vigor del parlamento como institución central tanto de la forma de Estado como de la forma de gobierno. Ya advirtió Kelsen, hace ya un siglo (refiriéndose el parlamentarismo como forma de Estado) que «la suerte del parlamentarismo será la suerte de la democracia». Hoy, por circunstancias internas e internacionales conocidas, los ejecutivos son, quizás, el poder político estatal más activo o enérgico, pero los parlamentos son el poder político más sólido para que la democracia constitucional se mantenga.

1.5. Una posible afectación a nuestra Monarquía parlamentaria

Como se desprende del término (Monarquía parlamentaria), Monarquía y parlamentarismo están unidos. No hay recambio. No es posible transformar nuestro parlamentarismo en presidencialismo. Tendría que abolirse la Monarquía. Si queremos conservar nuestra Monarquía, hay que conservar nuestro parlamentarismo. Y nuestra Monarquía solo puede funcionar bien si también funciona bien nuestra forma parlamentaria de gobierno.

De ahí la necesidad de que nuestro régimen parlamentario se desenvuelva de la manera correcta y eficaz que la Constitución dispone, ya que, si eso debe predicarse de todo régimen parlamentario, aún resulta más exigible cuando se trata de una Monarquía parlamentaria, donde la lealtad a la Constitución debe ir unida, inseparablemente, a la lealtad al Rey de todas las instituciones del Estado, y muy especialmente, de la que desempeña el poder ejecutivo: el Gobierno. Esta es la regla de oro de toda Monarquía constitucional. Y con mayor motivo en España, dada la función esencial que entre nosotros ha ejercido y ejerce la Corona para el mantenimiento de la unidad y permanencia del Estado y de la unidad y permanencia de la nación.

1.6. Un riesgo para la legitimidad de nuestra democracia

En el sistema constitucional democrático, su legitimidad procede de abajo arriba (legitimidad de origen) pero su mantenimiento se produce de arriba abajo (legitimación por el ejercicio). No pueden separarse (y menos en la democracia) legitimidad y eficacia.

Por eso, porque en ambas direcciones tenemos hoy problemas, son necesarios determinados cambios. En la legitimidad de abajo arriba: mejor funcionamiento de los partidos para que los ciudadanos se sientan mejor representados. En la legitimación de arriba abajo: educación cívica, reducción de las desigualdades sociales, ejemplaridad, por término medio, de los políticos y las instituciones. Unos cambios necesarios, pues, si no se realizan, lo que puede suceder es la desafección ciudadana a las instituciones, que es una puerta abierta a los populismos de izquierda y derecha, que no sirven para mejorar la democracia, sino para destruirla.

En relación con lo que acabo de decir respecto de la legitimidad de nuestra democracia constitucional no puedo dejar de subrayar algo fundamental: que no pueden entrar en conflicto la legitimidad democrática y la legitimidad constitucional, como si ambas fueran válidas y operasen en condición de paridad. No cabe apelar a la legitimidad democrática del parlamento para cuestionar la legitimidad de su sometimiento a la Constitución. El parlamento no es soberano y, por ello, su legitimidad solo opera si sus decisiones respetan la Constitución. No puede apelarse a la democracia por encima o al margen del Derecho, por sencilla razón de que, en la democracia constitucional, Estado democrático y Estado de Derecho no pueden separarse. Precisamente, la puesta en cuestión de algo tan elemental está en la raíz de los problemas que hoy afectan a nuestra forma de Estado. Problemas cuya solución requiere de la existencia de una efectiva lealtad constitucional por parte de los partidos y las instituciones.

También la forma parlamentaria de Gobierno requiere de Gobiernos estables y eficaces. De parlamentos fuertes, y de una oposición crítica, pero al mismo tiempo comprometida con el sistema. Ambas condiciones están fallando en la actualidad española y no creo que su remedio sean reformas constitucionales. No veo necesario, por ejemplo, que haya de reformarse el art. 99 CE para mejorar el sistema de investidura del candidato a la presidencia del Gobierno, sino que bastaría con dotar en el Reglamento del Congreso de mayor protagonismo al presidente de la Cámara en las negociaciones previas a las consultas del Rey y, sobre todo, exigir a los partidos una capacidad de búsqueda de consensos para pactar la gobernabilidad.

Nuestros problemas políticos no derivan, pues, de defectos de la Constitución, sino de su inadecuada aplicación, o simplemente, en muchos casos, de su deliberada inaplicación. Es posible que también se requieran de reformas legales (sobre los partidos, sobre el sistema electoral), pero sin olvidar que el Derecho no lo puede todo, aunque sin el Derecho no pueda hacerse nada seguro y duradero. El Derecho puede ayudar, pero no basta por sí solo para resolver los problemas sociales y menos aún los problemas políticos que se han venido refiriendo, ya que, para remediarlos, además del cumplimiento de las reglas jurídicas, se precisa del cumplimiento de unas reglas políticas sin las cuales no pueden funcionar adecuadamente ni el parlamentarismo como forma de Estado ni el parlamentarismo como forma de gobierno.

Por ello, lo que se requiere es un profundo cambio en la actitud de los políticos, los partidos y las instituciones para que adecuen su conducta a esas reglas, jurídicas y políticas, que se desprenden de nuestro sistema constitucional. Parafraseando lo dispuesto en el art. 86 CE para los decretos-leyes, creo que, dada la gravedad que ha alcanzado el deterioro de nuestro parlamentarismo, existe hoy una extraordinaria y urgente necesidad de que tales cambios se produzcan.

2. LOS ACONTECIMIENTOS PRODUCIDOS DESDE LAS ELECCIONES GENERALES DE 23 DE JULIO DE 2023

2.1. Una situación política de especial gravedad

Lo que está ocurriendo en la política española a partir de las últimas elecciones de 23 de julio de 2023, por su gravedad, merece un capítulo aparte para comentar el deterioro al que nuestra democracia constitucional y nuestro régimen parlamentario han llegado.

La constatación, después de esas elecciones, de que ninguno de los dos grandes partidos nacionales (el PP, que las ganó, y el PSOE, que quedó el segundo) alcanza por sí solo la mayoría necesaria para formar Gobierno, conduce, obviamente, a la necesidad de pactos. Pero creo que la lealtad a la Constitución debiera de excluir que esos pactos se realizasen con fuerzas políticas abiertamente contrarias a la permanencia de la misma, que es, desgraciadamente, lo que está sucediendo. Y, por supuesto, debe excluir que, para que un candidato pueda alcanzar la mayoría en la investidura, acceda a poner en cuestión las bases irrenunciables de nuestro sistema: la igualdad de todos los españoles ante la ley, la división de poderes, que incluye la exclusividad de la función jurisdiccional y la propia independencia judicial y, en suma, el Estado de Derecho, además de la unidad de la nación.

Pues bien, esto es, lamentablemente, lo que ha sucedido por medio del pacto del PSOE con los determinados partidos políticos (especialmente con el PNV, ERC y Junts). Tales pactos, que, entre otras importantes cuestiones, se refieren al reconocimiento jurídico y político del País Vasco y Cataluña como naciones, a la posibilidad de ejercicio del derecho de autodeterminación a través de un referéndum, a la introducción de rasgos confederales en el Estado español que van mucho más allá de los estrictamente limitados en la DA 1.ª CE, a la aceptación de una verificación internacional de las negociaciones internas en relación con el mal llamado «conflicto» en Cataluña, o en fin, a la elaboración de una ley de amnistía (ya presentada como proposición de ley en el Congreso de los Diputados), suponen una deslegitimación frontal de nuestro Estado constitucional democrático de Derecho y autonómico. No voy a entrar en el detalle de esos pactos, pero sí he querido señalar, al menos, como acabo de hacer, el carácter, deslegitimador y jurídicamente exorbitante de sus pretensiones, que las hace merecedores de una crítica directa y radical.

Más aún, algunas de esas pretensiones solo podrían llevarse a cabo mediante la reforma de la Constitución, así la ley de amnistía, que, a mi juicio, la vigente Constitución no permite, asunto sobre el que volveré después. Pero otras pretensiones (confederación, sometimiento de los procedimientos estatales internos de adopción de decisiones a una intervención internacional, Estado plurinacional, derecho de autodeterminación) ni siquiera podrían adoptarse mediante reforma de la Constitución, ya que, entonces, la Constitución no se habría reformado, sino que se habría destruido.

2.2. La proposición de Ley de amnistía

Por si no hubieran bastado los indultos de aquellos que fueron condenados por el delito de sedición, así como la derogación legal de ese delito y la rebaja del delito de malversación, ya realizados para garantizar el apoyo al Gobierno en la anterior legislatura, dos de los pactos (los concluidos con ERC y, sobre todo, con Junts) para alcanzar la actual investidura han incluido la presentación de una proposición de ley de amnistía que se está tramitando en las Cortes Generales. Una proposición, por cierto, que cabe calificar de fraudulenta, pues, habiendo sido, públicamente reconocida, como una iniciativa que es realmente del Gobierno, en cuyo seno se ha elaborado, se ha acudido a la proposición de ley para aludir el auténtico sentido que tiene la prohibición de que un Gobierno en funciones presente proyectos de ley.

Pero también una proposición que, por su contenido, resulta enteramente rechazable. Al margen de la manifiesta inconstitucionalidad, a mi juicio, de esa amnistía, por contraria a nuestro Estado de Derecho y a la igualdad ante la ley de todos los ciudadanos, que con ello ya sería suficiente para entenderla como ilícita, su significado político la hace aún, si cabe, más criticable, pues, como es notorio, no ha sido un instrumento para buscar la concordia y la vuelta a la Constitución de aquellos que en su día la violaron frontalmente, como intenta explicar, inútilmente, el preámbulo de la proposición, sino una simple operación de compraventa de los votos que el candidato precisaba para obtener la investidura, sin que ni siquiera, como contrapartida, los beneficiarios de la amnistía (¡que han participado incluso en su redacción!) hayan mostrado arrepentimiento alguno por lo que hicieron, sino, al contrario, hayan afirmado que lo volverán a hacer. O como ha dicho, con sorprendente claridad e inmisericorde jactancia, uno de los dirigentes de un partido independentista después de haberse firmado el pacto que, entre otras concesiones, ha prometido la amnistía: «hemos conseguido que el enfrentamiento entre los ciudadanos catalanes se haya extendido por fin al enfrentamiento entre todos los ciudadanos españoles».

Y para ello, para ese concreto y privado fin de mantenerse en el ejercicio del poder, se han deslegitimado la ley democrática en su día aplicada contra aquellos delitos, la lícita respuesta judicial condenándolos, las correctas decisiones del Tribunal Constitucional que declararon nulas las medidas que los insurgentes adoptaron, la debida actuación del Estado utilizando también correctamente (como así lo estimó el propio Tribunal Constitucional) el art. 155 CE, e incluso la misma reacción del Rey alertando de la ilicitud de aquellas conductas y advirtiendo a los poderes del Estado para actuar frente a aquella manifiesta subversión del orden constitucional.

En fin, por la compra de unos votos se ha deslegitimado a nuestro Estado constitucional y democrático de Derecho. Por ello, si esta proposición de ley acabara aprobándose, los daños para nuestra democracia constitucional pudieran ser difícilmente reparables. Pero también los daños para nuestra forma parlamentaria de gobierno, ya que se habría desfigurado por completo el sentido de la investidura, que no debiera permitir que, para obtenerla, pudieran utilizarse todos los medios, incluidos los que ponen en almoneda las bases de nuestro sistema constitucional.

Que el partido socialista, que fue, junto con UCD y después el PP, una de las bases que ha sostenido nuestra Constitución, y por ello nuestro régimen parlamentario, haya renunciado a seguir desempeñando esa función, prefiriendo pactar con los enemigos del Estado antes que hacerlo con el PP, esto es, decidido, por todos los medios, a evitar un Gobierno «de derechas», no solo pone en cuestión la posibilidad de una regular alternancia en el poder, que es condición imprescindible del parlamentarismo, sino que supone una negación frontal del pluralismo político declarado como valor superior del ordenamiento por el art. 1.1 CE, justamente porque es un valor, y un principio, sin el cual la democracia constitucional deja de existir.

La situación, pues, de nuestra forma parlamentaria de gobierno, y me parece que no exagero, pudiera estar llegando a un punto que, si no se revierte, pondría en alto riesgo nuestro modelo constitucional. No es, creo, lo que nos merecemos los españoles después de tantos años viviendo en un sistema de libertad, igualdad y pacífica convivencia, que nos ha permitido un indudable progreso social, económico y cultural.

Ahora bien, como atenuante de cualquier augurio pesimista, tenemos, desde hace tiempo, y por fortuna, una sociedad altamente desarrollada, pujante en la economía y en la cultura, en el disfrute de la libertad y la igualdad, menos polarizada que la llamada «clase política» y, por ello, menos proclive a que vuelva otra vez a repetirse en nuestra historia el fracaso de la democracia. Aunque algunas de nuestras instituciones han sufrido un innegable deterioro, quedan otras que conservan de manera suficiente su capacidad de resistencia frente a quienes intenten, por medios antijurídicos, desmantelar nuestro sistema legal y constitucional. Formamos parte, en fin, de la Unión Europea y, por ello, de una comunidad supranacional que tiene por lema el respeto al Estado de Derecho y a los valores, reglas y principios de la democracia.

Por todo ello, sin mermar la importancia y gravedad de lo que ahora está sucediendo, no hay que descartar que esta coyuntura se remonte y que los daños que está produciendo puedan ser en el futuro reparados.

IV. CONCLUSIONES

1. LA NECESIDAD DE UN ENTENDIMIENTO MÁS CORRECTO DE NUESTRO MODELO CONSTITUCIONAL DE FORMA DE GOBIERNO

Esta última parte del trabajo quiero dedicarla a desarrollar las características de nuestro modelo constitucional de forma parlamentario de gobierno y los problemas principales que su práctica ha originado. Es cierto que las primeras fueron enunciadas más atrás y, los segundos, igualmente apuntados, pero creo que ahora es conveniente tratarlos de manera más completa.

Los problemas que han tenido, a partir de las elecciones de 20 de diciembre de 2015 hasta ahora, las investiduras a presidente del Gobierno y, por ello, el funcionamiento normal de nuestro régimen parlamentario, podrían plantearnos una serie de preguntas. La primera es la de si habría entrado en crisis el propio modelo, incapaz de dar respuesta, desde las previsiones constitucionales, a una situación nueva, la de un Congreso de los Diputados pluripartidista, en cuanto que el mecanismo de investidura regulado en el art. 99 de la Constitución (en adelante, CE), que había funcionado con regularidad en un pasado caracterizado por el bipartidismo, perfecto o imperfecto, se habría mostrado impotente cuando esa situación parlamentaria cambió radicalmente, por primera vez, en los ya casi cuarenta años de nuestra democracia constitucional. En resumen, cabría preguntarse si el art. 99 CE solo podría funcionar en un escenario de bipartidismo o cuasi bipartidismo.

Mi respuesta a esa primera pregunta es la siguiente. Las previsiones del art. 99 CE no funcionaron en la situación parlamentaria de los últimos ocho años porque los dirigentes políticos de los partidos sostenedores del sistema constitucional no han comprendido, o no han querido comprender, que el régimen parlamentario exige no solo el cumplimiento de unas reglas jurídicas (las del art. 99 CE), sino, sobre todo, el acatamiento por dichos partidos de unas reglas políticas inherentes a ese régimen, que obligan a los pactos, a los compromisos y a la inexistencia de vetos mutuos «a priori» inamovibles. Y justamente el hecho de la negativa, expresa y reiterada, al cumplimiento de esas reglas, y no exactamente la dicción literal del art. 99 CE, es lo que ha producido en los últimos tiempos el fracaso de alguna investidura, varias legislaturas fallidas, la repetición por poco tiempo de elecciones y la existencia también de alguna larga situación de Gobiernos en funciones.

En el pasado anterior a diciembre de 2015, los resultados electorales, bien por haber producido mayorías absolutas, bien por haber generado unas minorías próximas a la absoluta, hicieron fácil la investidura de un presidente de Gobierno. El art. 99 CE funcionó bien, simplemente porque no tuvo que ponerse a prueba en situaciones de dificultad. A partir de ese momento, cuando aquella situación cambia, es cuando la aplicación del art. 99 CE fracasa, pero no, a mi juicio, por defectos de ese precepto, sino por defectos de su interpretación, es decir, de la necesaria acomodación de su sentido a una realidad parlamentaria que ya no es bipartidista o cuasi bipartidista. En otros países europeos con regímenes parlamentarios es normal la existencia de parlamentos sin mayorías absolutas, o próximas a la absoluta, tan fragmentados o más que el ahora tenemos en España, y ello no ha sido obstáculo para la formación de gobiernos pactados entre diversos partidos, ya sean gobiernos de coalición, o sostenidos por pactos amplios y detallados de legislatura o menos detallados y reducidos a asuntos estatales de especial trascendencia (entre ellos los presupuestarios).

Que este tipo de actuaciones no haya sido posible en España en los últimos ocho años solo puede comprenderse, me parece, a partir de una situación que nuestro régimen parlamentario ya venía atravesando desde más atrás, caracterizada por una excesiva polarización y un cerrado distanciamiento entre los dos grandes partidos nacionales representativos del centro-derecha y del centro-izquierda. El consenso entre ambos, en los grandes asuntos del Estado, que hizo posible el nacimiento de la Constitución y su posterior desarrollo, desapareció, sin embargo, desde los primeros años de este siglo. Las causas de esa desaparición son varias, y la corrupción (que por otra parte no solo se da en España sino también, al menos, en otras naciones del sur de Europa) o la crisis económica (que con igual o menor intensidad también la han sufrido otros países), no son las únicas. También, para explicar la inexistencia de pactos, hay que acudir al efecto que en los partidos tradicionales de izquierda y de derecha han tenido la irrupción de las nuevas izquierdas y derechas populistas, a la conversión de los partidos nacionalistas en fuerzas radicalmente independentistas, o a la expansión (política y mediática) de una cultura política basada en la conversión del adversario (al que hay que tolerar y convencer) en enemigo (al que hay que expulsar o destruir). En un clima, ya extendido desde hace años, de escasa voluntad de pacto entre los dos grandes partidos nacionales, no es de extrañar que hayamos entrado en una especie de crisis de nuestro parlamentarismo.

A mi juicio, lo que debe descartarse es que esa crisis se deba también a la falta de activismo del Rey para superarla, por no haber presionado con más fuerza a los partidos nacionales para que pactasen o, ante la falta de acuerdos, no haber propuesto a un candidato independiente situado al margen de la contienda entre partidos en vista de que ellos no pactaban. Esta hipótesis, defendida por algunos políticos e incluso por algunos juristas, estimo que debe ser rechazada. En ninguna Monarquía parlamentaria, y menos aún en la nuestra, el Rey no puede ser activista. Su facultad de propuesta de un candidato a la Presidencia del Gobierno no encierra, a mi juicio, pese a que algunos constitucionalistas así lo han sostenido, un poder arbitral y moderador activo, capaz de suplir, mediante la voluntad regia, la falta de acuerdo entre los grupos parlamentarios. La idea de que, en situaciones de crisis parlamentaria, la facultad regia prevista en el art. 99 CE albergaría un auténtico poder discrecional me parece rechazable, pues, quien ejerce ese tipo poder, acaba, inevitablemente, adquiriendo responsabilidad y ello podría significar un auténtico riesgo para la propia Monarquía. Ya sabemos adónde condujeron los intentos de Gobiernos «del Rey» en la España de la Restauración.

Hoy, el correcto entendimiento de la Monarquía parlamentaria debe conducir a que, en la búsqueda de acuerdos para lograr la investidura de presidente de Gobierno, no cabe echar sobre las espaldas del Rey una decisión que solo a los políticos corresponde adoptar. De ahí que a las consultas regias los responsables políticos de los grupos con representación parlamentaria deban acudir con los «deberes hechos». Lo que, lamentablemente, no ha venido sucediendo en los últimos años. Y ante esa ausencia de pactos, la actuación del Rey no podía haber sido otra que la que ha llevado a cabo en esas circunstancias: dada la necesidad de que no se prolongara indebidamente una situación de Gobierno en funciones, celebradas consultas sin que de ellas se desprendiera la posibilidad cierta de que hubiera un candidato con mayoría suficiente para ser investido, proponer como candidato al líder del partido ganador de las elecciones y, si éste no consigue mayoría en el Congreso, proponer entonces como candidato al líder del segundo partido más votado. En ambos casos previa disposición de ambos líderes a aceptar ese encargo.

La segunda pregunta que cabría formularse ante los problemas ya detectados es la de si determinadas reformas podrían evitar que en el futuro se reprodujese una situación así. Es cierto que desde determinados sectores se propuso como solución que, sin acudir a una reforma normativa, evitase la anomalía (incluso se llegó a decir «el absurdo») de tener que proponer a un candidato abocado al fracaso, la de que el Congreso, sin necesidad de previas votaciones de investidura, «constatase» la imposibilidad de esa investidura y tal constatación sirviera como causa determinante de la convocatoria de nuevas elecciones. Por fortuna, esa solución no prosperó, pues hubiera supuesto un abierto quebrantamiento de lo dispuesto en el art. 99 CE, que solo prevé la disolución y convocatoria de nuevas elecciones si transcurre el plazo de dos meses desde la primera votación de investidura sin éxito. Además, aquella solución se sustentaba, de un lado, en un grave error de interpretación jurídica, pues en el art. 99 CE no hay una laguna que hubiera de colmarse, y menos que hubiera de colmarse por la simple vía de inaplicar el precepto y, de otro, en un inadecuado entendimiento de lo que el parlamento significa, pues daba por supuesto que la voluntad de los grupos de la cámara estaría absolutamente predeterminada por lo que decidieran sus líderes y que el debate parlamentario no lograría cambiar nunca esa decisión.

Que ello probablemente pueda ser así no asegura que, necesariamente tenga que ser así y, sobre todo, que el Derecho deba adjurar definitivamente del «deber ser» para atenerse solo al «ser». No es éste el lugar para prolongar esta reflexión, pero sí me permito apuntar los males que para el Derecho Constitucional en general y para la democracia representativa en particular se derivan de aceptar el axioma de que «todo lo real es racional», en el sentido, no de que es comprensible por la razón, sino de que vale como «razonable». Cuando, efectivamente, ello no es así, de manera que la patología no debe de tomarse como una realidad de la que deba partirse, sino como un mal que se debe curar.

Vuelvo al papel del Rey previsto en el art. 99 CE. Y parto de que, por supuesto, el Rey no es una figura meramente decorativa, sino que une, a su importante función simbólica de integración política, social y territorial, otra importante función de influencia política, basada en la *auctoritas* y que se despliega, entre otras vías, por los clásicos «derechos» regios de un Monarca parlamentario de «advertir», «animar» y «ser consultado». Pero esa capacidad de actuar de la *auctoritas*, que, como decía Mommsen refiriéndose a la que podía emanar del Senado romano, supone más que un consejo, aunque menos que una orden, en lo que se refiere al art. 99 CE precisa, para su eficaz ejercicio, de la lealtad constitucional de los líderes políticos, que incluye no solo el deber de comparecencia de «todos» ellos en las consultas regias, sino también el deber de guardar confidencialidad de las conversaciones mantenidas con el Rey, cosas, ambas, que lamentablemente no han sucedido. En nuestros dirigentes políticos ha faltado, en general, «cultura de régimen parlamentario» y, en particular, exacto cumplimiento de las reglas no escritas que prestan su sustento a la Monarquía parlamentaria.

Ya adelanté que, en ausencia de una aceptación de las reglas políticas inherentes al régimen parlamentario, no veo que la reforma del art. 99 CE sirva como solución segura. Es cierto que, en previsión de esa ausencia, cabría modificar su redacción para, al menos, forzar las negociaciones y, en todo caso, evitar legislaturas fallidas o pactos de gobierno no constructivos. A tales efectos se han hecho diversas propuestas: la investidura del líder del partido con más escaños en el Congreso si fracasa la segunda votación por mayoría relativa; o el sometimiento a una segunda votación entre los dos líderes con mayores apoyos parlamentarios; o el nombramiento regio de un «mediador» (a la manera belga) para que él se encargase de formar acuerdos. Ha habido algunas más y, por supuesto, pueden pensarse otras. Todas con la finalidad de asegurar la investidura de un candidato si no hay mayorías absolutas en el Congreso ni predisposición a llegar a acuerdos por parte de los grupos parlamentarios, evitando así la repetición inmediata de las elecciones. Incluso se volvió a proponer, no para evitar la celebración de nuevas elecciones, sino para evitar que hubiese un largo período de Gobierno en funciones, la misma solución a que antes me referí de que la disolución de las cámaras se produjera por el hecho de que, celebradas las consultas regias, el Monarca, ante la falta de acuerdos, no hubiera podido proponer candidato.

Pero todas esas propuestas de reforma del art. 99 CE tienen, a mi juicio, determinados inconvenientes. Las que descansan en la automaticidad de la elección a favor del candidato del partido más votado, o en la votación dirimente entre los líderes de los dos partidos con mayor número de escaños, aparte de no dejar espacio para la presentación de un programa de gobierno o de complicar en exceso el procedimiento obligando a que se presenten dos, y de dejar completamente vacío el papel del Rey en la elección del presidente del Gobierno (donde ya no podría decirse ni siquiera eso tan consustancial a la Monarquía Parlamentaria de que «el Rey hace más de lo que parece hacer»), conducirían inexorablemente a un Gobierno de minoría, con los problemas de inestabilidad o de ingobernabilidad que ello suele comportar. La que descansa en que sea el Rey quien «determine» que no hay posibilidad de acuerdo (aunque sea la Cámara la que lo confirme) puede provocar un desgaste casi inevitable del Monarca. La designación regia de un «mediador», que no garantizaría por sí sola que lograse el pacto, también puede provocar ese desgaste, dada la dificultad de encontrar una persona con autoridad y neutralidad políticas indiscutibles para ese papel, aparte de que siempre habría partidos (esa es la realidad española que se nos viene impuesta) que criticarían, muy probablemente, dicha designación.

Por todo ello, quizás no sea tan necesario que se reforme el art. 99 CE, sino que se extraigan de él sus potencialidades. Que no son otras, en mi opinión, que las que giran alrededor del papel que debe desempeñar la presidencia del Congreso en la preparación y desarrollo de las consultas regias. No en vano es esa presidencia la que ha de refrendar la propuesta regia de candidato a presidente del Gobierno, y tal referendo no ha de concebirse únicamente como un acto meramente formal, sino como la constatación de la participación del refrendante en la decisión que ha de tomar el refrendado. De ese modo, la presidencia del Congreso se convertiría, a lo largo de todo el proceso de propuesta de candidato, en el verdadero «mediador». Su actuación con los líderes parlamentarios, previa a la realización de las consultas regias, habría de estar encaminada a allanar el camino, a forjar los consensos necesarios para que se facilitase al Rey la posibilidad de presentar un candidato con probabilidades de ser investido. Y antes, pues, pero también a lo largo, de las consultas, sería el interlocutor privilegiado del Rey a través del cual éste podría desempeñar con mayor eficacia sus tareas de «animar» y «advertir», esto es, de contribuir con su *auctoritas* al buen fin de la investidura.

Además, y a diferencia del «mediador» belga, al tratarse de un cargo institucional, que no ha sido nombrado por el Rey, sino por el Congreso, al que representa, se evitarían los inconvenientes que una designación regia pudiera tener. Por otro lado, la libertad de conversación con el Monarca y la confidencialidad de la misma estarían mejor garantizadas en la relación Monarca-presidencia del Congreso, que en las relaciones Monarca-pluralidad de líderes políticos parlamentarios. Quizás no sería necesario regular esa función de la presidencia del Congreso en el mismo Reglamento de la Cámara, pero tampoco vendría mal, siempre que se limitase esa regulación a establecer unas reglas muy generales de procedimiento que no supusieran una intromisión sustancial en las facultades del Rey, que es materia vedada al reglamento parlamentario.

Ahora bien, condición para que la presidencia del Congreso desempeñase ese papel fundamental es que este cargo esté ocupado por una persona respetada por todos los grupos de la cámara, caracterizada por su solvencia, neutralidad y no sometimiento a instrucciones de partidos. El presidente (o presidenta) del Congreso, como el *Speaker* de la Cámara de los Comunes británica, debiera de ser, en suma, una autoridad auténticamente institucional. Creo, además, que ello, aparte de servir para la investidura de presidente del Gobierno, es lo que demanda la presidencia del Congreso, con carácter general, y no solo con carácter especial en el caso de un Congreso políticamente muy fragmentado.

Por otro lado, la consecuencia, indeseable, de los problemas generados para la investidura, y que es la prolongación por largo tiempo de un Gobierno en funciones, no ha de considerarse exactamente como una anomalía constitucional, pero sí como una situación que no convendría propiciar, dadas las limitadas facultades de ese tipo de Gobierno, para el ejercicio pleno de las funciones de dirección de la política interior y exterior del Estado que la Constitución le encomienda. No obstante, lo que sí debe subrayarse es que el control parlamentario ordinario del Gobierno no queda suspendido mientras éste se encuentra en funciones, como correctamente ha resuelto el Tribunal Constitucional.

Dicho todo lo anterior, hay que volver sobre la cuestión antes ya aludida de que nuestro modelo constitucional de régimen parlamentario no tiene como única finalidad la de investir al presidente del Gobierno, sino la de procurar la estabilidad y eficacia del Gobierno que pretende formar. Esto último es sustancial, pues la experiencia histórica nos muestra las graves consecuencias de que se derivan de Gobiernos inestables o con escasa capacidad de gobernar.

En los 14 años de la República de Weimar se celebraron 9 elecciones al *Reichstag*, lo que suponía una media de una, por un poco más de año y medio, aunque ese porcentaje puede ser engañoso, pues si se descuenta el período de relativa calma de 1924 a 1928, en los otros diez años se celebraron 8 elecciones. Entre 1920 y 1930 se sucedieron 14 gobiernos y entre 1930 y 1933, 5 gobiernos; en total, 19 gobiernos en 13 años.

En los 81 años de las III y IV Repúblicas francesas la duración media de los gobiernos fue de 6 meses. En la IV República, en 12 años hubo 21 primeros ministros.

En la República italiana, desde 1946 hasta ahora, ha habido 67 gobiernos, aunque allí la inestabilidad de fondo fuese menor de la que se deduce de esa cifra mientras duró el «compromiso histórico» entre la democracia cristiana y el partido comunista, situación que, no obstante, termina cuando, como consecuencia de la crisis política experimentada en los últimos decenios, desaparecen de la escena ambos partidos.

Las soluciones constitucionales que, auspiciadas por la doctrina ya surgida en los años treinta del pasado siglo acerca de la necesidad de un «parlamentarismo racionalizado», se adoptaron para remediar la inestabilidad gubernamental son bien conocidas. En la Ley Fundamental de Bonn se previó que la moción de censura fuese «constructiva» e igualmente se hizo así en nuestra Constitución vigente de 1978. En Francia, la Constitución de la V República giró hacia otra solución: el semi-presidencialismo (y un régimen electoral mayoritario a doble vuelta). En Italia se han intentado, y se intentan, introducir determinados cambios en el sistema para fomentar la estabilidad institucional.

Pero, acudiendo a los ejemplos alemán y español (los dos regímenes parlamentarios más próximos), la moción de censura constructiva lo que puede conseguir es una (relativa, por lo que ahora diré) estabilidad del gobierno, pero no garantiza, por sí sola, que ese gobierno pueda gobernar. De ese modo, estas previsiones constitucionales del «parlamentarismo racionalizado» pueden producir gobiernos sin capacidad de gobernar, aunque sí con capacidad de resistir. E incluso esa capacidad de resistencia podría resultar en la práctica inviable si el gobierno no cuenta con apoyos para llevar a cabo las políticas más acuciantes (entre ellas la presupuestaria), con lo cual resultaría muy probable que hubiese legislaturas muy cortas por hacer uso el gobierno de la facultad de disolución anticipada de la cámara.

Si en Alemania ha habido estabilidad y gobernabilidad, más que a las previsiones constitucionales se debe al acatamiento por los grandes partidos de las reglas (políticas) no escritas del régimen parlamentario, que inducen a la celebración de pactos con el objeto de evitar la inestabilidad y la ingobernabilidad. Allí la ausencia, en muchas ocasiones, de un partido con mayoría absoluta en el *Bundestag* no ha impedido gobiernos estables ni ha producido gobiernos incapaces de gobernar porque los grandes partidos siempre han llegado a acuerdos, instrumentados, generalmente, mediante la fórmula de gobiernos de coalición. Y en las Monarquías parlamentarias de la Europa continental ni siquiera ha habido necesidad de constitucionalizar, en todos los casos, el «parlamentarismo racionalizado», ya que cuando no hay mayorías absolutas (que es lo que allí generalmente sucede) siempre se han llegado a gobiernos de coalición o a pactos de legislatura capaces de formar gobiernos y mantenerlos.

La necesidad de que el régimen parlamentario produzca gobiernos estables y con capacidad de gobernar se basa, al menos, en dos razones: una de legitimidad de la democracia representativa, pues la inestabilidad e ingobernabilidad provocaría, muy probablemente, desafección del electorado; y otra de eficacia, pues hoy, en una economía globalizada, en un Estado, como el español (podría valer para otros Estados) de indudable importancia en el ámbito internacional (no una gran potencia, por supuesto, pero si una potencia media), integrado en la Unión Europea, donde el Gobierno ha de concurrir cotidianamente a la adopción de grandes decisiones en materia política, social y económica, e incluso asediado por un importante desafío independentista, se requiere de un Gobierno estable y con capacidad de gobernar. Más aún, es que solo por esa vía pueden cumplirse el mandato constitucional (art. 97 CE) de que el Gobierno ha de dirigir la política interior y exterior del Estado.

Y es en este punto donde veo que no acaban de cumplirse en España aquellas reglas políticas exigibles en un régimen parlamentario, pues en la última legislatura, si bien se alcanzó el acuerdo para un gobierno de coalición, en minoría, y que duró tres años, la necesidad constante de apoyos parlamentarios en el Congreso para que sacara adelante sus propuestas, y los problemas derivados de la heterogeneidad política del mismo Gobierno, no han supuesto un logro para la gobernabilidad. La última investidura, basada en unos pactos de muy difícil compresión política e incluso constitucional, no es, a mi juicio, y como se analizó más atrás en el presente trabajo, un ejemplo que debamos seguir.

2. LA PERTINENCIA DE ALGUNAS CONSIDERACIONES POLÍTICAS SOBRE LA DEMOCRACIA PARLAMENTARIA

Después de todas las consideraciones «constitucionales» que anteceden debo terminar este trabajo aludiendo a unas consideraciones, no jurídicas, sino políticas, sobre la democracia, pues, como antes dije, los problemas que hoy se ciernen sobre nuestra forma de gobierno afectan también, directamente, a nuestra forma democrática de Estado, ambas indisociablemente unidas en la Constitución española en cuanto que la forma de Estado democrática se corresponde con la Monarquía parlamentaria como «forma política» de ese propio Estado. Además, la democracia a la que quiero referirme no es la democracia en abstracto (idea filosófica o política), sino una democracia concreta, la única garantizada por el Derecho, la democracia constitucional, esto es, la democracia parlamentaria, que es, efectivamente, la que rige en España. Por otra parte, no debe olvidarse que, tanto la democracia parlamentaria (forma de Estado) como el régimen parlamentario (forma de gobierno) son realidades complejas y delicadas, sujetas, como demuestra la historia, a continuas amenazas que solo con el Derecho no pueden vencerse. Por ello, para mantener su adecuado funcionamiento, precisan también de unas reglas políticas de voluntaria, pero ineludible, observancia.

Como dijo un sabio pensador liberal, la democracia es como el césped de los jardines, cuya vitalidad proviene de abajo arriba (las raíces asentadas en la tierra), pero cuyo mantenimiento se produce de arriba abajo (mediante riegos y cuidados continuados). Así es la democracia, cuya vitalidad proviene de abajo arriba (la legitimad popular), pero cuyo mantenimiento se produce de arriba abajo (mediante la educación, el magisterio costumbres y la ejemplaridad, por término medio, de las instituciones). Si esto último deja de suceder, la democracia, como el césped, se seca, y cuesta mucho recuperarla.

En consecuencia, para preservar la democracia no solo se requiere de la existencia de unos controles institucionalizados, jurídicos y políticos, que eviten su falseamiento o su destrucción, sino también, y en último término, de unos controles sociales, destinados a ese mismo fin, desempeñados por una comunidad de ciudadanos «virtuosos» (en el sentido al que aludía Montesquieu), esto es, alertas y conscientes de su libertad. De ahí la conveniencia de recordar la vieja máxima del Derecho Romano *vigilantibus non durmientibus iura succurrunt*, que tanto sirvió para comprender determinadas instituciones de Derecho privado, o penal o procesal, como la prescripción y la caducidad, pero que también sirve para aplicarla a las exigencias políticas de la democracia.

Hoy, en España, aparte de la confianza que pudiéramos tener en las instituciones de la Unión Europea, en los tribunales ordinarios y en el Tribunal Constitucional, para que se remedie el grave riesgo que en estos días sufre nuestra democracia, no podemos perder la esperanza de que, en todo caso, si la mayoría de nuestra sociedad no ha incurrido aún en la atonía de la «servidumbre voluntaria», unos ciudadanos «alertas y vigilantes» impidan que se destruya lo mejor que en siglos nos ha sucedido: la Transición Política y la vigente Constitución.

Una Transición y una Constitución que estuvieron basadas en el consenso entre centro-derecha y centro-izquierda, un consenso que es la base política que sustenta el edificio jurídico constitucional. Solo la recuperación de ese consenso puede hacer que nuestro sistema constitucional permanezca. La ruptura de ese consenso, la política de «trinchera», la pretensión de hacer desaparecer la legítima alternancia en el poder, la conversión del adversario político en enemigo, el abandono de la moderación y su sustitución por el extremismo radical, los pactos, para gobernar, con fuerzas políticas que, abierta y declaradamente, son contrarias a la Constitución, a las instituciones constitucionales (entre ellas, la Corona, a la que ni reconocen ni respetan) y a la unidad de la nación, solo pueden conducirnos a que nuestra democracia, que ya estaba «menguante», pase a ser, prácticamente, una democracia «desfalleciente».

Como, pese a todo, confío en que ello no sucederá, termino el presente trabajo acogiéndome al lema clásico y bien conocido: *post tenebras spero lucem.*

Capítulo 5

La moción de censura en el derecho alemán

FERNANDO SIMÓN YARZA
Catedrático de Derecho Constitucional. Universidad de Navarra

I. INTRODUCCIÓN

La moción de censura constructiva constituye una importante contribución alemana a nuestro propio Derecho constitucional. Se trata del rasgo más significativo y novedoso con que el Constituyente ha querido dotar a esta antigua institución, dado que supone una cierta ruptura con el principio, clásico en el parlamentarismo, de que el Gobierno solo puede mantenerse en el poder en tanto que goce de la confianza parlamentaria. Tal vez por eso, nos encontramos ante una regla que ha dado lugar a controversias doctrinales en España, algo que no ha ocurrido con otros rasgos estabilizadores de nuestra regulación constitucional de la moción, pacíficamente asumidos. Por centrarme en la comparación con el modelo alemán, el plazo de enfriamiento entre la presentación y la votación de la moción es allí de cuarenta y ocho horas (*cfr*. art. 67.2 LFB: «deben transcurrir 48 horas entre la propuesta y la elección»); más breve, por tanto, que el de cinco días previsto en el artículo 113.3 CE. La mayoría para aprobarla es común a los dos países (*cfr*. art. 113.1 CE: el Congreso de los Diputados, «por mayoría absoluta»; y 67.1 LFB: el *Bundestag*, «por mayoría de sus miembros»); si bien la presentación de la moción corre a cargo, en España, de «una décima parte de los Diputados» (art. 113.2 CE), y en Alemania debe estar «firmada por una cuarta parte de los Diputados del *Bundestag* o por un grupo parlamentario que reúna al menos una cuarta parte de los Diputados del *Bundestag*» (art. 97.1 del Reglamento del *Bundestag*). En fin, tanto en España como en Alemania cabe la presentación de candidaturas alternativas (arts. 113.3 CE y 97.2 RB).

En lo que respecta a la *moción constructiva*, tema en el que centraré la mayor parte de mis reflexiones, hay que empezar diciendo que constituye una innovación que ha contado entre sus defensores con algunos de los más grandes constitucionalistas del siglo XX, y que obedece al propósito de evitar que una mayoría puramente negativa, incapaz de llegar a un verdadero programa común para gobernar la Nación, propicie la caída del Gobierno sin estar en condiciones de renovarlo. Pese a la patente razonabilidad que, *prima facie*, presenta esta regla, estamos ante una previsión minoritaria en el Derecho comparado. España la comparte, juntamente con Alemania, con otros países como Bélgica (art. 46 CBélg.), Eslovenia (art. 116 CEsl.), Hungría (art. 21.1 CHung.) o Israel (art. 28.b Ley Básica 2001). En la británica cuna del parlamentarismo, en contraste, el *vote of no confidence* mantiene sus rasgos tradicionales «destructivos», además de precisar únicamente de la mayoría simple para aprobarse. Con todo, la estabilidad parlamentaria se garantiza en el Reino Unido a través de un bipartidismo apuntalado por el sistema electoral *first-past-the-post*, de distritos uninominales. No tan estable es la situación en Italia, otro país con moción destructiva (art. 94 CIt.) que, en contraste con Inglaterra, ha visto sucederse más de sesenta gobiernos desde que se aprobó la Constitución de 1947. Para ser justos, es forzoso añadir que, en la República italiana, la inestabilidad se asocia a factores distintos de la regulación de la moción. Sin pretensiones de exhaustividad, y ciñéndome a países de nuestro entorno cultural, la moción de censura es destructiva también, verbigracia, en Francia (art. 49 CFr.), Portugal (art. 194.2 CPort.) o Austria (art. 74.1 CAustr.).

El panorama que ofrece el Derecho comparado es, en definitiva, dispar; si bien se decanta, mayoritariamente, por la moción de censura tradicional. La constructiva, como he dicho, constituye una creación alemana ligada a la experiencia de inestabilidad de la República de Weimar, a raíz de la cual terminó siendo recogida en el artículo 67 de la Ley Fundamental de Bonn: «el *Bundestag* solo podrá expresar su desconfianza al Canciller Federal eligiendo a un sucesor por mayoría de sus miembros y solicitando del Presidente Federal el cese del Canciller Federal». Fue este precedente el que motivó su incorporación a España; y, ya en las Cortes Constituyentes, los principales partidos del país estuvieron unidos en defender su conveniencia. Entre los diputados, uno de sus principales valedores fue el miembro de la ponencia constitucional, José Pedro Pérez-Llorca, que la ensalzó como «un hallazgo de la doctrina alemana, que es de pleno sentido común»[1]; Alzaga la calificó como «un progreso técnico importante»[2], y Fraga llegó a sostener que «sería irresponsable no reconocer que el régimen parlamentario racionalizado aconseja el voto de censura constructivo»[3]. Se veía la necesidad de favorecer un Gobierno estable, y la moción de censura constructiva era contemplada como uno de los mecanismos más adecuados para tal propósito. A ello hay que sumar el propio prestigio que, en general, tenía la Ley Fundamental de Bonn, imitada en tantos aspectos por nuestra Carta Magna. En estas circunstancias, tan solo manifestaron su oposición a la moción constructiva los Comunistas del Congreso y la Agrupación Independiente del Senado, firmemente aferrados a la regla parlamentaria tradicional de que, «cuando la mayoría del Parlamento esté explícitamente en contra del Gobierno, el Gobierno tenga que dimitir»[4].

Así las cosas, el artículo 113.2 CE dispuso que «la moción de censura deberá ser propuesta al menos por la décima parte de los Diputados, y habrá de incluir un candidato a la Presidencia del Gobierno». En consonancia con este precepto, la naturaleza constructiva de la moción sería replicada —salvedad hecha del País Vasco, Cataluña y Galicia— en los ordenamientos de las Comunidades Autónomas, a raíz de los Acuerdos Autonómicos de julio de 1981. Finalmente, la moción constructiva se extendió al ámbito local, merced al artículo 197 de la LOREG. Huelga decir que, hasta la moción triunfante que llevó al poder al actual Presidente del Gobierno[5], la institución se ha revelado como un instrumento útil para garantizar la estabilidad parlamentaria en nuestro país. No obstante, en las páginas que siguen dirigiré la mirada a su génesis histórica y a su aplicación posterior en Alemania. Pienso que se trata de una experiencia constitucional muy sugerente para hacerse cargo del significado genuino y de las limitaciones que presenta la

1. *Diario de sesiones del Congreso de los Diputados (DSCD)*, Núm. 109, 13 de julio de 1978, pág. 4235.
2. *DSCD*, Núm. 81, 6 de junio de 1978, pág. 2973.
3. *DSCD*, Núm. 81, pág. 2975.
4. Intervención del Diputado Sr. Solé Tura, *DSCD*, Núm. 109, pág. 4233.
5. Acerca de las anomalías de la última moción presentada en España, *vid. v. gr.* F. Simón Yarza, «De la investidura convulsa a la moción de espíritu destructivo», *Revista Española de Derecho Constitucional,* 116, 2019, págs. 111-136; y D. Delgado Ramos, «Teoría y práctica: Notas críticas a propósito de la experiencia reciente», *Revista General de Derecho Constitucional*, n. 29, 2019, págs. 1-21.

institución. Solo cobrando consciencia de estos factores es posible emitir una valoración cabal de su aplicación en nuestra propia historia reciente, a la que dedicaré las últimas páginas del trabajo.

II. EL PRECEDENTE DE LA REPÚBLICA DE WEIMAR

1. La moción de censura constructiva fue una elaboración doctrinal, antes que simplemente normativa. De hecho, su origen se retrotrae a la interpretación, por parte de algunos juristas, del artículo 54 de la Constitución de Weimar:

> «El Canciller del *Reich* y los Ministros del *Reich* necesitan la confianza del *Reichstag* para desempeñar sus funciones. Cada uno de ellos debe dimitir si el *Reichstag* le retira su confianza mediante resolución expresa».

Recogida en este precepto, la moción de censura apenas se aplicó durante el período de Weimar. De hecho, solo en dos ocasiones fue derrocado el Gobierno haciendo uso de ella, a saber, el 12 de mayo y el 27 de diciembre de 1926.

a) En el primer caso, el Gobierno minoritario de Hans Luther se enfrentó a fuertes tensiones internas como consecuencia de la «lucha por la bandera» *(Flaggenstreit)*, un conflicto que, desde los orígenes mismos de la República de Weimar, dividía a los partidarios de la antigua bandera del *Kaiserreich*, de tres franjas horizontales de color negro, blanco y rojo; frente a la nueva bandera republicana, con los colores negro, rojo y amarillo. La disputa, de hondo significado ideológico, había sido «solventada» con un compromiso en el artículo 3 de la Constitución, que, juntamente con la fijación como «colores imperiales» del «negro-rojo-dorado», estableció como «bandera mercante» la «negra-blanca-roja», con «los colores imperiales en el ángulo superior interno». Con el conflicto vivo, a comienzos de mayo de 1926, el Canciller Hans Luther ordenó a las autoridades consulares alemanas de fuera de Europa exhibir ambas banderas, lo que desató una crisis política que culminó en la censura.

b) La segunda moción triunfante se produjo a raíz de un discurso de Ernst Scholz, portavoz parlamentario del partido burgués, que gobernaba en minoría con la aquiescencia de los socialdemócratas del SPD. Scholz hizo una llamada a la colaboración de las fuerzas burguesas, algo que fue interpretado por el SPD como una crítica a la cooperación con ellos. Ante semejante desaire, la socialdemocracia reaccionó con la moción de censura.

2. Es preciso añadir que la inestabilidad de Weimar, y el efecto que en ella desempeñó la moción de censura, no se ciñe a estos dos casos de mocio-

nes triunfantes. Se ha dicho con frecuencia que, aunque la moción fue aplicada en pocas ocasiones, la sombra de su aplicación dio lugar a la dimisión de varios gabinetes y disoluciones anticipadas del *Reichstag*. En efecto, a partir del llamado «gobierno presidencial» de los años treinta, el Presidente del *Reich* se anticipaba a la posibilidad de una moción de censura haciendo uso de la facultad de disolución del artículo 25 de la Constitución. Este precepto le exigía convocar las elecciones en los sesenta días siguientes a la disolución. Entretanto, sin embargo, el *Reichspräsident* podía hacerse cargo del Gobierno a través de las medidas de emergencia que le atribuía el artículo 48 de la Norma Suprema. La situación era verdaderamente anómala, dado que, con el Parlamento disuelto, el *Reichstag* no podía ejercer su derecho, previsto en el propio artículo 48, párrafo 3.º, de la Constitución, a dejar sin vigor las medidas presidenciales de emergencia. Lo que sí podía, por el contrario, era obstruir permanentemente el Gobierno a través de mociones negativas.

3. Considerando el conjunto de circunstancias, pues, parece claro que la moción operaba como un factor de obstrucción e inestabilidad, hasta el punto de favorecer el recurso a prácticas inconstitucionales como el uso abusivo del artículo 48 de la Constitución. La inestabilidad que producía fue lo que condujo a algunas voces en la doctrina de Weimar a sugerir una interpretación del artículo 54 que restringiese el significado de la moción *en clave constructiva*. La primera propuesta al respecto fue formulada en 1927 por Heinrich Herrfahrdt, que se expresó en los siguientes términos:

> «Resulta especialmente llamativo cuando la moción de censura es adoptada por partidos distintos con motivos contrapuestos. Semejante voto de censura debe recibir un significado jurídico-político completamente distinto al del caso normal, pensado por la teoría del parlamentarismo, en el cual en el seno la mayoría que plantea el voto de desconfianza se encuentra ya el nuevo gabinete preparado para asumir el gobierno. Solo en este caso tiene sentido el deber constitucional de que el gabinete en minoría dimita inmediatamente»[6].

Todavía más repercusión tendría, en 1928, una interpretación semejante en boca de uno de los juristas más reconocidos —y controvertidos— de la época, Carl Schmitt. En su *Verfassungslehre*, el célebre jurista hablaba de la necesidad de modificar el «pensamiento originario» sobre la moción, atendiendo a «la composición» del *Reichstag*, «heterogénea y diversa». Afirmó atinadamente, en efecto, que la voluntad de derrocar tan solo garantizaba «una mera coincidencia en *lo negativo*, una coincidencia que, en la mayoría

6. H. Herrfahrdt, *Die Kabinettsbildung nach der Weimarer Verfassung unter dem Einfluss der politischen Praxis*, O. Liebman, Berlín, 1927, pág. 50.

de los casos, carece abiertamente de valor lógico, jurídico y político». De ello se seguiría «el interrogante de si la composición de esta mayoría y los motivos de la desconfianza» son «indiferentes en todo caso», con tal de que la suma de denegaciones «arroje la mayoría numérica». Schmitt se opuso firmemente a esta conclusión, e interpretó que el carácter constructivo de la moción de censura constituía una exigencia de sentido común: «si los motivos se contradicen abiertamente y, por ejemplo, votan por una moción de censura los comunistas y los nacionales alemanes, la disparidad de motivos excluye abiertamente el correlato necesario y racional de la moción de censura, a saber, la posibilidad de la retirada de la confianza y de la formación de un nuevo gobierno». Por consiguiente, «la moción de censura es entonces un acto de mera obstrucción» y no genera «un deber de dimitir»[7].

El planteamiento de Carl Schmitt no carecía en absoluto de lógica, puesto que venía a evitar que un instrumento al servicio de la legitimidad del gobierno terminase poniendo en entredicho la posibilidad misma del gobierno. No es de extrañar, por tanto, que el sentido de su propuesta fuese compartido por algunas de las voces jurídicas más autorizadas del sector doctrinal dominante. En su comentario a la Constitución del *Reich,* por ejemplo, Gerhard Anschütz y Richard Thoma se hacían eco del planteamiento del jurista de Plettenberg, que suscribían *de lege ferenda.* Al decir del primero, «el punto de vista de Carl Schmitt, según el cual la moción de censura ha de ser ineficaz siempre que los motivos de los grupos que la acuerdan resulten «abiertamente contradictorios», es digna de todo apoyo *de lege ferenda; que* sea *lex lata,* o lo que es lo mismo, que se desprenda del sentido del artículo 54, es algo que no puedo conceder (tampoco Thoma)»[8].

La moción constructiva se empezó a ver, pues, con buenos ojos, aunque era difícil que, bajo la redacción del artículo 54 de la Constitución, pudiese ser avalada a través de la sola interpretación. En el ocaso de la República, la disolución continua del *Reichstag* hizo que nuevas voces se adhiriesen a la crítica de la moción destructiva, y que se propugnasen reformas urgentes. Erich Kaufmann, por ejemplo, sostuvo en 1931 que «constituye una ley

7. C. Schmitt, *Verfassungslehre,* Duncker & Humblot, Berlín, 1928, pág. 345.
8. G. Anschütz y R. Thoma, *Die Verfassung des Deutschen Reichts,* Georg Stilke, 14.ª edición, Berlín, 1933, § 6. *Vid.* L. Berthold, «Das konstruktive Misstrauensvotum und seine Ürsprunge in der weimarer Staatsrechtslehre», *Der Staat,* 36, 81-94, 1997, pág. 87.

esencial del gobierno parlamentario que un parlamento capaz únicamente de reprobación, mas no de aprobación, se autoanula»[9].

4. La principal propuesta de enmienda para incorporar la moción constructiva, tal y como hoy la conocemos, llegó de la mano, casi al borde del colapso del orden constitucional, del politólogo Ernst Fraenkel en su trabajo, «Reforma constitucional y socialdemocracia» *(Verfassungsreform und Sozialdemokratie)*. Este ensayo fue publicado en la revista *Die Gesellschaft*, en el número de agosto de 1932, y es considerado por muchos como el modelo doctrinal en que se basó, con posterioridad a la Segunda Guerra Mundial, la moción de censura constructiva. Fraenkel propuso una reforma constitucional a fin de que «un parlamento que es incapaz de ser el factor decisivo en la formación de la voluntad del Estado», no esté facultado para «incapacitar a los demás órganos responsables». En congruencia, exigía «que el voto de desconfianza contra el Canciller o los ministros solo dé lugar a la dimisión forzosa cuando la representación popular vincule dicha moción con la propuesta positiva, dirigida al Presidente, de nombrar como Ministro a una personalidad, nominalmente presentada, que sustituya al funcionario estatal derrocado». A la vista de la imposibilidad para sacar adelante semejante reforma con la composición de fuerzas vigente a la sazón, Fraenkel llegó a sugerir que la enmienda constitucional fuese adoptada de manera autoritaria y, posteriormente, se sometiese a un plebiscito que la legitimase[10].

III. LA POSITIVACIÓN DE LA MOCIÓN CONSTRUCTIVA TRAS LA SEGUNDA GUERRA MUNDIAL

1. EL ARTÍCULO 67 DE LA LEY FUNDAMENTAL DE BONN

1. Tras la Segunda Guerra Mundial, la moción de censura constructiva contaba, obviamente, con un viento muy favorable. Frente a la inestabilidad política que había conducido a los desastres de la primera mitad de la centuria, el llamado «parlamentarismo racionalizado» (Mirkine-Guetzévitch) se contemplaba como un verdadero antídoto. Del proceso de aprobación de la moción constructiva en Alemania se ha ocupado exhaustivamente en

---

9. E. Kaufmann. *Zur Problematik des Volkswillens.* Berlín y Leipzig: W. de Gruyter, 1931, pág. 14; *apud* H. Schneider, «Kabinettsfrage und Gesetzgebungsnotstand nach dem Bonner Grundgesetz», en: *Veröffentlichungen der Vereinigung der Deutschen Staatsrechtslehrer,* núm. 8, Walter de Gruyter, Berlín, 1950, pág. 23.

10. *Vid.* más ampliamente L. Berthold, «Konstruktives Mißtrauensvotum in der Weimarer Staatsrechtslehre», *Der Staat,* 36, 1997, págs. 93-94. *Vid.* también E. Fraenkel, «Verfassungsreform und Sozialdemokratie», *Die Gesellschaft,* Vol. 2, 1932, pág. 486; reimpr. en *Zur Soziologie der Klassenjustiz und Aufsätze zur Verfassungskrise 1931-32,* Wissenschaftliche Buchgesellschaft, Darmstadt, 1968, pág. 97.

nuestro país, principalmente, Eduardo Vírgala Foruría, cuya tesis doctoral, publicada por el Centro de Estudios Constitucionales en 1988, sigue siendo capital para cualquier estudioso de la institución. Según ha explicado Vírgala, en lo que respecta a las relaciones interorgánicas, la Ley Fundamental de Bonn se alejó de la Constitución de Weimar en tres puntos, sustancialmente:

a) En el papel del Presidente de la Federación, cuyos poderes fueron drásticamente limitados, y cuya elección dejó de ser directa y pasó a situarse en un órgano específico;

b) en los poderes del *Bundestag*, que también fueron muy restringidos (en este aspecto se enmarca, precisamente, el carácter constructivo de la moción); y

c) en el reforzamiento del Gobierno y de la figura del Canciller.

En el fondo, pues, se pretendía evitar tanto el cesarismo asociado a un Jefe del Estado directamente elegido, y con poderes incluso dictatoriales; y la irresponsabilidad de una asamblea destructiva que, en Weimar, había resultado sumamente nociva[11].

2. Una de las iniciativas importantes a este respecto fue, precisamente, la de introducir la moción de censura constructiva. En ella intervino de manera crucial el diputado del SPD, Carlo Schmid, que había sido el responsable de su inclusión, con carácter previo a la aprobación de la Ley Fundamental, en la Constitución de Würtemberg-Baden, de 28 de noviembre de 1946. El artículo 73, párrafo 1.º, de la Constitución de este *Land*, se expresaba en los términos siguientes:

> «El Gobierno necesitará la confianza del Parlamento para ejercer sus funciones. Si el Parlamento retira su confianza por más de la mitad del número reglamentario de sus miembros, el Gobierno deberá dimitir. La dimisión solo será legalmente efectiva cuando el Parlamento exprese su confianza en un nuevo Gobierno».

Ya en este momento emergieron algunas de las críticas que, desde su aprobación, han acompañado a la moción de censura constructiva. La CDU, en efecto, se opuso alegando que su introducción no era idónea para fortalecer gobiernos débiles, sino que tendía a mantener gobiernos de gestión, incapaces de ejercer efectivamente el poder. Algo parecido sostendría más tarde el jurista Ernst Friesenhahn, para quien, «no pudiendo ser derrocado»,

11. E. Vírgala Foruría, *La moción de censura en la Constitución de 1978*, Centro de Estudios Constitucionales, Madrid, 1988, págs. 118 y sigs.

el gabinete que se mantiene como consecuencia del carácter constructivo de la moción «no logra una fuerza o autoridad mayor que el gobierno que, habiendo caído por una moción destructiva, se mantiene en el cargo en funciones hasta que se forme un nuevo gobierno»[12]. Ésta ha sido una de las objeciones más incisivas que tradicionalmente ha recibido la moción constructiva, una objeción, a su vez, que no ha estado exenta de réplica. En efecto, cabe afirmar que un gobierno minoritario no está limitado como un gobierno «en funciones» o «de gestión» *(Geschäftsregierung)*, y que es preferible a la inestabilidad que produciría una moción incapaz de construir. Sea como fuere, el hecho es que la moción constructiva se introdujo primero en la Constitución de Württemberg-Baden, con el apoyo de los socialdemócratas del SPD y del *Zentrum* católico. Frente a este modelo, la CDU proponía la simple supresión de la moción de censura, solución que fue adoptada, en diciembre de 1946, por el *Land* de Baviera.

La Ley Fundamental fue redactada, con carácter posterior, a partir del texto-base elaborado en la Convención Constitucional *(Verfassungskonvent)* de Herrenchiemsee. Convocados en agosto de 1948 por los ministros de los *Länder* bajo las potencias de ocupación occidental, entre el 10 y el 23 de agosto de 1948, treinta juristas expertos y personalidades políticas se reunieron en esta ciudad bávara para debatir sobre la futura Constitución. Entre los participantes se encontraba Carlo Schmid, cuya propuesta terminaría cristalizando en el artículo 90 del texto finalmente aprobado por la Convención. El propio Schmid, ampliamente considerado como el «padre de la moción constructiva», se expresaría al respecto en una entrevista al diario *Die Zeit*, de 12 de mayo de 1972, en los siguientes términos:

> «Durante los años del régimen nazi (...) cavilé por qué la Constitución de Weimar, tan excelentemente pensada, pudo ser utilizada como instrumento para la ruina de la República. Un resultado de estas reflexiones fue la moción de censura constructiva: el derrocamiento de un gobierno que se ve en dificultades solo tiene sentido si quienes quieren que caiga están preparados para relevarlo. En vista del sistema de partidos de Alemania, me parecía necesario incorporar a la futura Constitución una disposición que excluyese el derrocamiento del gobierno por mayorías heterogéneas, esto es, por mayorías suficientemente fuertes para derribarlo, si bien incapaces o indispuestas para hacerse cargo del gobierno.
>
> Mi idea era la siguiente: en una democracia parlamentaria debe existir la posibilidad de derribar el gobierno surgido de las urnas cuando entran en liza acontecimientos que evidencian la necesidad de una reorientación del

12. E. Friesenhahn, «Parlament und Regierung im modernen Staat», *Veröffentlichungen der Vereinigung der Deutschen Staatsrechtslehrer*, 16, Walter de Gruyter, Berlín, 1958, pág. 61.

programa de gobierno. Esto es, uno no derroca un gobierno declarando sencillamente que ya no lo quiere, sino que, juntamente con la declaración de desconfianza, uno elige otro gobierno»[13].

Tras la aprobación de borrador en la Convención, el Consejo Parlamentario *(Parlamentarische Rat)* recibió el encargo de redactar la Constitución. La moción de censura constructiva apenas suscitó reparos y, sin perjuicio de los cambios que se fueron produciendo en el proceso de redacción del texto, terminó cristalizando en el actual artículo 67 de la Ley Fundamental.

3. Haciendo balance de los debates sobre la institución finalmente aprobada, quisiera señalar que, a mi juicio, las réplicas que se han dado a las *dos principales objeciones* contra la moción de censura constructiva son suficientes para neutralizarlas:

a) En primer lugar, frente a la tesis de la inexcusable necesidad de que, en un régimen parlamentario, el gobierno cuente con la confianza de la Cámara de representación popular, considero impecable la respuesta que dio Hans-Peter Schneider en Alemania. Éste apelaba a que, en una *democracia* parlamentaria, el parlamento no solo tiene la prerrogativa de otorgar y retirar su confianza al gobierno, sino también el «encargo legal de la Constitución de provocar un cambio de poder político»[14]. Semejante encargo constituye un auténtico deber constitucional, lo cual justifica negarle la capacidad de derrocar un gobierno si no está en condiciones de resolver la crisis que ello supone.

b) En segundo lugar, frente a la objeción que apunta a la debilidad de los gobiernos mantenidos simplemente como consecuencia del carácter destructivo de la moción, entiendo que es válida la réplica que apunta al mal menor; esto es, a la superior inestabilidad que comporta la carencia total de gobierno.

4. Sin perjuicio de la justificación que, como se ha visto, posee la moción constructiva, el análisis quedaría incompleto si no advirtiésemos, de todos modos, de su propia *limitación* y de sus *riesgos como* institución.

---

13. «Keine Verfassung ist narrensicher. Ein ZEIT-Interview mit Carlo Schmid, dem Schöpfer des konstruktiven Mißtrauensvotums», *Entrevista publicada en el diario* Die Zeit *el 12 de mayo de 1972* (disponible en: www.zeit.de/1972/19/keine-verfassung-ist-narrensicher).

14. H.-P. Schneider, «El Gobierno como parte del poder ejecutivo en la República Federal de Alemania», en VV.AA., *El Gobierno en la Constitución Española y en los Estatutos de Autonomía,* Diputació de Barcelona, Barcelona, 1985, págs. 361-362.

a) Como se verá más adelante, al hablar de la experiencia histórica de su aplicación en Alemania, la principal *limitación* de la moción constructiva es su incapacidad para dotar de fortaleza a un Gobierno que carece de ella. Se trata de algo que ya apuntó Boris Mirkine-Guetzévitch, de manera general, en relación con el parlamentarismo racionalizado: «a un gobierno de coalición que se apoye sobre una mayoría inestable, este procedimiento [el procedimiento parlamentario] no podrá garantizarle la estabilidad»[15].

b) Además de esta eficacia limitada, la institución de la moción de censura constructiva comporta también *riesgos*. La lectura detallada de las discusiones en torno a su aprobación y en los inicios de andadura constitucional resulta de gran interés al respecto. En la Convención de Herrenchiemsee, en efecto, el reconocido jurista Hans Nawiasky advirtió del peligro de que, ante un gobierno débil, la incapacidad de aprobar una moción de censura destructiva llevase a «políticos ambiciosos» a urdir alianzas inconfesables, carentes de toda publicidad, con el solo fin de poder obtener los votos necesarios para su investidura. En sus propias palabras, la moción constructiva hacía posible

> «que políticos ambiciosos intenten de este modo pasar al primer plano entre bastidores y ascender al cargo de Canciller Federal. Esto significaría que la Constitución Federal convertiría, casi formalmente-legalmente, las intrigas de la política en objeto del ordenamiento constitucional. Por tanto, este sistema no lograría el objetivo deseado, sino que, por el contrario, solo tendría consecuencias indeseables»[16].

Pienso que las reservas de Nawiasky, aun previniendo frente a una actuación aviesa o retorcida, no pueden desdeñarse —máxime, como he dicho, considerando la historia constitucional española reciente—. Además, hay que añadir que el jurista austríaco no se quedó solo en esta advertencia. Al contrario, una objeción similar fue formulada en la primera reunión que

15. B. Mirkine-Guetzévitch, «Le régime parlementaire dans les récentes Constitutions européennes», *Revue internationale de droit comparé*, 1950, 2-4, pág. 613: «Les règles constitutionnelles de la procédure parlementaire sont presque inutiles lorsqu'il s'agit d'un gouvernement ayant une forte majorité; à un gouvernement de coalition s'appuyant sur une majorité instable, cette procédure ne saura assurer la stabilité».

16. H. Nawiasky, «Plenarsitzungen des Plenums des Verfassungskonvents auf Herrenchiemsee vom 10. Bis zum 23. August 1948», en: *Der parlamentarische Rat. Akten und Protokolle, Vol. 2: Der Verfassungskonvent auf Herrenchiemsee*, Boldt, Boppart am Rhein, pág. 411: «Die zweite Möglichkeit ist, daß ehrgeizige Politiker versuchen, sich auf diese Weise hinter den Kulissen in den Vordergrund zu schieben und zum Bundeskanzler zu avancieren. Das würde bedeuten, daß die Bundesverfassung quasi formellrechtlich die Intrigen der Politik Gegenstand der verfassungsmäßigen Ordnung macht. Dieses System würde also nicht das erstrebte Ziel erreichen, sondern im Gegenteil nur unerwünschte Folgen haben».

la *Asociación Alemana de Profesores de Derecho Público* celebró tras la aprobación de la Ley Fundamental, en Heidelberg, en 1949. El Congreso se articuló, entre otros temas, en torno al cuestionamiento de la confianza del gobierno *(Kabinettsfrage)*; y, en su ponencia, Hans Schneider advirtió expresamente del riesgo que supone el hecho de que, como consecuencia del carácter constructivo de la moción, «los partidos políticos que respaldan una moción de censura mantengan para sí las negociaciones preliminares sobre el sucesor». De manera particularmente aguda, señaló que «la propia compulsión de ponerse de acuerdo sobre un nuevo canciller puede llevar a que partidos de la oposición extremadamente heterogéneos se encuentren en un punto cero» y acuerden un candidato «incoloro e inocuo» para sus intereses, «del que cada grupo espere los menores problemas»[17].

En definitiva, tanto Nawiasky en la Convención de Herrenchiemsee, como Schneider en el foro académico más prestigioso del Derecho constitucional alemán, dejaron para la historia del Derecho parlamentario un apunte que no podemos desconocer.

2. LA MOCIÓN DE CENSURA EN EL SUPUESTO DE DEFENSA

Antes de entrar de lleno en la historia de la aplicación de la moción de censura constructiva en Alemania, es preciso completar esta exposición apuntando algunos elementos adicionales sobre la regulación de la moción en la Ley Fundamental de Bonn; y haciendo un breve excurso acerca de esta institución en los *Länder*.

Respecto a lo primero, una situación especial que conviene referir se produciría en el «supuesto de defensa» *(Verteidigungsfall)*. Declarado por dos tercios del *Bundestag*, se trata de la situación en que «el territorio de la Federación está siendo atacado por la fuerza armada» o en que «tal ataque es inminente» *(cfr.* art. 115a.1 LFB). Llegado el caso de que, en una situación de defensa, el *Bundestag* careciese de la capacidad de reunirse, sus funciones serían asumidas por la «Comisión Mixta» *(Gemeinsame Ausschuß)* prevista en el artículo 53a LFB, la cual se compone de miembros del *Bundestag* (2/3 de la Comisión) y del *Bundesrat* (1/3 de la Comisión). En semejante situaciones, la posición del Canciller se vería lógicamente fortalecida, y la posibilidad de presentar la moción de censura por parte de la Comisión Mixta quedaría sujeta a mayores restricciones. De acuerdo con el artículo 115h.2, dicha Comisión «solo puede expresar su censura al Canciller Federal

17. H. Schneider, *cit.*, pág. 29: «Gerade der Zwang, sich über einen neuen Kanzler zu verständigen, kann dazu führen, daß extrem heterogene Oppositionsparteien in einem politischen Nullpunkt treffen und auf einen farblosen und harmlosen Kandidaten einigen, von dem jede Gruppe die geringsten Schwierigkeiten erhofft».

mediante la elección de un sucesor por mayoría de dos tercios de sus miembros».

3. RESPONSABILIDAD COLECTIVA Y REPROBACIÓN MINISTERIAL

El artículo 64 LFB dispone que «los ministros federales son nombrados y destituidos por el Presidente Federal a propuesta del Canciller Federal». La moción de censura, por su parte, solo puede llevarse a cabo contra el Canciller, de manera que la confianza parlamentaria queda depositada en su persona. Los ministros dependen de la confianza del Canciller, no del *Bundestag*. Ello no es óbice, obviamente, para que el *Bundestag* repruebe a un ministro y solicite su dimisión. Aunque el Canciller no está vinculado por semejante solicitud, se trata de un proceder que tiene una virtualidad política notable.

4. LA REGULACIÓN DE LA MOCIÓN DE CENSURA EN LOS ESTADOS FEDERADOS

En lo que respecta a la regulación de la moción en los *Länder*, las dieciséis entidades federadas que componen el conjunto del país han optado por soluciones variadas, algo que contrasta con el modelo, más homogéneo, establecido en España. No obstante, es preciso subrayar también que todos los estados han arbitrado soluciones para dar salida a las crisis gubernamentales y evitar el obstruccionismo de mayorías puramente negativas.

1. Un primer modelo al que conviene aludir es, lógicamente, el de la *moción de censura constructiva* al estilo del artículo 67 de la Ley Fundamental. En este grupo se incluye, en primer lugar, *Baden-Württemberg*, cuya Constitución, de 11 de noviembre de 1953, es heredera de la que alumbró la moción constructiva misma. El actual artículo 54.1 de la Constitución reza así: «El Parlamento solo podrá retirar la confianza al Primer Ministro mediante la elección de un sucesor por mayoría de sus miembros y la confirmación del Gobierno formado por éste en la forma prevista regularmente por la Constitución, de conformidad con el apartado 3 del artículo 46». El artículo 86 de la Constitución de Brandenburgo, de 20 de agosto de 1992 recoge la moción de censura constructiva en términos prácticamente idénticos que el artículo 67 LFB: «el *Landtag* solo puede expresar un voto de censura a la Primera Ministra o Primer Ministro eligiendo a otra persona para el cargo por mayoría de sus miembros». La Constitución de la Ciudad Libre y Hanseática de Hamburgo, de 6 de junio de 1952, prevé la moción de censura constructiva en su artículo 35.3: «el mandato de la Primera Alcaldesa o Primer Alcalde finalizará también si la corporación *(Bürgerschaft)* le retira su confianza eligiendo a una sucesora o sucesor por mayoría

de sus miembros estatutarios». La Constitución del *Land* de Mecklemburgo-Pomerania, de 23 de mayo de 1993, recoge la moción constructiva en su artículo 50: «el cargo de Primer Ministro cesará si el Parlamento le retira su confianza. El Parlamento solo podrá retirar su confianza eligiendo a un sucesor por mayoría de sus miembros». La Constitución de Baja Sajonia, de 19 de mayo de 1993, incluye la moción constructiva en su artículo 32. Como elemento peculiar, prevé un plazo de enfriamiento muy largo, y la moción «no podrá ser votada antes de 21 días» desde la presentación (art. 32.2). El artículo 61.1 de la Constitución del *Land* de Renania del Norte-Westfalia, de 28 de junio de 1950, ha incorporado la moción de censura constructiva en los siguientes términos: «el *Landtag* solo puede expresar su voto de censura al Primer Ministro mediante la elección de un sucesor por mayoría de los votos emitidos». La Constitución del Estado Libre de Sajonia, de 27 de mayo de 1992, recoge la moción de censura constructiva en su artículo 69: «el Parlamento solo puede retirar su confianza al Primer Ministro eligiendo a un sucesor por mayoría de sus miembros» (art. 69.1). La Constitución del *Land* de Sajonia-Anhalt, de 16 de julio de 1992, establece también la moción constructiva en su artículo 72: «el Parlamento solo puede expresar su censura al Primer Ministro eligiendo a un sucesor por mayoría de sus miembros». La Constitución del *Land* de Schleswig-Holstein, de 13 de diciembre de 1949, la recoge en su artículo 42: «el Parlamento solo puede expresar un voto de censura a la Primera Ministra o Primer Ministro eligiendo a una sucesora o sucesor por mayoría de sus miembros». Finalmente, la Constitución del Estado Libre de Turingia, de 25 de octubre de 1993, la recoge en su artículo 73: «El Parlamento solo puede expresar su censura al Primer Ministro mediante la elección de un sucesor por mayoría de sus miembros».

2. Existen algunos estados que permiten la *moción individual de un ministro*. Así, el artículo 56 de la Constitución de *Baden-Württemberg* dispone que, «por decisión de dos tercios de los miembros del *Landtag*, el Primer Ministro debe destituir a un miembro del Gobierno». La posibilidad de presentar mociones de censura contra un miembro del Gobierno está también recogida en el artículo 110 de la Constitución del *Land* de la Ciudad Hanseática Libre de Bremen, de 6 de junio de 1952. Asimismo, el artículo 99 de la Constitución de Renania-Palatinado, de 18 de diciembre de 1947, dispone que la moción pueda presentarse contra el Primer Ministro, contra un ministro o contra el Gobierno en su conjunto. Finalmente, hasta 1996, también en Hamburgo cabía la retirada individual de la confianza a un miembro del órgano de gobierno.

3. Un caso bastante peculiar es el de Baviera, un territorio *que* en aras de la estabilidad decidió, sencillamente, *no contemplar la moción de censura*. En su lugar, el artículo 44.3 de la Constitución de 2 de diciembre de 1946 dis-

puso una fórmula flexible, que dota de cierta discrecionalidad al Jefe de Gobierno: «el Primer Ministro (...) debe dimitir si las circunstancias políticas hacen imposible que él y el Parlamento del Estado federado trabajen juntos con espíritu de confianza». Como puede apreciarse, esto no constituye propiamente un voto de censura, dado que es preciso que el Primer Ministro decida dimitir. Toda vez que esto se produce, su dimisión lleva aparejada la del resto del Gobierno, y la representación exterior pasa, de acuerdo con la propia Constitución, al Presidente del *Landtag*. Finalmente, si en cuatro semanas no se elige un nuevo Primer Ministro, el Presidente del *Landtag* debe disolver la Cámara (art. 44.5).

4. Existen estados en los que la moción de censura, con ser destructiva, da inicio a *un plazo de reemplazo del Gobierno censurado*, tras el cual *pierde vigencia* o produce la *disolución del Parlamento*. Así, el artículo 57.3 de la Constitución de Berlín, de 23 de noviembre de 1995, dispone que, una vez que ha prosperado, la moción «pierde su eficacia si no se ha celebrado una nueva elección en el plazo de 21 días». La Constitución del *Land* de Hesse, de 1 de diciembre de 1946, ha establecido que «si el Parlamento no expresa su confianza en un nuevo Gobierno en el plazo de doce días, éste quedará disuelto» (art. 114.3). El artículo 99.5 de la Constitución de Renania-Palatinado, de 18 de diciembre de 1947, dispone que, en caso de triunfar una moción al Gobierno en su conjunto, «si el Parlamento no expresa su confianza en un nuevo Gobierno en el plazo de cuatro semanas a partir de la decisión de retirar la confianza al Gobierno del *Land*, éste quedará disuelto» (art. 99.5). La Constitución del Sarre, de 15 de diciembre de 1947, prevé lo mismo en su artículo 69: «el Parlamento se disolverá si así lo acuerda por mayoría de dos tercios de sus miembros o si ha retirado su confianza al Gobierno del Estado federado y no permite la formación de un Gobierno del Estado federado respaldado por su confianza en el plazo de cuatro semanas».

5. Un quinto rasgo, previsto por algunos *Länder*, es la *postergación de los efectos de la moción de censura hasta el nombramiento de un sucesor*. El artículo 110 de la Constitución del *Land* de la Ciudad Hanseática Libre de Bremen, de 21 de octubre de 1947, otorga a la corporación *(Bürgerschaft)* la posibilidad de presentar la moción contra el órgano de gobierno (el Senado) o alguno de sus miembros, y establece que «surtirá efecto legal para los senadores cuando la corporación haya elegido un nuevo Senado o un nuevo miembro del Senado o haya aprobado una ley que reduzca en consecuencia el número de miembros» (art. 110.3). El artículo 99.4 de la Constitución de Renania-Palatinado, de 18 de diciembre de 1947, prevé que el Primer Ministro o los ministros censurados «continuarán dirigiendo los asuntos hasta

que se elija un nuevo Primer Ministro, o bien haya sido confirmado un nuevo Gobierno o un nuevo Ministro» (art. 99.4).

IV. LA APLICACIÓN HISTÓRICA DE LA MOCIÓN EN EL ÁMBITO FEDERAL

Bajo la vigencia de la Ley Fundamental de Bonn, la moción de censura apenas ha hecho acto de presencia en el *Bundestag* alemán. Concretamente, tan solo se han presentado dos mociones de censura, de las cuales únicamente ha prosperado una.

1. LA MOCIÓN FRACASADA CONTRA WILLY BRANDT (27 DE ABRIL DE 1972)

La primera moción de censura constructiva fue presentada en Alemania por el grupo parlamentario CDU-CSU, el día 27 de abril de 1972. Dirigida contra el Canciller socialdemócrata del SPD, Willy Brandt, el candidato propuesto era el democratacristiano Rainer Barzel. La moción se quedó a tan solo dos votos de prosperar, y obtuvo 247 de los 496 diputados del *Bundestag*. Puso de manifiesto, de manera muy sensible, la debilidad política de Brandt. Éste, sin embargo, carecía de la facultad de decidir por sí mismo la disolución anticipada del *Bundestag;* una posibilidad que no fue admitida por la Ley Fundamental, precisamente, para evitar que se reprodujese la práctica, tan frecuente en los últimos años de Weimar, de gobiernos sin parlamento. El único modo de sortear este obstáculo era —tal y como hizo Brandt— forzar la derrota en una cuestión de confianza y convocar elecciones. El fracaso de la moción de censura como consecuencia de su carácter constructivo, pues, no había podido compensar la debilidad política del Gobierno.

2. LA MOCIÓN TRIUNFANTE CONTRA HELMUT SCHMIDT (1 OCTUBRE DE 1982)

1. Mayor interés todavía posee, a mi modo de ver, la moción que sí ha prosperado en Alemania. Me refiero a la que presentó el grupo CDU-CSU contra el Gobierno del SPD liderado por el canciller Helmut Schmidt, en septiembre de 1982. El contexto político era de profunda división interna en la coalición de Gobierno entre el SPD y los liberales del FDP. Después de trece años de gobierno juntos, los acontecimientos políticos habían ido causando roces y divisiones, acentuándose enormemente en la legislatura en curso. La postura alemana en relación con la llamada «Crisis de los euromisiles» había suscitado conflictos internos en el SPD, y las políticas para hacer frente a la difícil situación económica eran objeto de divergencias

entre liberales y socialdemócratas. En estas circunstancias, el Canciller se sometió a una cuestión de confianza en febrero de 1982, a fin de fortalecer su figura y promover la cohesión interna. Pese a ganar la moción por 269 frente a 493 votos, sin embargo, el desgaste de la coalición persistió en los meses posteriores. El FDP, que contaba entre sus filas con el ministro de finanzas, Otto Graf Lambsdorff, adoptó posiciones públicas que marcaban una línea económica propia y que podían, incluso, interpretarse como un desafío al SPD. A la postre, los cuatro ministros liberales abandonaron el Gobierno el 17 de septiembre.

En los planes del FDP estaba, en realidad, plantear una moción de censura y formar un nuevo Gobierno con el partido de la oposición, CDU/CSU. Esto causó de hecho la indignación de muchos liberales que preferían la coalición con el SPD. En medio de tensiones, el 1 de octubre de 1982, con 256 votos a favor y 235 en contra de los 495 diputados que conformaban la Cámara, se aprobó la moción de censura constructiva que elevaba a Helmut Kohl a la Cancillería con el apoyo del FDP. Schmidt acusó de traición entre bastidores a los liberales, compaginando desde agosto su presencia en el Gobierno con maniobras desleales urdidas con la CDU. Además, recordó que los liberales habían concurrido a las elecciones bajo la promesa de cooperar con el SPD, lo cual pondría en entredicho, desde el punto de vista de la legitimidad política, el propio resultado de la moción. No es de extrañar, pues, que el FDP quedase, de hecho, políticamente herido a raíz de la moción, cuyo triunfo final condujo hasta a veinte mil personas a abandonar el partido liberal en signo de protesta. Después de trece años de gobierno conjunto, los efectos traumáticos de tan grave decisión eran de esperar.

2. Uno de los aspectos más interesantes de esta moción es, a mi juicio, la falta de fortaleza del propio gobierno al que dio lugar. El Canciller Kohl entendía que el modo en que había accedido al poder mermaba su legitimidad política, si bien no tenía la facultad de disolver el *Bundestag* y convocar elecciones. Emulando, pues, lo que había hecho en su día Willy Brandt, Kohl optó por forzar su propia derrota en una cuestión de confianza, impulsando con ello una nueva contienda electoral. A solicitud del Canciller, el Presidente Federal ordenó la disolución del *Bundestag* el 6 de enero y convocó elecciones para el 6 de marzo. Esta decisión fue objeto de un conflicto orgánico *(Organstreitverfahren)* ante el Tribunal Constitucional Federal, interpuesto por algunos diputados de la mayoría gubernamental. Alegaban, entre otras cosas, que la cuestión de confianza había sido empleada de manera torcida, en contra de su sentido original, con el fin de disolver el *Bundestag* pese a contar, en realidad, con su apoyo. Mediante Sentencia de 16 de febrero de 1983, el Tribunal Constitucional Federal avaló las resoluciones propiciadas por el Canciller, e introdujo algunas observa-

ciones importantes para comprender el significado y alcance tanto de la moción de censura como de la cuestión de confianza:

a) En lo que respecta a la *moción de censura constructiva*, el Tribunal de Karlsruhe negó que el Gobierno resultante de ella careciese de legitimidad, o que la tuviese mermada de suyo. Había que entender, pues, que la decisión del Canciller Kohl de someterse a una cuestión de confianza no venía exigida por la Ley Fundamental, sino que tenía un carácter discrecional:

> «(...) exigir la disolución del *Bundestag* y la celebración de nuevas elecciones alegando que un Canciller Federal recién elegido mediante una moción de censura constructiva requiere una legitimidad mediada por nuevas elecciones, además de su legalidad constitucional, supone confundir fundamentalmente el sentido del artículo 68 de la Ley Fundamental y de la democracia representativa configurada por la Ley Fundamental. Por el contrario, sobre la base de la Constitución, es preciso afirmar que también el Canciller Federal elegido a través del artículo 67 LFB posee plena legitimidad democrática, debido a la constitucionalidad de su elección. En vista de la preservación del Estado constitucional democrático establecido por la Ley Fundamental, sería una empresa irresponsable devaluar o subestimar los procedimientos constitucionales alegando que requieren además otra legitimidad. Según la Ley Fundamental, legalidad constitucional significa también legitimidad democrática»[18].

Sin perjuicio de los matices que cabría hacer a algunas de las afirmaciones del fragmento citado —cuyo carácter tajante podría llevar a conclusiones erróneas en contextos ajenos al que aquí se plantea—, lo importante del *dictum* reside, sencillamente, en la reafirmación de la legitimidad política de la moción de censura como instrumento constitucional.

b) En segundo lugar, el Alto Tribunal advirtió de que un uso de la *cuestión de confianza* en contra de su recto sentido sería abusivo, ya que convertiría en inútiles las limitaciones que el Constituyente quiso poner a la disolución del *Bundestag*:

> «El Canciller Federal que, mediante el artículo 68 de la Ley Fundamental, pretende la disolución del *Bundestag*, solo debe poder iniciar este procedimiento si, con el equilibrio de poder existente en el *Bundestag*, ya no le está políticamente garantizado seguir gobernando»[19].

c) Por último, el máximo órgano de garantías de Alemania confirió a los órganos constitucionales competentes la *libertad de apreciar* la concurrencia o no del supuesto que, previsto por el artículo 68 LFB (la ausencia de sufi-

18. *BVerfGE* 62,1 *(Bundestagsauflösung I)*, pág. 43.
19. *BVerfGE* 62,1 *(Bundestagsauflösung I)*, pág. 44.

ciente apoyo para poder gobernar establemente), legitima la disolución del *Bundestag*. En el fondo, ello pone de manifiesto la dificultad de controlar el respeto a la teleología de la norma frente al abuso del Derecho en contextos politizados, en los que la Constitución depende, de manera singular, de la lealtad de los estadistas:

> «En el artículo 68 de la Ley Fundamental, la propia Ley Fundamental, al conceder a los tres órganos constitucionales supremos libertad de apreciación y de juicio, así como discrecionalidad para adoptar decisiones políticas rectoras, ha reducido las posibilidades de control del Tribunal Constitucional más allá de los ámbitos legislativo y de aplicación de las normas; a este respecto, la Ley Fundamental se basa principalmente en el sistema de control político mutuo y de equilibrio político entre los órganos constitucionales supremos implicados, que se establece en el artículo 68 de la propia Ley Fundamental. Solo cuando las normas constitucionales de conducta política están regladas puede el Tribunal Constitucional Federal contrarrestar su violación»[20].

Las dificultades de apreciar el grado de respeto al espíritu de una institución jurídica cuya aplicación depende de los actores políticos ha sido reiterada por el Tribunal en otras ocasiones, y pone de manifiesto, en definitiva, las limitaciones a las que la jurisdicción constitucional está sujeta para hacer frente a eventuales manipulaciones espurias. Esta doctrina sería reiterada por el Alto Tribunal después de que, el 1 de julio de 2005, el Canciller Schröder forzase la pérdida de otra cuestión de confianza a raíz del debilitamiento político de la coalición de Gobierno del SPD y *Die Grünen*. Ante un nuevo recurso orgánico contra el supuesto uso espurio de la cuestión, el Tribunal declaró, mediante Sentencia de 25 de agosto de 2005, que «por su propia naturaleza, una erosión y retirada de confianza que no se ha mostrado abiertamente no se puede identificar ni exponer sin más en un procedimiento judicial». Ello es debido a que la valoración del órgano encargado de la decisión política «se resiste a los medios procesales ordinarios de prueba sin causar merma en el proceso político»; así pues, «en cuestiones de valoración política, no se puede mermar el proceso político de formación de la voluntad —con sus modos admisibles de conducta y de consideración, caracterizados también por los motivos tácticos y estratégicos— a través del escrutinio de hechos por un tribunal en busca de evidencia plena. De otro modo, se violaría el equilibrio —procurado por la Ley Fundamental— entre el compromiso efectivo del poder público con el Derecho y la posibilidad de libertad efectiva de actuación política»[21].

---

20. *BVerfGE* 62,1 *(Bundestagsauflösung I)*, pág. 51.
21. *BVerfGE* 114,121 *(Bundestagsauflösung III)*, pág. 157.

3. Aunque no se refieren directamente a la moción de censura, sino a la cuestión de confianza, he querido citar estos dos precedentes para poner de manifiesto la imposibilidad que se da, en ocasiones, de ejercer un control jurisdiccional efectivo sobre el respeto al *espíritu y finalidad* de instituciones cuya recta aplicación depende de la discrecionalidad de los actores políticos. La efectividad del Derecho constitucional está subordinado a un amplio compromiso social que se expresa ordinariamente a través de los actores políticos que representan a la mayor parte de la ciudadanía. Allí donde estos actores actúan deslealmente, aferrándose a la literalidad de la Constitución para atentar contra su espíritu y finalidad, el fraude no siempre puede ser controlado jurisdiccionalmente. Ello no quiere decir, sin embargo, que no pueda darse ese fraude, ni que se trate de una cuestión política y no jurídica. Al contrario, la actuación en fraude de la Constitución es, por definición, una actuación antijurídica por inconstitucional, por más que, debido a su naturaleza, no siempre sea susceptible de ser objeto de fiscalización jurisdiccional.

V. CONCLUSIÓN

A lo largo de este trabajo, he procurado exponer, con cierto detenimiento, las características esenciales de la moción de censura al Gobierno en el Derecho constitucional alemán; así como la historia de su parca aplicación en el ámbito federal. Me he centrado, como es lógico, en el rasgo más importante del artículo 67 de la Ley Fundamental, a saber, el carácter constructivo de la institución. De la historia de su empleo pueden extraerse, a mi juicio, tres conclusiones:

1. Orientada a evitar el obstruccionismo parlamentario, es posible afirmar con seguridad, en primer lugar, que ha cumplido su función exitosamente. Tanto en Alemania como en nuestro país, el carácter constructivo de la moción no solo ha reducido a *una* el número de mociones triunfantes, sino que, probablemente, ha tornado implausible la eventualidad misma de muchas mociones.

2. No obstante, el tiempo ha demostrado, igualmente, que la moción constructiva no constituye la panacea de todos los males. Especialmente, resultaría ingenuo creer que esta regla puede paliar la debilidad de un Gobierno que carece de apoyos suficientes para gobernar. Lo que proporciona es un remedio frente al mal mayor que, en términos de parálisis política, supondría el hecho de que una oposición puramente negativa quisiese derrocar al Gobierno, sin ser capaz de sustituirlo.

3. Tampoco se puede ignorar, por último, la existencia de un riesgo de la moción constructiva que, apuntado inicialmente por un pequeño número de juristas muy perspicaces, resulta de gran interés. Autores como Nawiasky o Hans Schneider advirtieron de que la necesidad de la oposición de contar con un candidato alternativo podría conducir a que, en momentos de descontento frente al Gobierno, minorías heterogéneas se coaligasen en torno a un candidato ambicioso y sin programa, dispuesto a subastar lo público entre unos y otros con la única finalidad de llegar al poder.

VI. BIBLIOGRAFÍA

Anschütz, G., y Thoma, R., *Die Verfassung des Deutschen Reichts,* Georg Stilke, 14.ª edición, Berlín, 1933, § 6.

Berthold, L., «Das konstruktive Misstrauensvotum und seine Ürsprunge in der weimarer Staatsrechtslehre», *Der Staat,* 36, 81-94, 1997, págs. 81-94.

Delgado Ramos, D., «Teoría y práctica: Notas críticas a propósito de la experiencia reciente», *Revista General de Derecho Constitucional,* n. 29, 2019, págs. 1-21.

Fraenkel, E., «Verfassungsreform und Sozialdemokratie», *Die Gesellschaft,* Vol. 2, 1932; reimpr. en *Zur Soziologie der Klassenjustiz und Aufsätze zur Verfassungskrise 1931-32,* Wissenschaftliche Buchgesellschaft, Darmstadt, 1968.

Friesenhahn, «Parlament und Regierung im modernen Staat», *Veröffentlichungen der Vereinigung der Deutschen Staatsrechtslehrer,* 16, Walter de Gruyter, Berlín, 1958, págs. 9-73.

Herrfahrdt, H., *Die Kabinettsbildung nach der Weimarer Verfassung unter dem Einfluss der politischen Praxis,* O. Liebman, Berlín, 1927.

Kaufmann. E., *Zur Problematik des Volkswillens.* Berlín y Leipzig: W. de Gruyter, 1931.

Mirkine-Guetzévitch, B., «Le régime parlementaire dans les récentes Constitutions européennes», *Revue internationale de droit comparé,* 1950, 2-4, págs. 605-638.

Nawiasky, H., «Plenarsitzungen des Plenums des Verfassungskonvents auf Herrenchiemsee vom 10. Bis zum 23. August 1948», en: *Der parlamentarische Rat. Akten und Protokolle, Vol. 2: Der Verfassungskonvent auf Herrenchiemsee,* Boldt, Boppart am Rhein.

Schmitt, C., *Verfassungslehre,* Duncker & Humblot, Berlín, 1928.

Schneider, H., «Kabinettsfrage und Gesetzgebungsnotstand nach dem Bonner Grundgesetz», en: *Veröffentlichungen der Vereinigung der Deutschen Staatsrechtslehrer,* núm. 8, Walter de Gruyter, Berlín, 1950, págs. 21-54.

Schneider, H.-P., «El Gobierno como parte del poder ejecutivo en la República Federal de Alemania», en VV.AA., *El Gobierno en la Constitución Española y en los Estatutos de Autonomía,* Diputació de Barcelona, Barcelona, 1985, págs. 349-364.

Simón Yarza, F., «La moción de censura: ¿constructiva u "obstructiva"?», *Revista Española de Derecho Constitucional,* 103, 2015, págs. 87-109.

Simón Yarza, F., «De la investidura convulsa a la moción de espíritu destructivo», *Revista Española de Derecho Constitucional,* 116, 2019, págs. 111-136.

Vírgala Foruria, E., *La moción de censura en la Constitución de 1978,* Centro de Estudios Constitucionales, Madrid, 1988.

Capítulo 6

La moción de censura en las Comunidades Autónomas

ROSA MARÍA VIDAL MONFERRER
Abogado del Estado en excedencia. Socia directora. Broseta Abogados

I. INTRODUCCIÓN

Corresponde en el presente capitulo desarrollar la figura de la moción de censura en las distintas Comunidades Autónomas, esto es su regulación jurídica y peculiaridades de cada una de ellas.

Vamos a desarrollar tanto el derecho positivo que aparece aprobado en cada Comunidad Autónoma y en las ciudades autónomas de Ceuta y Melilla como la aplicabilidad de la figura en los distintos Parlamentos autonómicos centrándonos exclusivamente en aquellas Comunidades Autónomas donde se haya aplicado o donde en su aplicabilidad haya habido alguna cuestión jurídico-política o jurídica que destacar.

A la vista de la normativa que procedo a desarrollar en el apartado siguiente hago constar que se trata de una normativa muy similar en todas las Comunidades Autónomas en las que me centraré con el fin de evitar reiteraciones en las diferencias que afecten a cada una de las mismas en relación con la primera que trato acudiendo al orden alfabético.

Las regulaciones son muy similares centrándose las principales diferencias en el número de parlamentarios que pueden proponerla, en los límites en orden al número de mociones que se pueden plantear y en las peculiaridades en el procedimiento establecido para el desarrollo de las sesiones pero idénticas en la regulación fundamental.

Con carácter general, todas las normativas autonómicas establecen las siguientes normas comunes:

- El Parlamento puede exigir la responsabilidad política del Presidente y/o del Consejo de Gobierno de la Comunidad mediante la adopción por mayoría absoluta de la moción de censura.
- La moción de censura habrá de ser propuesta, por un número mínimo de parlamentarios que difiere en cada caso y habrá de realizarse en escrito motivado dirigido a la Mesa del Parlamento, incluyendo un candidato a la Presidencia del Consejo de Gobierno de la Comunidad que debe haber aceptado el cargo.
- En ningún caso podrá un mismo Diputado firmar varias mociones de censura que den lugar a un mismo debate.
- Si el Parlamento adoptara una moción de censura, el Presidente del Consejo de Gobierno cesará en su puesto y presentará su dimisión ante el Parlamento y el candidato incluido en la moción de censura se entiende investido de la confianza de la Cámara y el Rey, como Jefe del Estado, le nombrará Presidente del Consejo de Gobierno de la Comunidad.
- Si el Parlamento aprueba una moción de censura, no se someterán a votación las restantes que se hubiesen presentado.
- Se prohíbe a los Presidentes de las Comunidades Autónomas a los que les esté permitido en virtud de Estatuto de Autonomía la disolución anticipada del Parlamento que puedan hacerlo cuando esté en trámite una moción de censura.
- Se prohíbe a los Presidentes de las Comunidades Autónomas plantear una cuestión de confianza mientras esté en trámite una moción de censura.

- La moción de censura podrá ser retirada en cualquier momento por sus proponentes. Si durante su tramitación, y siempre antes de que se inicie la sesión para el debate y la votación, se produjera la dimisión del Presidente del Consejo de Gobierno, la moción de censura quedará sin efecto.
- La Mesa del Parlamento tiene por objeto comprobar que la moción de censura presentada reúne los requisitos formales y materiales citados, en cuyo caso la admitirá a trámite, dando cuenta de su presentación al Presidente del Consejo de Gobierno y a los portavoces de los grupos parlamentarios.
- Con carácter general, se establece que dentro de los dos días siguientes a la presentación de la moción de censura inicial pueden presentarse mociones alternativas, que deberán reunir los mismos requisitos formales y materiales anteriormente citados y estarán sometidas a los mismos trámites de admisión previstos para la moción inicial.
- Si se hubiera presentado más de una moción de censura, el Presidente de la Cámara, oída la Junta de Portavoces, podrá acordar el debate conjunto de todas las incluidas en el orden del día, pero habrán de ser sometidas a votación por separado, siguiendo el orden de su presentación.
- La votación se llevará a efecto a la hora fijada por la Presidencia de la Cámara y se realizará de modo público mediante el sistema de llamamiento.

II. NORMATIVA APLICABLE

1. ANDALUCÍA

Esta materia se encuentra regulada en los artículos 126 y 127.2[1] de la Ley Orgánica 2/2007, de 19 de marzo, de reforma del Estatuto de Autonomía para Andalucía que reconoce que el Consejo de Gobierno cesa entre otros motivos por la aprobación de una moción de censura.

1. Artículo 126 dispone: «*1. El Parlamento puede exigir la responsabilidad política del Consejo de Gobierno mediante la adopción por mayoría absoluta de la moción de censura. Ésta habrá de ser propuesta, al menos, por una cuarta parte de los parlamentarios y habrá de incluir un candidato o candidata a la Presidencia de la Junta. La moción de censura no podrá ser votada hasta que transcurran cinco días desde su presentación. Si la moción de censura no fuese*

Y se encuentra desarrollada por el Reglamento del Parlamento de Andalucía (Aprobado por el Pleno del Parlamento el día 28 de septiembre de 2005, publicado en el BOE número 257 de 27 de octubre de 2005, en sus artículos 139 y siguientes, destacándose las siguientes peculiaridades:

- La moción deberá ser propuesta, al menos, por una cuarta parte de los miembros de la Cámara.
- El debate se iniciará por la defensa de la moción de censura que, sin limitación de tiempo, efectúe uno de los Diputados firmantes de la misma. A continuación, y también sin limitación de tiempo, intervendrá el candidato propuesto en la moción para la Presidencia de la Junta, a efectos de exponer el programa político del Gobierno que pretende formar.
- Tras la interrupción decretada por la Presidencia, en todo caso no inferior a veinticuatro horas, podrán intervenir los grupos parlamentarios que lo soliciten, por tiempo de treinta minutos. Todos los intervinientes tienen derecho a un turno de réplica o rectificación de diez minutos.
- La moción o mociones de censura serán sometidas a votación a la hora que previamente haya sido anunciada por la Presidencia, que no podrá ser anterior al transcurso de cinco días desde la presentación de la primera en el Registro General.
- Con el fin de evitar el abuso de la institución, se establece que ninguno de los signatarios de una moción de censura rechazada podrá firmar otra durante el mismo período de sesiones.

2. PAÍS VASCO

La moción de censura se encuentra regulada, entre las distintas modalidades de exigir la responsabilidad del Gobierno por parte del Parlamento en los artículos 47 y siguientes de la Ley 7/1981, de 30 de junio, sobre Ley de Gobierno, del País Vasco. No se encuentra regulada en el Estatuto de Autonomía del País Vasco que se limita a establecer que el Gobierno Vasco

---

aprobada por el Parlamento, sus signatarios no podrán presentar otra durante el mismo período de sesiones. 2. Si el Parlamento adoptara una moción de censura, el Presidente de la Junta presentará su dimisión ante el Parlamento y el candidato incluido en aquélla se entenderá investido de la confianza de la Cámara. El Rey le nombrará Presidente de la Junta».

Y la última referencia está prevista en el artículo 127.2 que dispone que: «*La disolución no podrá tener lugar cuando esté en trámite una moción de censura*».

cesará, entre otros motivos, «...en el caso de pérdida de la confianza parlamentaria ...» (artículo 31.1)[2].

Junto a la ley anterior, la moción de censura se encuentra desarrollada por el Reglamento del Parlamento Vasco aprobado el 30 de junio de 2011, que la desarrolla en los artículos 171 y siguientes, destacándose las siguientes normas:

- La moción de censura deberá ser propuesta, al menos, por la sexta parte de los parlamentarios.
- El debate se iniciará por la defensa de la moción de censura, en un espacio de tiempo no superior a 90 minutos, que efectúe uno de los parlamentarios firmantes de la misma. A continuación, y por igual espacio de tiempo, intervendrá el candidato propuesto en la moción para Lehendakari, a efectos de exponer el programa político del Gobierno que pretenda formar.
- Finalizadas las precedentes intervenciones, la presidencia del Parlamento podrá determinar la interrupción de la sesión hasta el día siguiente. Transcurrido dicho plazo, el Lehendakari censurado reabrirá el debate, pudiendo intervenir por tiempo no superior a 90 minutos. A continuación, podrá intervenir una representante de cada uno de los grupos parlamentarios de la Cámara que lo solicite, por tiempo no superior a 30 minutos. Todos los intervinientes tienen derecho a un turno de réplica de 10 minutos.
- Con el fin de evitar el abuso de la institución, se establece que ninguno de los signatarios de una moción de censura rechazada podrá firmar otra durante los dos periodos de sesiones siguientes.

3. COMUNIDAD VALENCIANA

La moción de censura se encuentra regulada en el artículo 28[3] de la Ley Orgánica 5/1982, de 1 de julio, por la que se aprueba el Estatuto de Autonomía de la Comunidad Valenciana como institución de exigencia de res-

2. Ley Orgánica 3/1979, de 18 de diciembre, por la que se aprueba el de Estatuto de Autonomía para el País Vasco.
3. «...2. *El President es responsable políticamente ante Les Corts. Éstas pueden exigir la responsabilidad del Consell por medio de la adopción por mayoría absoluta de la moción de censura, propuesta como mínimo por la quinta parte de los Diputados y Diputadas y que deberá incluir un candidato a la Presidencia. La moción de censura no podrá ser votada hasta cinco días después de su presentación. Durante los dos primeros días de este plazo podrán presentarse propuestas alternativas.*

ponsabilidad política del Consell ante les Corts, nombre con el que se designa el Parlamento Valenciano.

El desarrollo completo de la moción de censura se encuentra en el Reglamento de Les Corts[4], en los artículos 145 y siguientes, destacándose las siguientes normas:

- La moción de censura deberá ser propuesta, al menos, por la quinta parte de los diputados.
- El debate se iniciará por la defensa de la moción de censura que, por un tiempo máximo de 30 minutos, efectúe uno de los diputados firmantes de la misma. A continuación, y por un tiempo máximo de 90 minutos, podrá intervenir el candidato propuesto, para la Presidencia de La Generalitat, en la moción, a efectos de exponer el programa político del Consell que pretende formar.
- Tras la interrupción decretada por la Presidencia, en cualquier caso, no superior a veinticuatro horas, podrá intervenir un representante de cada uno de los grupos parlamentarios, de mayor a menor, interviniendo en último lugar el representante del grupo parlamentario al que pertenezca el candidato propuesto, por tiempo de treinta minutos. Todos los intervinientes tienen derecho a un turno de réplica o de rectificación de diez minutos.
- La moción o mociones de censura serán sometidas a votación a la hora que, previamente, haya sido anunciada por la Presidencia y que no podrá ser anterior al transcurso de cinco días desde la presentación de la primera moción ante la Mesa.

«...3. Si la moción de censura no es aprobada, los signatarios de ésta no podrán presentar otra durante el mismo período de sesiones. Si es aprobada, el President y el Consell cesarán en sus funciones, y el candidato incluido en aquélla será nombrado President de la Generalitat por el Rey.

4. El President de la Generalitat, con el acuerdo previo del Consell, podrá ordenar mediante Decreto la disolución de Les Corts, excepto cuando se encuentre en tramitación una moción de censura que reúna los requisitos exigidos en el Reglamento de Les Corts».

4. Aprobada por el Pleno el 21 de diciembre de 2009.

4. LA REGIÓN DE MURCIA

En esta Comunidad, la moción de censura se encuentra regulada en el artículo 33.4[5] del Estatuto de Autonomía para la Región de Murcia aprobado por Ley Orgánica 4/1982, de 9 de junio.

Se complemente por el artículo 45 de la Ley 6/2004, de 28 de diciembre, del Estatuto del Presidente y del Consejo de Gobierno de la Región de Murcia, que dispone literalmente: *«La responsabilidad política del Presidente y del Consejo de Gobierno será exigible por medio de la cuestión de confianza y de la moción de censura, que se regulan en el Estatuto de Autonomía, y que serán tramitadas y decididas de acuerdo con el procedimiento establecido en el Reglamento de la Asamblea Regional»*.

El desarrollo completo de la moción de censura se encuentra en el Reglamento de la Asamblea Regional de Murcia[6], que la desarrolla en los artículos 165 y siguientes, destacándose las siguientes normas:

- La moción de censura deberá ser propuesta, al menos, por la quinta parte de los diputados.
- El debate se iniciará con la defensa de la moción de censura por uno de los firmantes, durante un tiempo de treinta minutos. Seguidamente y también durante treinta minutos, podrá hacer uso de la palabra el presidente del Consejo de Gobierno. Después, por un tiempo máximo de diez minutos cada uno, podrán intervenir los representantes de los grupos parlamentarios. Excepcionalmente, la Presidencia podrá conceder un turno último de cinco minutos a cada uno de los oradores. A continuación, el candidato propuesto en la moción de censura expondrá su programa sin límite de tiempo. Terminada la exposición del programa, la Presidencia suspenderá la sesión hasta el día siguiente a la hora que se determine.

---

5. *«4. La Asamblea puede exigir la responsabilidad política del Consejo de Gobierno y de su Presidente, mediante la adopción, por mayoría absoluta de sus miembros, de una moción de censura. La moción de censura deberá ser propuesta por el quince por ciento, al menos, de los Diputados regionales, habrá de incluir un candidato a la Presidencia del Consejo de Gobierno y no podrá ser votada hasta que transcurran cinco días desde su presentación, pudiendo, en los dos primeros días de dicho plazo, presentarse mociones alternativas. Si la moción de censura no fuese aprobada, ninguno de los signatarios podrá presentar otra en el plazo de un año desde aquella, dentro de la misma legislatura. 5. El Presidente del Consejo de Gobierno no podrá plantear la cuestión de confianza mientras esté en trámite una moción de censura. 6. El Consejo de Gobierno cesante continuará en funciones hasta la toma de posesión del nuevo Consejo»*.
6. Aprobado por el Pleno el 14 de mayo de 2019.

- Reanudada la sesión intervendrán los representantes de los grupos parlamentarios por un tiempo de treinta minutos cada uno. El candidato dispondrá seguidamente de un turno de réplica de quince minutos y, finalmente, los representantes de los grupos parlamentarios tendrán un turno final de diez minutos cada uno.
- La votación de la moción de censura no podrá producirse hasta transcurridos cinco días desde su presentación.
- Si una moción de censura no fuere aprobada, ninguno de sus firmantes podrá presentar otra en el plazo de un año a contar desde la votación de aquella, dentro de la misma legislatura.

5. COMUNIDAD DE MADRID

La moción de censura se encuentra recogida en el artículo 20[7] de la Ley Orgánica 3/1983, de 25 de febrero, de Estatuto de la Comunidad de Madrid.

El desarrollo completo de la moción de censura se encuentra en el Reglamento de la Asamblea de Madrid[8], que la desarrolla en los artículos 187 y siguientes, destacándose las siguientes normas:

- La moción de censura habrá de ser propuesta, al menos, por el quince por ciento de los Diputados.
- Transcurrido el plazo de los dos días iniciales, la Presidencia de la Asamblea convocará el Pleno para debate y votación de la moción de censura, que no podrán tener lugar antes del transcurso de cinco días ni después de veinte días desde la presentación de la primera moción.
- El debate de la moción de censura se iniciará con la defensa que, por un tiempo máximo de veinte minutos, efectúe uno de los Diputados firmantes de la misma. A continuación, y también sin limitación de tiempo, podrá intervenir el candidato propuesto para

7. El artículo 20 dispone: «*1. La Asamblea puede exigir la responsabilidad política del Presidente o del Gobierno mediante la adopción por mayoría absoluta de la moción de censura. Ésta habrá de ser propuesta, al menos, por un 15 por 100 de los Diputados y habrá de incluir un candidato a la Presidencia de la Comunidad de Madrid. 2. La moción de censura no podrá ser votada hasta que concurran cinco días desde su presentación. Si la moción de censura no fuese aprobada por la Asamblea, sus signatarios no podrán presentar otra durante el mismo período de sesiones. 3. Si la Asamblea adoptara una moción de censura, el Presidente junto con su Gobierno cesará, y el candidato incluido en aquella se entenderá investido de la confianza de la Cámara. El Rey le nombrará Presidente de la Comunidad de Madrid*».
8. Aprobado por Acuerdo del Pleno de la Asamblea de 7 de febrero de 2019.

exponer el programa político del Consejo de Gobierno que pretende formar.

- Tras el tiempo de suspensión decretado por la Presidencia, podrá intervenir un representante de cada Grupo Parlamentario que lo solicite, por treinta minutos.
- El candidato propuesto podrá contestar individualmente o de forma global, sin limitación de tiempo. Los representantes de los Grupos Parlamentarios tendrán derecho a réplica por quince minutos cada uno. La intervención final del candidato propuesto, sin limitación de tiempo, cerrará el debate.
- Finalizado el debate, la Presidencia de la Cámara suspenderá la sesión por tiempo no superior a veinticuatro horas y anunciará la hora en que habrá de reanudarse para proceder a la votación de la moción de censura.
- Con el fin de evitar el abuso de la institución, se establece que ninguno de los firmantes de una moción de censura rechazada podrá presentar otra durante el mismo período de sesiones ordinarias.

6. LA RIOJA

La moción de censura se encuentra recogida en el artículo 24.7[9] de la Ley Orgánica 3/1982, de 9 de junio, de Estatuto de Autonomía de la Rioja en el marco de la responsabilidad política del Gobierno ante el Parlamento de la Rioja.

El desarrollo completo de la moción de censura se encuentra en el Reglamento del Parlamento de La Rioja[10], que la desarrolla en los artículos 126 y siguientes, destacándose las siguientes normas:

- La moción deberá ser propuesta, al menos, por el quince por ciento de los Diputados.

9. El artículo 24, apartado Siete dispone literalmente que: «*Siete. El Parlamento puede exigir la responsabilidad política del Gobierno y de su Presidente mediante la adopción, por mayoría absoluta de sus miembros, de una moción de censura. La moción de censura deberá ser propuesta, al menos, por el 15 por 100 de los Diputados; habrá de incluir un candidato a la Presidencia de la Comunidad Autónoma; no podrá ser votada hasta que transcurran cinco días desde su presentación, pudiendo, en este plazo, presentarse mociones alternativas, y, si no fuere aprobada por el Parlamento, ninguno de los signatarios podrá presentar otra en el plazo de seis meses*».
10. Aprobado en fecha 18 de abril de 2001.

- Una vez admitida, el Presidente convocará el Pleno para debate y votación de la moción de censura, que no podrán tener lugar antes del transcurso de cinco días ni después de veinte días desde la presentación de la primera.
- El debate se iniciará por la defensa de la moción de censura que, sin limitación de tiempo, efectúe uno de los Diputados firmantes de la misma. A continuación, y también sin limitación de tiempo, podrá intervenir el candidato propuesto en la moción para la Presidencia de la Comunidad Autónoma, a efectos de exponer el programa político del Gobierno que pretende formar.
- Tras la interrupción decretada por la Presidencia, que no podrá ser inferior a veinticuatro horas, podrá intervenir un representante de cada uno de los Grupos Parlamentarios del Parlamento que lo soliciten, por tiempo de treinta minutos. Todos los intervinientes tienen derecho a un turno de réplica o rectificación de diez minutos.
- Con el fin de evitar el abuso de la institución, se establece que ninguno de los firmantes de una moción de censura rechazada podrá firmar otra mientras no transcurra el plazo de seis meses desde la resolución de aquélla.

7. CEUTA

La moción de censura está prevista en los artículos 18 y 19[11] del Estatuto de Autonomía de Ceuta aprobado por Ley Orgánica 1/1995, de 13 de marzo, como institución jurídica de control de la Asamblea sobre el Conejo de Gobierno de Ceuta, debiendo cesar el Consejo de Gobierno en caso de aprobación de una moción de censura, entre otras causas de exigencia de responsabilidad política[12].

11. El artículo 19.2 del Estatuto dispone: «*La Asamblea, en una sesión presidida por un Vicepresidente, puede exigir la responsabilidad del Presidente del Consejo de Gobierno, mediante la adopción por mayoría absoluta de una moción de censura, que habrá de incluir un candidato a la Presidencia de la ciudad, de entre los miembros de la Asamblea. La moción deberá ser suscrita, discutida y votada de acuerdo con lo establecido en el artículo 197 de la Ley Orgánica de Régimen Electoral General.*
Si la Asamblea de Ceuta adoptara una moción de censura, el candidato incluido en la moción aprobada se entenderá investido de la confianza de la Asamblea y será nombrado Presidente de la Ciudad. El Presidente no podrá plantear la cuestión de confianza mientras esté en trámite una moción de censura».

12. Artículo 18.2 del Estatuto de Autonomía dispone: «*El Consejo de Gobierno cesará tras la celebración de las elecciones a la Asamblea de Ceuta, la dimisión, incapacidad o fallecimiento de su presidente, la aprobación por la Asamblea de una moción de censura o la negación por la misma de la confianza solicitada*».

Como se puede apreciar se recoge una remisión genérica para su procedimiento de suscripción, discusión y votación a la legislación prevista para las Cortes Generales del Estado español en la Ley Orgánica de Régimen Electoral General. No obstante, se han desarrollado unas líneas generales en el Reglamento de la Asamblea de la Ciudad de Ceuta, publicado el 9 de noviembre de 2015[13], que contienen las siguientes peculiaridades:

- La moción de censura deberá ser propuesta, al menos, por la mayoría absoluta del número legal de miembros de la Asamblea.
- El documento de moción de censura, con la correspondiente diligencia acreditativa del Secretario del Pleno de la Asamblea, se presentará en el Registro General por cualquiera de los firmantes de la moción, quedando el Pleno automáticamente convocado para las doce horas del décimo día hábil siguiente al de su registro. El Secretario del Pleno de la Asamblea deberá remitir notificación indicativa de tal circunstancia a todos los miembros de la misma en el plazo máximo de un día, a contar desde la presentación del documento en el Registro, a los efectos de su asistencia a la sesión, especificando la fecha y hora de la misma.
- La sesión será presidida por el Vicepresidente primero de la Asamblea y en caso de ausencia, enfermedad o impedimento que imposibilite a éste para el ejercicio de su función, por el Vicepresidente segundo.
- El Vicepresidente se limitará a dar lectura a la moción de censura, a conceder la palabra durante un tiempo breve, si estuviesen presentes, al candidato a la Presidencia, al Presidente y a los Portavoces de los Grupos Políticos y a someter a votación la moción de censura.

8. MELILLA

De forma idéntica a la ciudad de Ceuta, la moción de censura está prevista en los artículos 18 y 19[14] del Estatuto de Autonomía de Melilla apro-

---

13. Artículos 87 y siguientes del Reglamento de la Asamblea General de Ceuta.
14. El artículo 19.2 del Estatuto dispone: «*La Asamblea, en una sesión presidida por un Vicepresidente de la Asamblea, puede exigir la responsabilidad del Presidente del Consejo de Gobierno mediante la adopción por mayoría absoluta de una moción de censura, que habrá de incluir un candidato a la Presidencia de la Ciudad, de entre los miembros de la Asamblea.*
La moción de censura deberá ser suscrita, discutida y votada de acuerdo con lo establecido en el artículo 197 de la Ley Orgánica de Régimen Electoral General. Si la Asamblea adoptara una moción de censura, el candidato incluido en la moción aprobada se entenderá investido de la confianza de la Asamblea y será nombrado Presidente de la Ciudad. El Presidente no podrá plantear la cuestión de confianza mientras esté en trámite una moción de censura».

bado por Ley Orgánica 2/1995, de 13 de marzo, como institución jurídica de control de la Asamblea sobre el Conejo de Gobierno de Ceuta, debiendo cesar el Consejo de Gobierno en caso de aprobación de una moción de censura, entre otras causas de exigencia de responsabilidad política[15].

Como se puede apreciar se recoge una remisión genérica para su procedimiento de suscripción, discusión y votación a la legislación prevista para las Cortes Generales del Estado español en la Ley Orgánica de Régimen Electoral General. No obstante, se han desarrollado unas líneas generales en el Reglamento de la Asamblea de la Ciudad de Melilla aprobado el 17 de abril de 2018[16], que contienen las siguientes peculiaridades:

- La moción de censura deberá ser propuesta al menos por la mayoría absoluta del número legal de miembros de la Asamblea.
- En el caso de que alguno de los proponentes de la moción de censura formara o haya formado parte del Grupo de la Asamblea al que pertenece el Presidente cuya censura se propone, la mayoría exigida en el párrafo anterior se verá incrementada en el mismo número de Diputados que se encuentren en tales circunstancias. Este mismo supuesto será de aplicación cuando alguno de los Diputados proponentes de la moción haya dejado de pertenecer, por cualquier causa, al grupo político de la Asamblea al que se adscribió al inicio de su mandato.
- El escrito en el que se proponga la moción de censura deberá incluir las firmas debidamente autenticadas por Notario o por el Secretario de la Asamblea y deberá presentarse ante éste por cualquiera de sus firmantes. El Secretario de la Asamblea comprobará que la moción de censura reúne los requisitos anteriores y extenderá en el mismo acto la correspondiente diligencia acreditativa.
- El documento así diligenciado se presentará en el Registro General de la Ciudad por cualquiera de los firmantes de la moción, quedando el Pleno automáticamente convocado para las doce horas del décimo día hábil contado a partir del siguiente a aquél al de su entrada en el Registro General de la Ciudad.

15. Artículo 18.2 del Estatuto de Autonomía dispone: «*El Consejo de Gobierno cesará tras la celebración de las elecciones a la Asamblea, la dimisión, incapacidad o fallecimiento de su presidente, la aprobación por la Asamblea de una moción de censura o la negación por la misma de la confianza solicitada*».

16. Artículos 88 y siguientes del Reglamento de la Asamblea General de Melilla.

- El Secretario de la Asamblea deberá remitir notificación indicativa de tal circunstancia a todos los miembros de la misma en el plazo máximo de un día a contar desde la presentación del documento en el Registro, a los efectos de su asistencia a la sesión, especificando la fecha y hora de la misma.

- El Pleno de la Asamblea será presidido por un Vicepresidente de la misma, actuando de Secretario el que lo sea de la Asamblea.

- La Presidencia se limitará a dar lectura a la moción de censura, a conceder la palabra durante un tiempo breve, si estuviesen presentes, al candidato a la Presidencia de la Ciudad, al Presidente, y a los Portavoces de los Grupos de la Asamblea y a someter a votación la moción de censura. El candidato incluido en la moción de censura quedará proclamado Presidente de la Ciudad, si ésta prosperase, con el voto favorable de la mayoría absoluta del número de Diputados de la Asamblea que legalmente la componen o, en su caso, con la mayoría derivada de la aplicación del párrafo segundo del apartado 2. Tomará inmediata posesión de la Presidencia de la Ciudad, comunicándose el acuerdo conforme al artículo 6.3 para la expedición del Real Decreto del nombramiento previsto en el artículo 6.4 del Reglamento y el artículo 15 del Estatuto.

- Ningún Diputado de la Asamblea puede firmar durante su mandato más de una moción de censura. A dichos efectos no se tomarán en consideración aquellas mociones que no hubiesen sido tramitadas por no reunir los requisitos antes mencionados.

- La dimisión sobrevenida del Presidente no suspenderá la tramitación y votación de la moción de censura.

- El Presidente, en el ejercicio de sus competencias, está obligado a impedir cualquier acto que perturbe, obstaculice o impida el derecho de los miembros de la Asamblea a asistir a la sesión plenaria en que se vote la moción de censura y a ejercer su derecho al voto en la misma. En especial, no se aplicarán a la moción de censura las causas de abstención y recusación previstas en la legislación de procedimiento administrativo.

9. CASTILLA LA MANCHA

La moción de censura se encuentra recogida en los artículos 21 y 22[17] del Estatuto de Autonomía de Castilla-La Mancha, aprobado mediante Ley Orgánica 9/1982, de 10 de agosto, recogiendo la figura como forma de exigencia de la responsabilidad política de la Junta de Castilla la Mancha.

El desarrollo completo de la moción de censura se encuentra en el Reglamento de las Cortes de Castilla La Mancha[18], en los artículos 172 y siguientes, destacándose las siguientes peculiaridades:

- La moción de censura deberá ser propuesta, al menos por el quince por ciento de los Diputados.
- El debate en el Pleno se iniciará por la defensa de la moción de censura hecha por uno de sus firmantes, sin limitación de tiempo. Terminada dicha defensa, y también sin límite de tiempo, podrá hacer uso de la palabra el Presidente del Consejo de Gobierno en nombre de éste. Seguidamente y por tiempo de treinta minutos podrá intervenir un representante de cada Grupo Parlamentario. Dispondrán de un turno de diez minutos para réplica cada uno de los oradores a que se refiere este apartado. Acto seguido el candidato propuesto en una moción de censura expondrá su programa sin límite de tiempo.
- Seguidamente podrán intervenir los representantes de los Grupos Parlamentarios que lo soliciten, por tiempo de treinta minutos. Los intervinientes tienen derecho a un turno de réplica de diez minutos. La moción de censura no podrá ser votada hasta que transcurran cinco días desde su presentación.

---

17. Artículo 21. «*1. Las Cortes de Castilla-La Mancha pueden exigir la responsabilidad política del Presidente de la Junta de Comunidades mediante la adopción por mayoría absoluta de la moción de censura. 2. La moción de censura deberá ser propuesta al menos por el 15 por 100 de los Diputados y habrá de incluir un candidato a la Presidencia de la Junta de Comunidades. 3. La moción de censura no podrá ser votada hasta que transcurran cinco días desde su presentación. En los dos primeros días de dicho plazo podrán presentarse mociones alternativas. 4. Si la moción de censura no fuere aprobada por las Cortes de Castilla-La Mancha, sus signatarios no podrán presentar otra hasta que hubiere transcurrido un año desde la fecha de votación de la primera.*
5. Si las Cortes de Castilla-La Mancha aceptan una moción de censura, el Consejo de Gobierno presentará su dimisión y el candidato incluido en aquélla se entenderá investido de la confianza parlamentaria a los efectos previstos en el artículo 14 de este Estatuto, y el Rey le nombrará Presidente de la Junta de Comunidades de Castilla-La Mancha.
6. El Reglamento de las Cortes de Castilla-La Mancha regulará el procedimiento de tramitación de la cuestión de confianza y de la moción de censura».
18. Aprobado en fecha de 16 de octubre de 1997.

- Si la moción de censura no fuese aprobada, sus signatarios no podrán presentar otras hasta que hubiese transcurrido un año desde la fecha de la votación de la primera.

10. CATALUÑA

La moción de censura es una institución jurídica regulada en la Ley Orgánica 6/2006, de 19 de julio, de reforma del Estatuto de Autonomía de Cataluña, refiriéndose a ella como una forma de exigencia de la responsabilidad política por parte del Parlament hacia el Presidente de la Generalitat, que en caso de prosperar supone el cese del mismo[19].

Cataluña cuenta con normativa específica que regula las mociones de censura, concretamente, la Ley 13/2008, de 5 de noviembre, de la Presidencia de la Generalidad y del Gobierno (artículos 42 y siguientes) y se complementa con el Reglamento del Parlamento de Catalunya de 22 de diciembre de 2005, que la desarrolla en los artículos 129 y siguientes, destacándose las siguientes peculiaridades:

- La moción de censura debe ser propuesta como mínimo por una quinta parte de los diputados o por dos grupos parlamentarios.
- El debate de una moción de censura debe convocarse para que se sustancie a los cinco días de haberse presentado la moción, a contar desde el día siguiente a dicha presentación. El Presidente del Parlamento convoca el Pleno con la única finalidad de debatir y votar la moción de censura.
- El debate se inicia con la defensa de la moción de censura, que efectúa, durante treinta minutos, uno o una de los diputados firmantes de la moción; después, puede intervenir el Gobierno durante treinta minutos. A continuación, sin límite de tiempo, puede intervenir el candidato o candidata propuesto para la presidencia de la Generalidad, con la finalidad de exponer el programa político del gobierno que pretende formar.

---

19. Artículo 67 del Estatuto de Autonomía bajo el título de Elección, nombramiento, estatuto personal, cese y competencias, dispone: «*(...) 7. El Presidente o Presidenta de la Generalitat cesa por renovación del Parlamento a consecuencia de unas elecciones, por aprobación de una moción de censura o denegación de una cuestión de confianza, por defunción, por dimisión, por incapacidad permanente, física o mental, reconocida por el Parlamento, que lo inhabilite para el ejercicio del cargo, y por condena penal firme que comporte la inhabilitación para el ejercicio de cargos públicos...*».

- Tras la suspensión establecida por la presidencia, que no puede ultrapasar las veinticuatro horas, puede intervenir un representante o una representante de cada uno de los grupos parlamentarios, durante treinta minutos cada uno.
- El candidato propuesto, el Presidente de la Generalidad y los miembros del Gobierno pueden hablar tantas veces como lo soliciten. Si responden individualmente a uno de los representantes de los grupos intervinientes, este tiene derecho a un turno de réplica de un tiempo igual al utilizado por aquellos. Si responden de forma global a los representantes de los grupos, cada uno de estos solo tiene derecho a una réplica, de un tiempo igual al utilizado por aquellos.
- Si la respuesta a una réplica comporta la contrarréplica de algún grupo, éste dispone de un único turno, no superior a los cinco minutos.
- Los grupos parlamentarios pueden dividir sus turnos de intervención.
- La Presidencia debe anunciar previamente la hora de la votación de la moción, que ha de celebrase al cabo de cinco días de haber sido presentada la moción originaria en el Registro General del Parlamento.
- No puede presentarse ninguna moción de censura en el mismo período de sesiones en que ya se ha debatido una. En cualquier caso, los firmantes de una moción de censura que se haya rechazado o retirado no pueden presentar ninguna más durante el siguiente período de sesiones.

11. ARAGÓN

La moción de censura se encuentra recogida en el artículo 50[20] del Estatuto de Autonomía de Aragón aprobado por Ley Orgánica 5/2007, de 20 de abril, recogiendo la figura como forma de exigencia de la responsabilidad política del Presidente de Junta mediante una moción de censura aprobada por mayoría absoluta y planteada por las Cortes de Aragón.

20. «Artículo 50. Moción de censura. *1. Las Cortes de Aragón podrán exigir la responsabilidad política del Presidente y del Gobierno de Aragón, mediante la adopción, por mayoría absoluta, de una moción de censura. 2. La moción de censura deberá ser propuesta, al menos, por un*

Por otro lado, como en los casos anteriores, se menciona la moción de censura en otros preceptos, como causa de cese del presidente y como límite expreso a la disolución de las Cortes[21].

Contiene una breve referencia a la moción de censura el Decreto Legislativo 1/2022, de 6 de abril, del Gobierno de Aragón, por el que se aprueba el Texto Refundido de la Ley del Presidente o Presidenta y del Gobierno de Aragón. A diferencia de lo que sucedía con la análoga Ley catalana, esta únicamente incluye una referencia en el artículo 6 como causa de cese del Presidente del Gobierno de Aragón[22].

El desarrollo completo de la moción de censura se encuentra en el Reglamento de las Cortes de Aragón[23], que la desarrolla en los artículos 221 y siguientes, destacándose las siguientes peculiaridades:

- La moción de censura deberá ser propuesta, al menos, por un quince por ciento de los Diputados.
- El debate se iniciará con la defensa de la moción de censura que, sin limitación de tiempo, efectúe uno de los firmantes de esta. A continuación, y también sin limitación de tiempo, intervendrá el candidato propuesto para exponer el programa político del Gobierno que pretenda formar.
- Tras una interrupción de veinticuatro horas, intervendrá un representante de cada grupo parlamentario o agrupación parlamentaria que lo solicite, durante treinta minutos. El candidato propuesto podrá hacer uso de la palabra cuantas veces lo solicite.

---

quince por ciento de los Diputados y Diputadas, y deberá incluir un candidato a la Presidencia del Gobierno de Aragón. 3. El Reglamento de las Cortes de Aragón regula su procedimiento. 4. Si las Cortes de Aragón aprueban una moción de censura, cesarán el Presidente y, con él, su Gobierno. El candidato a la Presidencia se entenderá investido del cargo y el Presidente de las Cortes lo comunicará al Rey para su nombramiento.5. Si la moción de censura no es aprobada por las Cortes, sus signatarios no podrán suscribir otra hasta transcurrido un año desde la fecha de la votación».

21. «Artículo 51. Cese. *El Presidente cesa por la celebración de elecciones a Cortes de Aragón, por la aprobación de una moción de censura...*».
«Artículo 52. Disolución de las Cortes de Aragón. *(...) 3. Las Cortes de Aragón no podrán ser disueltas cuando esté en trámite una moción de censura...*».
22. «Artículo 6. Cese. *1. El Presidente o Presidenta cesa por las siguientes causas: (...) b) Aprobación de una moción de censura. (...) 4. La Presidenta o Presidente en funciones no podrá ser sometido a una moción de censura y no podrá ejercer las facultades previstas en el artículo 21.2 de esta ley*».
23. Aprobado en fecha 28 de junio de 2017.

- Si la moción de censura no es aprobada por las Cortes, sus signatarios no podrán suscribir otra hasta transcurrido un año desde la fecha de la votación.

12. COMUNIDAD FORAL DE NAVARRA

La moción de censura se encuentra citada en la Ley Orgánica 13/1982, de 10 de agosto, de reintegración y amejoramiento del Régimen Foral de Navarra, en sus artículos 28, 30 y 35[24]. Los dos primeros hacen una sucinta referencia a este elemento normativo como causa de cese y como límite expreso a la disolución del Parlamento y el artículo 35, por su parte, contiene el marco básico de regulación de la moción de censura.

El desarrollo completo de la moción de censura se encuentra en el Reglamento del Parlamento de Navarra[25], que la desarrolla en los artículos 176 y siguientes, destacándose las siguientes peculiaridades:

- La moción de censura deberá ser propuesta, al menos, por una quinta parte del número de miembros del Parlamento.

---

24. «Artículo 28.
Uno. La Diputación Foral cesará tras la celebración de elecciones al Parlamento, cuando éste le niegue su confianza o apruebe una moción de censura, o por dimisión o fallecimiento de su Presidente».
«Artículo 30.
(...) 3. El Presidente de la Comunidad Foral de Navarra, bajo su exclusiva responsabilidad y previa deliberación del Gobierno de Navarra o Diputación Foral, podrá acordar la disolución del Parlamento y convocar nuevas elecciones, con anticipación al término natural de la legislatura. El Presidente no podrá acordar la disolución del Parlamento durante el primer período de sesiones, ni cuando reste menos de un año para la terminación de legislatura, ni cuando se encuentre en tramitación una moción de censura, ni cuando se encuentre convocado un proceso electoral estatal, ni tampoco antes de que transcurra el plazo de un año desde la última disolución por este procedimiento...».
«Artículo 35.
1. El Parlamento de Navarra podrá exigir la responsabilidad política del Gobierno de Navarra mediante la aprobación por mayoría absoluta de una moción de censura.
2. Las mociones de censura, que necesariamente habrán de incluir la propuesta de un candidato o una candidata a la Presidencia de la Comunidad Foral de Navarra, se plantearán y tramitarán en la forma que determine el Reglamento del Parlamento. En todo caso, la moción de censura deberá ser propuesta, al menos, por una quinta parte del número de miembros del Parlamento. Si la moción de censura no fuese aprobada sus signatarios no podrán presentar otra durante el mismo período de sesiones.
3. Si el Parlamento aprueba la moción de censura a la Diputación, su Presidente presentará inmediatamente la dimisión, procediéndose a nombrar Presidente de la Comunidad Foral de Navarra al candidato o a la candidata propuesto en la moción aprobada».
25. Aprobado en fecha de 8 de octubre de 2007.

- La Mesa de la Cámara, una vez admitida a trámite, ordenará su publicación en el Boletín Oficial del Parlamento y convocará al Pleno dentro de los diez días siguientes a la presentación de la moción.
- El debate de una moción de censura se iniciará por la defensa de la moción, sin límite de tiempo, que efectúe uno de los Parlamentarios Forales firmantes de la misma. A continuación, y también sin limitación de tiempo, podrá intervenir el candidato propuesto en la moción para la Presidencia de la Diputación Foral, a efectos de exponer el programa político del Gobierno que pretenda formar.
- Tras el tiempo de interrupción decretado por la Presidencia, se reanudará el debate conforme a las reglas generales.
- La moción de censura será sometida a votación a la hora que previamente haya sido anunciada por la Presidencia y que no podrá ser anterior, en ningún caso, al transcurso de cinco días, desde la presentación de la misma en el Registro General de la Cámara.
- Cuando una moción de censura no fuese aprobada, sus signatarios no podrán presentar otra durante el mismo período de sesiones. A estos efectos, la presentada fuera del período ordinario de sesiones se imputará al siguiente período de sesiones.

Complementa la regulación anterior, aunque de un modo residual la Ley Foral 14/2004, de 3 de diciembre, del Gobierno de Navarra y de su presidenta o presidente. En ella, se hace referencia a aspectos como la prohibición de disolución durante la tramitación de una moción de censura[26], la imposibilidad de que la suplencia o sustitución de la presidenta o presi-

26. «Artículo 22. Disolución del Parlamento de Navarra. *(...)*
2. La Presidenta o Presidente del Gobierno de Navarra no podrá acordar la disolución del Parlamento de Navarra en los siguientes casos: c) Cuando se encuentre en tramitación una moción de censura...».

dente o quien ostente dicho cargo en funciones sea objeto de dicho trámite[27] y como causa de cese de la presidencia[28].

13. CANARIAS

El Estatuto de Autonomía de Canarias, aprobado por Ley Orgánica 1/2018, de 5 de noviembre, de reforma del Estatuto de Autonomía de Canarias, contiene el marco normativo básico relativo a la moción de censura en el artículo 55[29]. Además, establece la moción de censura como límite expreso a la disolución del parlamento[30].

---

27. «Artículo 26. Suplencia de la Presidenta o Presidente. (...).
2. Quien supla interinamente a la Presidenta o Presidente tendrá derecho a los mismos honores y tratamientos que ésta o éste, y ejercerá sus funciones y competencias, salvo las relativas a plantear la cuestión de confianza, a disolver el Parlamento de Navarra y a cesar a las y los miembros del Gobierno de Navarra; no pudiendo ser tampoco objeto de una moción de censura».
«Artículo 28. La Presidenta o Presidente en funciones.
1. En los supuestos de dimisión de la Presidenta o Presidente, pérdida de la cuestión de confianza, aprobación de una moción de censura, o tras la celebración de las elecciones al Parlamento de Navarra, la Presidenta o Presidente cesante continuará en el ejercicio de sus funciones hasta la toma de posesión de la nueva Presidenta o Presidente del Gobierno de Navarra.
2. La Presidenta o Presidente en funciones ejercerá todas las atribuciones propias de la Presidenta o Presidente del Gobierno de Navarra, salvo las relativas al nombramiento y cese de las Consejeras o Consejeros, la creación, modificación y supresión de Departamentos, y el planteamiento de la cuestión de confianza, no pudiendo ser tampoco objeto de una moción de censura».
«Artículo 29. Sustitución de la Presidenta o Presidente. (...)
2. Quien sustituya a la Presidenta o Presidente tendrá derecho a los mismos honores y tratamientos que ésta o éste, y ejercerá sus funciones y competencias, salvo las relativas a plantear la cuestión de confianza, a disolver el Parlamento de Navarra y a cesar a las y los miembros del Gobierno de Navarra, no pudiendo ser tampoco objeto de una moción de censura».
28. «Artículo 27. Cese de la Presidenta o Presidente.
1. La Presidenta o Presidente del Gobierno de Navarra cesa por las siguientes causas: (...) e) Aprobación de una moción de censura…».
29. El artículo 55 dispone literalmente: «*Moción de censura.*
El Parlamento puede exigir la responsabilidad política solidaria del Gobierno mediante la adopción, por mayoría absoluta, de la moción de censura. Toda moción de censura debe incluir el nombre del candidato o candidata a la Presidencia y ser presentada, al menos, por el quince por ciento de los miembros del Parlamento.
Los signatarios de una moción de censura rechazada no podrán presentar otra durante el mismo período de sesiones».
30. «Artículo 56. Disolución anticipada del Parlamento.
1. La persona titular de la Presidencia, previa deliberación del Gobierno, y bajo su exclusiva responsabilidad, podrá disolver el Parlamento. La disolución se acordará por Decreto, en el que se convocarán, a su vez, elecciones, conteniéndose en el mismo cuantos requisitos exija la legislación electoral aplicable.
2. La disolución no podrá decretarse cuando se haya presentado una moción de censura, ni durante el primer año de legislatura».

Esta materia se encuentra citada también en la normativa canaria, en particular en la Ley 4/2023, de 23 de marzo, de la Presidencia y del Gobierno de Canarias. La regulación en esta norma es muy parca e incluye una referencia mínima en el artículo 63, disponiendo literalmente:

> «*Artículo 63. Exigencia de responsabilidad política.*
>
> *La responsabilidad política del Gobierno es exigible por medio de la moción de censura y de la cuestión de confianza, con los requisitos y procedimiento establecidos en el Estatuto de Autonomía y en el Reglamento del Parlamento de Canarias*».

El desarrollo completo de la moción de censura se encuentra en el Reglamento del Parlamento de Canarias[31] que la desarrolla en los artículos 167 y siguientes, destacándose las siguientes peculiaridades:

- La moción de censura prevista deberá ser propuesta por el quince por ciento de la Cámara.
- El debate se iniciará con la defensa de la moción de censura que, sin limitación de tiempo, efectúe una de las personas miembros de la Cámara firmantes de la misma. A continuación, podrá intervenir el Gobierno si lo solicita. Concluida la intervención del Gobierno, podrá intervenir cada uno de los grupos parlamentarios por tiempo de treinta minutos. Quienes intervengan tienen derecho de réplica de diez minutos. Concluidas estas intervenciones, la candidata o el candidato propuesto en la moción para la Presidencia del Gobierno expondrá su programa político de gobierno, sin limitación de tiempo.
- Tras la interrupción decretada por la Presidencia, se desarrollará un debate conforme a las reglas generales.
- La moción o mociones de censura serán sometidas a votación a la hora que previamente haya sido anunciada por la Presidencia y que no podrá ser anterior al transcurso de cinco días desde la presentación de la primera en el Registro General.
- Ninguna de las personas signatarias de una moción de censura rechazada podrá firmar otra durante el mismo período de sesiones. A estos efectos, la presentada en período inhábil se imputará al siguiente período de sesiones.

31. Aprobado en sesión plenaria de 17 de abril de 1991.

14. ISLAS BALEARES

La moción de censura es una institución jurídica regulada en los artículos 55, 56, 57 y 65 de la Ley Orgánica 1/2007, de 28 de febrero, de reforma del Estatuto de Autonomía de las Illes Balears, refiriéndose a ella como una forma de exigencia de la responsabilidad política del Presidente del Gobierno ante el Parlamento[32], que en caso de prosperar supone el cese del mismo[33].

Les Illes Balears cuentan con normativa específica que regula las mociones de censura, concretamente, la Ley 1/2019, de 31 de enero, del Gobierno de las Illes Balears y se complementa con el Reglamento del Parlamento de las Illes Balears de 19 de marzo de 2019, que desarrolla los artículos 161 y siguientes, destacándose las siguientes normas:

- El Parlamento podrá exigir la responsabilidad política del Gobierno de las Illes Balears, mediante la adopción, por mayoría absoluta, de la moción de censura, propuesta como mínimo por un quince por ciento de los diputados.
- El debate se iniciará con la defensa de la moción de censura que, sin limitación de tiempo, efectúe uno de los diputados firmantes de la misma. A continuación, y también sin limitación de tiempo, podrá intervenir la persona candidata propuesta en la moción para

32. El artículo 55 establece como límite, entre otras causas que el Parlamento de les Illes Balears no podrá disolverse cuando esté en trámite una moción de censura.
El artículo 56 del Estatuto dispone:
«Artículo 56. Funciones del Presidente o de la Presidenta. (...)
4. El Presidente será políticamente responsable ante el Parlamento, que podrá exigir la responsabilidad del Gobierno de las Illes Balears mediante la adopción, por mayoría absoluta, de la moción de censura. Esta deberá ser propuesta, como mínimo, por un quince por ciento de los Diputados y deberá incluir un candidato a la Presidencia.
5. Si la moción de censura no se aprueba, los que la hayan firmado no podrán presentar otra durante el mismo periodo de sesiones. Si se aprueba, el Presidente y su gobierno cesarán en sus funciones, y el candidato que se haya incluido en ella será nombrado Presidente por el Rey...».
«Artículo 65. El Pleno. (...)
5. El Pleno ejercerá el control y la fiscalización de la acción del Presidente y del Consejo Ejecutivo, mediante la moción de censura al Presidente, la votación sobre la cuestión de confianza que éste plantee y los debates, las preguntas, las interpelaciones y las mociones sobre su actuación y otras que se establezcan».

33. «Artículo 57. El Gobierno y su sede. (...)
8. El Gobierno cesa:
c) *Por pérdida de la confianza del Parlamento o por la adopción de una moción de censura.*
El gobierno cesante continuará en funciones hasta la toma de posesión del nuevo gobierno».

la Presidencia del Gobierno, a efectos de exponer el programa político del gobierno que pretende formar.

- Tras la interrupción decretada por la Presidencia, que no podrá ser inferior a veinticuatro horas, podrá intervenir un diputado o una diputada de cada uno de los grupos parlamentarios de la cámara que lo solicite, por un tiempo de treinta minutos. Todas las personas intervinientes tienen derecho a un turno de réplica o de rectificación de diez minutos.
- Si la moción de censura no fuese aprobada, las personas que la hayan firmado no podrán presentar otra durante el mismo período de sesiones.

15. GALICIA

La moción de censura es una institución jurídica regulada parcamente en los artículos 10, 15.4 y 17 del Estatuto de Autonomía gallego aprobado por Ley Orgánica 1/1981, de 6 de abril[34]; complementada por la Ley 1/1983, de 22 de febrero, reguladora de la Junta y su Presidente en los artículos 45 y siguientes y desarrollado su procedimiento en los artículos 137 y siguientes del Reglamento del Parlamento de Galicia[35], destacándose las siguientes peculiaridades:

- La moción de censura deberá estar firmada al menos por una quinta parte de los miembros del Parlamento.
- El debate se iniciará por la defensa de la moción de censura que, sin limitación de tiempo, efectúe uno de los diputados firmantes de la misma.
- Tras la interrupción decretada por la Presidencia, podrán intervenir los grupos parlamentarios de la Cámara que lo solicitaren, por

34. Artículo 10. «*1. Son funciones del Parlamento de Galicia las siguientes: ...Exigir, en su caso, responsabilidad política a la Junta y a su Presidente*».
Artículo 15.4. «*El Presidente de la Junta será políticamente responsable ante el Parlamento. Una Ley de Galicia determinará el alcance de tal responsabilidad, así como el Estatuto personal y atribuciones del Presidente*».
Artículo 17. «*1. La Junta de Galicia responde políticamente ante el Parlamento de forma solidaria, sin perjuicio de la responsabilidad directa de cada uno de sus componentes por su gestión.*
2. La Junta cesa tras la celebración de elecciones al Parlamento gallego en los casos de pérdida de la confianza parlamentaria, dimisión y fallecimiento de su Presidente.
3. La Junta cesante continuará en funciones hasta la toma de posesión de la nueva Junta».

35. Aprobado en fecha 1 de septiembre de 1983.

tiempo de treinta minutos. Todos los intervinientes tienen derecho a un turno de réplica o rectificación de diez minutos.

- La moción o mociones de censura serán sometidas a votación a la hora que previamente haya sido anunciada por la Presidencia y que no podrá ser anterior al transcurso de cinco días desde la presentación de la primera en el Registro General.

- Ninguno de los firmantes de una moción de censura que hubiese sido rechazada podrá firmar otra durante el mismo período de sesiones. A este efecto, la moción presentada entre un período de sesiones y otro será imputada al período siguiente.

16. ASTURIAS

La moción de censura es una institución jurídica regulada en el artículo 35[36] del Estatuto de autonomía de Asturias, aprobado por Ley Orgánica 7/1981, de 30 de diciembre, y complementada por la Ley 7/1984, de 13 de julio, de las relaciones entre el Consejo de Gobierno y la Junta General del Principado de Asturias. Se recoge en los artículos 7 y siguientes y se complementa su procedimiento en los artículos 189 y siguientes del Reglamento de la Junta General del Principado de Asturias, de 13 abril de 2023, destacándose las siguientes peculiaridades:

- La moción de censura deberá ser propuesta, al menos, por un 15 por 100 de los miembros de la Junta General.

---

36. Artículo 35. «...*Dos. La Junta General puede exigir la responsabilidad política del Consejo de Gobierno mediante la adopción por mayoría absoluta de la moción de censura. Esta habrá de ser propuesta al menos por un quince por ciento de los miembros de la Junta y habrá de incluir un candidato a Presidente del Principado de Asturias. La moción de censura no podrá ser votada hasta que transcurran cinco días desde su presentación. En los dos primeros días de dicho plazo podrán presentarse mociones alternativas. Si la moción de censura no fuese aprobada por la Junta General, sus signatarios no podrán presentar otras mientras no transcurra un año desde aquélla dentro de la misma legislatura.*
Tres. Si la Junta General negara su confianza, el Presidente del Principado presentará su dimisión ante la misma, cuyo Presidente convocará en el plazo máximo de quince días la sesión plenaria para la elección de nuevo Presidente del Principado de acuerdo con el procedimiento del artículo treinta y dos coma uno sin que en ningún caso suponga la disolución de la Junta General.
Cuatro. Si la Junta General adoptara una moción de censura, el Presidente del Principado presentará su dimisión ante la misma y el candidato incluido en aquélla se entenderá investido de la confianza de la Junta. El Rey le nombrará Presidente del Principado.
Cinco. El Presidente del Principado no podrá plantear la cuestión de confianza mientras esté en trámite una moción de censura».

- El debate se iniciará por la defensa de la moción de censura que, sin limitación de tiempo, efectúe uno de los Diputados firmantes de la misma. A continuación, y también sin límite de tiempo, intervendrá el candidato a Presidente del Principado de Asturias propuesto en la moción, a efectos de exponer el programa político del Consejo de Gobierno que pretenda formar.
- El Presidente de la Junta General podrá suspender la sesión, por un máximo de veinticuatro horas, y, a continuación, podrán intervenir los Grupos Parlamentarios que lo soliciten, por tiempo de cuarenta y cinco minutos. Todos los intervinientes tendrán derecho a un turno de réplica de diez minutos.
- La votación se realizará transcurridos, al menos, cinco días desde la presentación de la moción de censura originaria.
- Si la moción de censura no fuese aprobada por la Junta General, sus signatarios no podrán presentar otras, dentro de la misma legislatura, mientras no transcurra un año desde la votación de aquélla.

17. CANTABRIA

La moción de censura es una institución jurídica regulada en los artículos 19, 22 y 23 del Estatuto de Autonomía de Cantabria, aprobado por Ley Orgánica 8/1981, de 30 de diciembre, y complementada por la Ley 5/2018, de 22 de noviembre, de Régimen Jurídico del Gobierno, de la Administración y del Sector Público Institucional de la Comunidad Autónoma de Cantabria. Se recoge en los artículos 7 y siguientes y se complementa su procedimiento en los artículos 153 y siguientes del Reglamento del Parlamento de Cantabria[37], destacándose las siguientes peculiaridades:

- La moción deberá ser propuesta, al menos, por el quince por ciento de los miembros de la Cámara.
- El debate se iniciará por la defensa de la moción de censura que, sin limitación de tiempo, efectúe uno de los Diputados firmantes de la misma. A continuación, y también sin limitación de tiempo, podrá intervenir el candidato o candidata propuesto en la moción para la Presidencia de la Comunidad Autónoma, a efectos de exponer el programa político del Gobierno que pretendiere formar.

37. Aprobado por el Pleno del Parlamento de Cantabria en sesión celebrada el 26 de marzo de 2007 Reformado por el Pleno del Parlamento de Cantabria en sesión celebrada el 11 de junio de 2012.

- Tras la interrupción decretada por el Presidente del Parlamento, en todo caso no inferior a dieciocho horas, podrá intervenir un representante de cada uno de los Grupos Parlamentarios que lo soliciten, por tiempo de treinta minutos. Todos los intervinientes tienen derecho a un turno de réplica o rectificación de diez minutos.
- La moción de censura será sometida a votación, que no podrá ser anterior al transcurso de cinco días desde la presentación de la primera en el Registro General.
- Ninguno de los signatarios de una moción de censura rechazada podrá firmar otra mientras no transcurra un año desde la fecha de la votación de aquélla, dentro de la misma legislatura.

18. CASTILLA Y LEÓN

La moción de censura es una institución jurídica regulada en los artículos 26, 36 y 37 del Estatuto de Autonomía de Cantabria, aprobado por Ley Orgánica 14/2007, de 30 de noviembre, y complementada por los artículos 138 y siguientes del Reglamento de las Cortes de Castilla y León[38], destacándose las siguientes peculiaridades:

- La moción deberá ser propuesta, al menos, por el quince por ciento de los Procuradores.
- El debate se iniciará por la defensa de la moción de censura que, sin limitación de tiempo, efectúe uno de los Procuradores firmantes de la misma. Seguidamente y asimismo sin limitación de tiempo, podrá intervenir el candidato propuesto en la moción para la Presidencia de la Junta, a efectos de exponer el programa político del gobierno que pretende formar.
- Tras la interrupción decretada por la Presidencia, en todo caso no superior a veinticuatro horas, podrán intervenir los Grupos Parlamentarios que lo soliciten por tiempo de treinta minutos. Todos los intervinientes tienen derecho a un turno de réplica o rectificación de diez minutos.
- La moción o mociones de censura serán sometidas a votación que no podrá ser anterior al transcurso de cinco días desde la presentación de la primera en el Registro General.

---

38. Aprobado por el Pleno de las Cortes de Castilla y León de 24 de febrero de 1990 reformado por las Modificaciones de 14 de febrero de 1997, de 11 de mayo de 2005, de 27 de febrero de 2014 y de 25 de noviembre de 2015.

- Ninguno de los firmantes de una moción de censura podrá presentar otra mientras no transcurra un año desde la presentación de aquélla, dentro de la misma legislatura.

19. EXTREMADURA

La moción de censura es una institución jurídica regulada en los artículos 32 y 34 del Estatuto de Autonomía de Extremadura, aprobado por Ley Orgánica 1/1983, de 25 de febrero, como institución de exigencia de responsabilidad política de la Asamblea al Presidente de la Junta de Extremadura.

Se encuentra desarrollada en los artículos 41 y siguientes de la Ley 1/2002, de 28 de febrero, del Gobierno y de la Administración de la Comunidad Autónoma de Extremadura y por los artículos 141 y siguientes del Reglamento de la Asamblea de Extremadura, aprobada por el Pleno de la Cámara en sesión celebrada el día 19 de marzo de 2015, que recogen las siguientes peculiaridades:

- La moción deberá ser propuesta, al menos, por el quince por ciento de los diputados.
- El debate se iniciará por la defensa de la moción de censura que, por quince minutos, efectúe uno de los diputados firmantes de la misma. Después sin límite de tiempo interviene el candidato propuesto en la moción de censura. A continuación, sin límite de tiempo interviene la presidencia del Gobierno de Extremadura objeto de la moción de censura. Acto seguido interviene por diez minutos el candidato propuesto en la moción de censura que es contestado por la presidencia objeto de la moción de censura por el mismo tiempo.
- Acto seguido se produce la intervención de los grupos Parlamentarios, por treinta minutos de mayor a menor, cerrando el grupo que sostiene a la presidencia censurado. Después de cada turno, interviene por treinta minutos el candidato propuesto en la moción de censura y el censurado, por este orden, salvo que alguno de ellos prefiera hacer una contestación global a uno o varios grupos parlamentarios. A continuación, se abre un nuevo turno para los grupos, por el mismo orden, que podrán ser contestados por el candidato propuesto en la moción de censura y la presidencia censurado por el mismo tiempo salvo que alguno de ellos prefiera hacer una contestación global a uno o varios grupos parlamentarios. No pueden intervenir en este debate los consejeros de la Junta de Extre-

madura. La interrupción de la presidencia de la Cámara será por 12 horas, como mínimo.

- La moción o mociones de censura serán sometidas a votación, que no podrá ser anterior al transcurso de cinco días desde la presentación de la primera en el Registro General.
- Ninguno de los signatarios de una moción de censura rechazada podrá firmar otra dentro de la misma legislatura, mientras no transcurra un año desde aquélla.

III. UNA APROXIMACIÓN A LAS MOCIONES DE CENSURA ACAECIDAS

Desde la vigencia del Estado autonómico y la constitución de las distintas Comunidades Autónomas no en todas han tenido lugar mociones de censura y menos que hayan prosperado. Pocas han sido las Comunidades Autónomas donde ha prosperado alguna moción de censura habiendo sido más activos en su planteamiento los Parlamentos autonómicos de Madrid, Galicia y Cataluña, contando Madrid con dos intentos, Galicia con cuatro y Cataluña con tres.

En Madrid, han tenido lugar dos mociones de censura. La primera en el año 1989 planteándola los Grupos Parlamentarios Popular, Centro Democrático y Social y el grupo Mixto para cesar a don Joaquín Leguina (PSOE), si bien fue rechazada continuando el presidente de la Comunidad de Madrid en su posición.

La segunda moción se presentó en el año 2017 por el Grupo Parlamentario Podemos para sustituir a D.ª Cristina Cifuentes en su cargo, si bien tampoco prosperó.

En Galicia, han tenido lugar tres mociones de censura, habiendo prosperado la primera de ellas y habiendo sido rechazadas las otras dos. La primera fue planteada por el grupo parlamentario socialista en el año 1987 frente al presidente de Alianza Popular, obteniéndose una mayoría absoluta de la que resultó presidente don Fernando Ignacio González Laxe cesando al presidente de Alianza Popular. Fue la primera moción de censura autonómica que prosperó y generó un cambio de gobierno.

Tras ello, se plantearon en los años 2001 y 2002 dos mociones de censura contra el presidente de la Xunta don Manuel Fraga, fracasando ambas. La presentación de la segunda moción de censura nada tuvo que ver con la verdadera motivación de las mociones de censura ligándose a la crisis generada por el petrolero Prestige.

En Cataluña se han presentado tres mociones sin que ninguna de ellas triunfara. La primera la presenta el PSC proponiendo como candidato a don Pasqual Maragall para destituir a don Jordi Puyol.

La segunda se presentó en 2005 con el objetivo de destituir a don Pasqual Maragall presentando como candidato a don Josep Piqué (PP), y el debato no logró romper el pacto de silencio entre PSC y CiU sobre los posibles casos de corrupción, lo que provocó que Piqué impidiera la votación, retirando la moción, y reservándose la posibilidad de realizar una nueva en el futuro expresando lo siguiente: «*La voluntad de trasparencia expresada en el debate no es suficiente*». Se trata de un caso en el que no llegó a votarse la moción porque se retiró la misma por el candidato. en el año 2005 en el Parlamento de Cataluña En realidad esta moción de censura estuvo ligada a la gestión de una situación concreta, la crisis generada por el hundimiento en el barrio del Carmel.

La tercera es más reciente habiéndose presentado en el año 2019 siendo presidente de la Generalitat de Cataluña, don Joaquim Torrà, por el grupo parlamentario Ciudadanos, concluyendo con un fracaso en la votación al no lograr la mayoría absoluta necesaria.

En algunos otros parlamentos también han tenido lugar mociones de censura de los cuales vamos a destacar algunas de ellas.

En Castilla y León, en el año 2021 se presentó una moción de censura por parte del grupo parlamentario socialista resultando fallida la votación si bien con un resultado bastante ajustado (de un total de 81 votos, 37 fueron a favor, 41 en contra y 3 abstenciones) manteniéndose don Alfonso Fernández Mañueco en la presidencia.

En la Rioja, se presentó una moción de censura en el año 1990 por siete diputados regionales integrados en el grupo parlamentario socialista, incluyendo como candidato a don José Ignacio Pérez Sáenz quien intervino durante una hora para dar lectura a los 31 folios de su discurso divididos en dos partes, una en la que explicó los motivos de la moción y la segunda con el programa para el resto de legislatura. El resultado fue su aprobación por mayoría absoluta. Es otro de los pocos casos en los que la moción de censura ha salido adelante.

En el Parlamento valenciano en el año 2006 se presentó una moción de censura vinculada al accidente de metro que ocasionó la muerte a más de 40 personas, si bien la misma fracasó.

Uno de los motivos que ha dado lugar a mociones de censura han sido las rupturas en el partido gobernante, como son los que se presentaron contra el Presidente de Cantabria en 1990 y frente al Presidente de la Junta del Principado de Asturias en 1999.

La de Asturias fue promovida por el partido al que pertenecía cuando recibió su apoyo al ser elegido presidente y del que se había separado. El candidato propuesto no consiguió la mayoría necesaria para que fuera aprobada.

En Cantabria en cambió salió adelante, se produjo contra el presidente don Juan Hormaechea de Alianza Popular en diciembre de 1990 presentándose como candidato don Jaime Blanco del PSOE y resultando avalada por la moción de censura fue avalada por Partido Popular, PSC-PSOE, Partido Regionalista de Cantabria y CDS.

También triunfaron las mociones de censura presentadas en Canarias siendo investido presidente don Manuel Hermoso al prosperar una ajustada mayoría (31 votos a favor, 23 en contra del PSOE y 6 abstenciones del PP) y en Aragón siendo investido presidente don Emilio Eiroa del Partido Aragonés.

Solo me resta concluir señalando que si se leen los diarios de sesiones de las distintas Asambleas, Parlamentos o Juntas de las Comunidades Autónomas se puede apreciar que se trata de sesiones con un marcado carácter político donde los temas que se han tratado están más cercanos a la realidad que en cada momento se está viviendo en esa Comunidad que a lo que constituye el objeto propio de las mociones de censura y todas las mociones planteadas que no han prosperado que son la mayoría dada la disciplina de voto de los partidos políticos el resultado era conocido antes de las votaciones utilizándose estas figuras como mecanismos de «*desgaste político*» sin perseguir el verdadero propósito de una moción de censura.

Entre los propósitos perseguidos por las mociones de censura han sido varios, conseguir un atril donde poder presentar un discurso, presentar a un nuevo líder político a sus electores o perjudicar la imagen del presidente vigente en ese momento. En la mayoría de los casos estos propósitos se han superpuesto, no teniendo carácter excluyente.

Capítulo 7

Moción de censura en la Administración local

ANTONIO JIMÉNEZ-BLANCO CARRILLO DE ALBORNOZ
Letrado de Las Cortes Generales. Catedrático de Derecho Administrativo

SUMARIO: I. CONSIDERACIONES PREVIAS. II. LA ORGANIZACIÓN DE LOS AYUNTAMIENTOS. III. LA REGULACIÓN DE LA MOCIÓN DE CENSURA EN LOS AYUNTAMIENTOS Y SU ENJUICIAMIENTO CONSTITUCIONAL: TACORONTE Y ARREDONDO. IV. ARAPILES. V. DIPUTACIONES PROVINCIALES. VI. RECAPITULACIÓN. VII. BIBLIOGRAFÍA (POR ORDEN CRONOLÓGICO).

I. CONSIDERACIONES PREVIAS

Aunque el tema a abordar no tiene nada que ver con la organización de la Iglesia Católica, o de cualquier otra religión, no estará de más traer a colación la diferencia entre el apóstata y el excomulgado.

Según el DRAE, la apostasía (en griego, *colocarse fuera)* consiste en «abandonar públicamente su religión». Es por tanto un acto individual y voluntario: irse por su propio pie o, como se decía históricamente, *tomar las de Villadiego*. Forma parte de la libertad de conciencia, aunque es notorio que las organizaciones, pese a sus inconvenientes, ofrecen a sus súbditos cobijo y asistencia, lo que hace que se trate de un gesto de valientes. *Fuera hace mucho frío*.

La excomunión también termina con la persona en la calle, aunque por el camino inverso: «Expulsión, permanente o temporal, de una persona de una comunidad religiosa». O sea, no te vas —no tomas tú la iniciativa—, sino que, a diferencia de lo que sucede con el apóstata, te echan.

Ni que decir tiene que cabe la coexistencia de las dos cosas, sea cual fuere la secuencia. Puede ser que a quien se confesa apóstata se le termine expulsando formalmente y también se conocen los supuestos inversos: primero se pone a un individuo de patitas en la calle y solo luego esa persona se pone a despotricar de la secta y canta, como suele decirse, la traviata. Pero sabiendo siempre que no vale fiarse de las apariencias: hay quien si se fuga es porque sabe que en breve lo van a fumigar y, a la inversa, ocurre a veces que sabiendo las organizaciones que alguien se va a pirar se apresuran a echarlo para —en el último minuto hábil— darse el placerazo.

Cercano a lo segundo, el excomulgado, es el réprobo, que el RDAE define —segunda acepción: «dicho de una persona»— como «condenado por su heterodoxia religiosa».

Sobre los partidos políticos —los españoles, porque en abstracto las reflexiones sobre la figura valen para muy poco— ha caído algo así como una ola de malditismo: quien habla de partitocracia no lo hace precisamente para aplaudir. Un botón de muestra y además muy reciente: el pasado 15 de septiembre de 2023, justo cuando este trabajo se estaba escribiendo, Javier Cercas publicó en *El país semanal* un artículo —todo un ajuste de cuentas: lo que se dice despacharse a gusto o *no dejar títere con cabeza*— llamado «Tenemos un problemón», que empezaba identificándolo al afirmar que «se llame partidos políticos». Para continuar con la siguiente diatriba: «El problemón lo teníamos antes de 2015, cuando el viejo sistema entró en crisis y surgieron nuevos partidos, y lo tenemos ahora, cuando los partidos nuevos han demostrado ser peores que los viejos y el sistema ha degenerado. El problema no es solo que los partidos colonicen o intenten colonizar la sociedad entera, incluidos los medios de comunicación; el problema es que tienden a ser clubs antidemocráticos, sectarios, verticales y militarizados, donde la crítica brilla por su ausencia y se funciona a golpe de pito».

Malditismo de los partidos, sí. Pero también sucede que, en el lenguaje legislativo, quien pecha con el malditismo es la otra parte, el tránsfuga, dicho sea para puntualizar a Cercas.

A nuestro autor volveremos al final. Pero antes hay que ocuparse del asunto —jurídico— que nos concierne.

II. LA ORGANIZACIÓN DE LOS AYUNTAMIENTOS

Como es sabido, la Constitución Española (CE) mezcla preceptos con un detallismo puntilloso o, como suele decirse, reglamentista —por ejemplo, el Art. 151, sobre requisitos del procedimiento que había de seguirse para poner en pie una Comunidad Autónoma— con otros de un laconismo casi monacal. Tal es el caso del Art. 142, sobre organización de los Ayuntamientos, acerca de lo cual se limita a predicar que «estarán integrados por los Alcaldes y los Concejales», estipulando solo lo siguiente:

- Los concejales serán elegidos por los vecinos del municipio mediante sufragio universal, igual, libre, directo y secreto, en la forma establecida por la ley. No se dice que las elecciones han de ser periódicas —o sea, que al cargo se llega con tiempo contado—, pero se sobreentiende.
- Los Alcaldes serán elegidos por los Concejales o por los vecinos.

Expuesto con palabras gruesas, podría concluirse que el eterno debate sobre si presidencialismo o parlamentarismo queda abierto, porque caben las dos posibilidades.

Pero de ese precepto, como cualquier otro de los dedicados, con más o menos detalle y de manera más o menos feliz, a la organización pública, debe predicarse, cuarenta y cinco años después de su aprobación, que no se entiende sin el Art. 6, el que habla de los partidos políticos, que, de hecho, lo colonizan todo —la palabra acusatoria de Cercas— hasta el grado de haber llegado a suplantar a las propias instituciones y a minimizar el papel de las personas físicas que, en los términos del Art. 23, acceden a cargos representativos: se trata en efecto, por el lugar en el que se ubica, de un derecho fundamental en sentido estricto, el de ejercer la función para la que se ha sido elegido, el *ius in officium* cuya titularidad solo puede ser de los individuos. El tal Art. 6, por el contrario, forma parte del Título Preliminar y comienza con una declaración fáctica —algo inusual en las normas o incluso impropio en términos ortodoxos, porque estamos en el planeta del *deber ser*, no en el del *ser*: desde Hume sabemos que no se deben confundir— y además idealizada, como si se tratase de criaturas arcangélicas. A saber:

> «Los partidos políticos expresan el pluralismo político, concurren a la formación y manifestación de la voluntad popular y son instrumento fundamental para la participación política».

Para añadir, con tono de garantía, que «su creación y el ejercicio de su actividad son libres dentro del respeto a la constitución y a la ley». Y ponerles solo una condición o un límite: «Su estructura interna y funcionamiento deberán ser democráticos».

No hace falta recordar que las normas de desarrollo de ese Art. 6 de la CE son la Ley 6/2002, de 27 de junio, de Partidos Políticos (muy modificada por la Ley Orgánica 3/2015, de 30 de marzo), así como en materia de financiación, la Ley Orgánica 8/2007, de 4 de julio, igualmente muy afectada por la de 2015.

La doctrina general al respecto se encuentra proclamada por el TC en su Sentencia 151/2017, de 21 de diciembre, Fundamento Jurídico 3, a saber:

> «Conforme a reiterada doctrina de este Tribunal, el artículo 23.2 CE consagra la dimensión pasiva del derecho de participación política, reconociendo el derecho de los ciudadanos a acceder en condiciones de igualdad a las funciones y cargos públicos con los requisitos que señalen las leyes. A este contenido explícito del precepto ha ligado nuestra jurisprudencia un contenido implícito cual es, en primer lugar, el derecho a permanecer, en condiciones de igualdad y con los requisitos que señalen las leyes, en los cargos o funciones públicas a los que se accedió (STC 5/1983, de 4 de febrero, FJ 3), no pudiendo ser removido el cargo electo de los mismos si no es por causas y de acuerdo con procedimientos legalmente establecidos (STC 10/1983, de 21 de febrero, FJ 2). En segundo lugar, el derecho al ejercicio o desempeño del cargo público representativo conforme a lo previsto en las leyes (por ejemplo, STC 246/2012, de 20 de diciembre, FJ 2). Y finalmente y respecto de cualquiera de esas dimensiones que hemos identificado como integrantes del derecho de participación política reconocido en el artículo 23.2 CE —acceso, permanencia y ejercicio—, la garantía de su perfeccionamiento en condiciones de igualdad y de acuerdo con los requisitos que señalen las leyes (por todas, STC 298/2006, de 23 de octubre, FJ 6).
>
> Por consiguiente, se ha subrayado de modo invariable y constante el carácter de derecho de configuración legal del consagrado en el artículo 23.2 CE, de suerte que corresponde a la ley fijar y ordenar las derechos y atribuciones de los representantes electos que, "una vez creados, quedan integrados en el [e]*status* propio del cargo, con la consecuencia de que podrán sus titulares, al amparo del artículo 23.2 CE, reclamar su protección cuando los consideren ilegítimamente constreñidos o ignorados por actos del poder público, incluidos los provenientes del propio órgano en que se integren" (entre tantas otras, STC 36/2014, de 27 de febrero, FJ 5, y las allí citadas).
>
> Sin embargo, también se ha hecho constar en la jurisprudencia constitucional que la vulneración de los derechos de los representantes contenidos en el artículo 23.2 CE no se verifica con cualquier acto que infrinja el estatus jurídico aplicable, "pues a estos efectos solo poseen relevancia constitucional los derechos o facultades atribuidos al representante que pertenezcan al núcleo de su función representativa" (*v. gr.*, SSTC 141/2007, de 18 de junio, FJ 3; 169/2009, de 9 de julio, FJ 2; 20/2011, de 14 de marzo, FJ 4; 117/2012, de 4 de junio, FJ 3, o 36/2014, de 27 de febrero. FJ 5).
>
> En concreto, quedan encuadradas en ese núcleo de la función representativa aquellas funciones que solo pueden ejercer los titulares del cargo público por

ser la expresión del carácter representativo de la institución (STC 169/2009, de 9 de julio, FJ 3, por ejemplo). A saber y situados en el ámbito local que nos ocupa: participar en la actividad de control del gobierno local y en las deliberaciones del pleno de la corporación; votar en los asuntos sometidos a este órgano; obtener la información necesaria para poder ejercer las facultades anteriores y, por último, participar en las comisiones informativas (por enunciarlas en su integridad, STC 246/2012, de 20 de diciembre, FJ 7). En consecuencia, con las precisiones que se efectuarán en los sucesivos fundamentos jurídicos, el presupuesto del que partimos al analizar el régimen cuestionado, previsto para la moción de censura local, es que los miembros de una corporación local cuentan entre las funciones que pertenecen a ese núcleo representativo, entre otras, en todo caso y, por tanto, también en el de los concejales no adscritos, con la de participar en la actividad de control del gobierno local».

Luego volveremos a dicha Sentencia.

Sobre lo que sucede en la cruda realidad no hará falta extenderse mucho: puede tenerse por universal, en el sentido de que no se ciñe a España ni a Europa occidental, una opinión nada complaciente con la figura y las personas que habitan en ese ecosistema, los militantes (nunca mejor llamados). Cercas no es original. Y ello no solo en el plano de la *episteme* o conocimiento especializado, sino también, como ponen en relieve todos los meses los barómetros del CIS, en el de la *doxa* u opinión pública. Lo cierto es que en las elecciones —también en las municipales, salvo las poblaciones más pequeñas— los candidatos van en unas listas, cerradas y con sus siglas, aunque el plazo del mandato de cuatro años se hace a veces muy largo y se producen enfrentamientos dentro de la tribu, lo que lleva a ese fenómeno que conocemos con la palabra, nada amable, de transfuguismo, que el legislador ha intentado, si no prohibir (no está facultado para llegar tan lejos y desde luego no se atreve), sí al menos controlar hasta donde buenamente ha podido. Sin eso, no se comprende nada de lo que se va a relatar a continuación. Como también hay que tener en cuenta otro rasgo de la condición humana tan pronto se accede a un cargo, que es la tendencia, dicho de nuevo con palabras coloquiales (e igualmente con palabra nada cariñosa), a atornillarse: desplegar todo tipo de artes para colarse de nuevo en las listas en las próximas elecciones: gente a quienes, al contrario, los cuatro años de mandato se le pasan volando. Transfuguismo (salir del partido en cuyas listas se salió elegido) y atornillamiento (aferrarse a la silla al grado de inmolarse por la causa hasta el achicharramiento), así pues. No son fenómenos que ocurran todos los días en todos y cada uno de los más de 8.100 Ayuntamientos, con un total de más de 67.000 Concejales, pero sin los que las normas, cuya buena intención no se discute, resultan cascarones vacíos.

No hace falta decir que la vida política, más incluso que la legislación (y pese a que el Tribunal Constitucional, en su temprana Sentencia 5/1983, de 4 de febrero, en el asunto de Andújar, en la campiña de Jaén, en cuyo término se ubica el santuario de la Virgen de la Cabeza, de resistencia tan heroica en la guerra civil, declarase que la silla es de la persona elegida y no del partido: o sea, puso el Art. 23 de la CE por encima del Art. 6, dicho quizás con gramática parda pero desde luego sin faltar a la verdad), ha llevado de manera inexorable a que en los Ayuntamientos se haya impuesto el modelo parlamentario, o sea, partitocrático, con la mayoría en tarea de gobierno —y el Alcalde a su frente— y la minoría confinada a la oposición, como en el Congreso de los Diputados. El patrón.

De hecho, el Art. 73.3 de la Ley 7/1985, de 2 de abril, reguladora de las Bases del Régimen Local, en la versión vigente, que es de 2003, establece que «a efectos de su actuación corporativa, los miembros de las corporaciones locales se constituirán (?) en grupos políticos, en la forma y con los derechos y las obligaciones que se establezcan con excepción de aquellos que no se integran en el grupo político que constituya la formación electoral por la que fueron elegidos o que abandonen su grupo de procedencia, que tendrán la consideración de miembros no adscritos», añadiéndose, para desincentivar a los tránsfugas, que «los derechos económicos y políticos de los miembros no adscritos no podrán ser superiores a los que les hubiesen correspondido de permanecer en el grupo de procedencia», aunque con la importante puntualización de que «esta previsión no será de aplicación en el caso de candidaturas presentadas como coalición electoral, cuando alguno de los partidos políticos que le integren decida abandonarla»: bien vemos de nuevo lo mucho que pesa el Art. 6 de la CE.

En desarrollo de la citada Ley de Bases de Régimen Local, el Reglamento de Organización, Funcionamiento y Régimen Jurídico de las Entidades Locales (Real Decreto 2568/1986, de 28 de noviembre) dedica los Arts. 23 a 29 a los *Grupos políticos*, declarando el primero de esos preceptos en el apartado 1 que «los miembros de las Corporaciones Locales, a efectos de su actuación Corporativa, se constituirán —volvemos a la misma palabra— en grupos». Y el Art. 26, relativo a los miembros que adquieren su condición con posterioridad a la sesión llamada —ahora sí con rigor— constitutiva, se proclama que «deberán incorporarse a los Grupos, conforme a las reglas acordadas por la Corporación».

III. LA REGULACIÓN DE LA MOCIÓN DE CENSURA EN LOS AYUNTAMIENTOS Y SU ENJUICIAMIENTO CONSTITUCIONAL: TACORONTE Y ARREDONDO

Así las cosas, y aunque en estos casos la vida tiene dinámicas más poderosas que las normas, se debe decir, entrando en éstas, que más que a la Ley de Régimen Local —pese a que dedica su Arts. 19 a 24 a *Organización*— a donde hay que ir es a otra Ley Orgánica, la 5/1985, de 19 de junio, del Régimen Electoral General (LOREG). Su Art. 196 regula la elección del Alcalde por los Concejales en el Pleno constitutivo y es el Art. 197 el que se ocupa de la moción de censura, o sea, de su (eventual) cese: el trámite del que, para el Estado, y el Congreso de los Diputados, es el Art. 113 de la CE. El texto en vigor es fruto de dos modificaciones: Ley Orgánica 8/1999, de 21 de abril (integrada en lo que se conoció como *pacto local*) y Ley Orgánica 2/2011, de 28 de enero. La primera intentó combatir el atornillamiento del Alcalde en el cargo, al establecer el carácter automático de la convocatoria del Pleno (por el Secretario, a quien se le presume la neutralidad que es propia de la función pública) en cuanto se presente la moción, sin que el censurado pueda dilatar las cosas ni desplegar ninguna otra maniobra de torpedeo. La segunda, por su parte, puso el foco en el transfuguismo, al que califica de *anomalía*, expresándose al respecto con palabras resignadas, tal como las siguientes:

> «(Posiblemente) con esta reforma no se podrá evitar que sigan existiendo *tránsfugas*, pero sí que con su actuación modifiquen la voluntad popular y cambien gobiernos municipales. Todos los partidos han sufrido la práctica de personas electas en sus candidaturas que abandonan su grupo y modifican las mayorías de gobierno. De ahí que fuera una necesidad imperiosa encontrar una fórmula para que, desde el respeto a la doctrina del Tribunal Constitucional, esto no volviera a producirse. Se trata, en definitiva, de una medida de regeneración democrática que contribuirá a eliminar las tensiones políticas y sociales y que favorecerá de cara al futuro la estabilidad en la vida municipal».

¿En qué consistió la medida de 2011? Al requisito de la firma de la mayoría absoluta de los concejales (y que la moción sea constructiva, o sea, que incluya un candidato al puesto que se pretende desalojar: de nuevo, puro Art. 113 de la CE) se añaden ahora, en el mismo apartado 1.a), los párrafos segundo y tercero:

> «En el caso de que alguno de los proponentes de la moción de censura formara o haya formado parte del grupo político municipal al que pertenece el Alcalde cuya censura se propone, la mayoría exigida en el párrafo anterior se verá incrementada en el mismo número de concejales que se encuentren en tales circunstancias».

Y, apretando la tuerca una vuelta más:

> «Ese mismo supuesto será de aplicación cuando alguno de los concejales proponentes de la moción haya dejado de pertenecer, por cualquier causa, al grupo político municipal al que se adscribió al inicio de su mandato».

«Por cualquier causa», nada menos. Incluso la expulsión del partido: la excomunión y no solo la apostasía, por volver a nuestros conceptos del principio.

Se trata, por supuesto, de hacer más difícil que se presente la moción: de exigir más firmas como *quorum de procedibilidad*. Y lo mismo en el posterior momento —retratarse, como suele decirse— de la votación en el Pleno: epígrafe e) del mismo apartado 1.

Con la siguiente doctrina de la Junta Electoral Central en el Acuerdo número 214/2014:

> «3.º) Comunicar que, en los términos en los que está redactado el artículo 197.1.c) de la LOREG, el presupuesto normativo para la modificación de la mayoría absoluta del número legal de miembros que deben presentar una moción de censura contra el Alcalde se refiere exclusivamente a los supuestos en que un concejal forma o haya formado parte del grupo político municipal al que pertenece el Alcalde o del grupo político municipal que se adscribió al inicio de su mandato. En consecuencia esta Junta entiende que la previsión establecida en los apartados 2 y 3 del referido precepto no resulta aplicable al concejal que no haya formado parte de ningún grupo político municipal (Acuerdo de 13 de septiembre de 2012).
>
> 4.º) Como declaró esta Junta Electoral en sus Acuerdos de 17 de julio y 27 de septiembre del 2012, el artículo 197.1 a) de la LOREG resulta aplicable al supuesto en que, aun cuando formalmente no se hayan constituido grupos políticos municipales, la Corporación funciona de hecho y de forma regular con tales grupos municipales, puesto que la finalidad del citado precepto es evitar el transfuguismo político. De lo contrario, bastaría la no constitución formal de los grupos políticos municipales para evitar la aplicación de dicho precepto. Todo ello sin perjuicio de recordar que el artículo 23.1 del Reglamento de Organización y Funcionamiento de las Corporaciones Locales establece con carácter obligatorio que los miembros de las Entidades Locales deben constituirse en grupos políticos municipales a efectos de su actuación corporativa».

En suma, lo que importa es la realidad material, no los datos formales. Un viejo brocardo romano reza que *nadie puede beneficiarse de su propia torpeza*. El que fue tránsfuga antes que fraile, o sea, el que empezó por incumplir su deber de integrarse en el grupo municipal de su lista, no puede verse premiado con la dispensa del requisito del mayor número de firmas. No estamos ni tan siquiera ante un fraude de ley, en el sentido del Art. 6.4 del Código Civil, porque aquí falta incluso la norma de cobertura.

Pero cabe pensar que nos encontramos ante una limitación de los derechos que para ese Concejal se derivan del Art. 23 de CE. El párrafo tercero resulta especialmente problemático y de hecho el TC se lo terminó llevando por delante en su Sentencia 151/2017, de 21 de diciembre, ya citada. Los hechos se remontan a las elecciones locales de 2011 en Tacoronte (Canarias), ciudad que fue capital de unos ocho menceyatos guanches de la isla de Tenerife y cuyos habitantes se mostraron especialmente hostiles frente a los conquistadores continentales. Sobre un total de 21 Concejales, se constituyeron cuatro grupos: Coalición Canaria-PNC, con 7; Popular, 6; Socialista, otros 6; y Alternativa sí se puede por Tenerife (Mixto), los 2 restantes. El seleccionado como Alcalde —por 13 votos: los 7 suyos y otros 6— fue del primer partido, pero la cosa estalló en octubre de 2013, cuando 11 Concejales —los 6 del PP y 5 de los 6 del PSOE, que en seguida fueron expulsados o *excomulgados* de su partido y del grupo municipal— presentaron, pretextando unas razones que eran extramunicipales, una moción de censura contra el Alcalde, proponiendo como sustituto a uno de los socialistas. Sometida a votación entre los 21 Concejales —incluidos los expulsados— triunfó: 11 a favor, 8 en contra y 2 abstenciones.

El Alcalde depuesto, invocando que para la firma hacían falta 16 Concejales (11 de la mayoría absoluta más 5 por haber sido ese número el de expulsados del PSOE), interpuso recurso contencioso por el procedimiento especial de protección de los derechos fundamentales, invocando el Art. 23.2 del CE, en su vertiente del derecho a la permanencia en el cargo de primer edil. El Juzgado número 4 de la isla le dio la razón (Sentencia de 5 de febrero de 2014), con reconocimiento de su derecho a verse repuesto en el sillón.

Apelaron tanto los 5 Concejales expulsados del PSOE como los 6 del PP y el Tribunal Superior de Justicia entendió que el párrafo tercero del apartado 1.a) del Art. 197 bis de la LOREG el de la exigencia de firmas adicionales para la moción también en caso de ruptura del vínculo partidista *por cualquier causa,* incluyendo haberse visto expulsado disciplinariamente de la organización, o sea, la excomunión resultaba problemático a la luz del Art. 23.2 de la CE, en su vertiente del citado *ius in officium,* ahora el de los Concejales sancionados por su partido. Para la Sala insular, el incremento de la mayoría absoluta para firmar y votar una moción de censura, por mucho que se justifique en la lucha contra el transfuguismo, hace que sus funciones de control —«el núcleo esencial de la función representativa»— queden reducidos a la nada, acerca de lo cual no basta invocar la «disciplina de partido ni (...) la relevancia que la constitución y las leyes electorales brindan a los partidos políticos como canalizadores del pluralismo político». De ahí el planteamiento de una cuestión de constitucionalidad con objeto en el citado párrafo tercero del apartado 1.a) del Art. 197 de la LOREG: lo que la Sala insular se preguntaba es si el poder de los partidos puede llegar tan lejos.

La Sentencia (la 151/2017, de 21 de diciembre, se insiste), cuyo Fundamento Jurídico 3 ya conocemos, expone sus dudas en el Fundamento Jurídico inmediato posterior, el 4. Así:

> «Ha sido destacado con reiteración que el párrafo tercero del apartado a) del artículo 197.1 LOREG —atendida la remisión de la letra e) del precepto y la fase procedimental a la que esta última se refiere— determina que en el momento inmediatamente anterior a la votación de la moción de censura en el plenario debe satisfacerse el quórum del párrafo segundo de aquella primera letra del artículo controvertido, siempre que alguno de los concejales proponentes de la moción haya dejado de pertenecer, por cualquier causa, al grupo político municipal al que se adscribió al inicio de su mandato y no forme o haya formado parte del grupo político municipal al que pertenece el alcalde cuya censura se propone (en función, esto último, de la especialidad definida en el párrafo segundo del mismo artículo).
>
> A la vista de ello es concebible la hipótesis de la inconstitucionalidad que enuncia el Auto de planteamiento, dada la naturaleza de la facultad de control al gobierno que es objeto de la regulación normativa, integrada como está, en la configuración legal, en aquel núcleo de la función representativa descrito en el fundamento jurídico anterior. En efecto, en relación con ello, la STC 81/2012, de 18 de abril, FJ 3, recuerda: i) que la moción de censura es un instrumento clave de las formas de gobierno parlamentario —que se basan en la existencia de una relación de confianza entre el Gobierno y las Cámaras—, porque es un mecanismo a través del cual el Legislativo controla la gestión del Ejecutivo y exige responsabilidad política al mismo, configurándose como un cauce para la manifestación de la extinción de la confianza de las Cámaras en el Ejecutivo; ii) que su virtualidad como mecanismo de control y exigencia de responsabilidad política de los gobernantes por quienes les invistieron de la confianza para serlo ha llevado al legislador a incorporar la moción de censura a otras instituciones que también reúnen las notas de representación democrática y confianza a la hora de elegir al poder ejecutivo, como es el caso de los gobiernos municipales, pese a las indudables diferencias que existen entre el pleno de un ayuntamiento o una asamblea vecinal (en el régimen de concejo abierto) y las asambleas legislativas y autonómicas; iii) que la moción de censura al alcalde se presenta como un instrumento de naturaleza híbrida, pues es, primordialmente, un medio de control y de exigencia de responsabilidad política por parte del pleno y, por

tanto, un mecanismo de relación entre los órganos del gobierno municipal, pero, por otro lado, cuando prospera, implica a su vez una causa de cese del alcalde inicialmente designado —poniendo fin a la efectividad de la elección inicial—, con la subsiguiente proclamación de uno nuevo; iv) que, por las razones enunciadas, la moción de censura aparece como una pieza clave de la forma de gobierno local, esto es, del régimen institucional local; y finalmente v) que la moción de censura local configura el "*ius in officium*, el estatus representativo de los concejales", ya que, como se atribuye a éstos la iniciativa y, por tanto, la puesta en marcha de un procedimiento extraordinario de elección de nuevo alcalde y de remoción del anterior, la facultad de presentar una moción de censura con los límites y garantías previstos en la legislación pasa a formar parte del núcleo de su función de representación política, siendo su regulación norma de desarrollo directo del artículo 23.2 CE.

En suma, a tenor de esa caracterización de la moción de censura y su encuadramiento en el núcleo de la función representativa, el incremento dispuesto (párrafo tercero en relación con el segundo) sobre la mayoría absoluta requerida como regla general en el primer párrafo de la letra a) del artículo 197.1 LOREG, en el momento de verificación que corresponde a la Mesa de edad según el apartado e) de la misma disposición, altera para los concejales no adscritos el régimen ordinario de un derecho legalmente configurado como parte del núcleo de su función representativa, que restringe abiertamente, ya que priva de efecto alguno, como afirma el órgano judicial, a los apoyos que puedan ofrecer en la fase de iniciativa o propuesta de la moción, aunque no lo haga en la de votación. Por expresar la idea en otros términos, la promoción de la moción ha de contar en el momento procedimental a examen, previo a la votación plenaria, con el apoyo de la mayoría absoluta de los miembros de la corporación como si de ésta no formara parte un número igual al de los concejales no adscritos que la suscriben. Es esta una exigencia que puede hacer inviable en una pluralidad de escenarios, como es notorio, la tramitación de aquella iniciativa de control del gobierno municipal (como podría ser el caso del supuesto de autos, en el Ayuntamiento de Tacoronte, si declarásemos la constitucionalidad de la norma a examen)».

Para terminar de centrar el asunto en el siguiente (y larguísimo) Fundamento Jurídico, el 5:

«Encuadrada la facultad de promoción de la censura al alcalde en el núcleo de la función representativa en el ámbito local y constatada la alteración del régimen jurídico ordinario de ejercicio del derecho controvertido, al experimentar los concejales no adscritos, *ex artículo* 197.1 a) párrafo tercero LOREG, una restricción objetiva del margen de iniciativa o impulso de la remoción del alcalde, corresponderá ahora analizar si esa determinación legal, además de incidir en el estatus representativo, lo menoscaba, lesionando el artículo 23.2 CE, o si, por el contrario, cuenta con algún fundamento constitucionalmente admisible que la respalde por ser posible su armonización con el perfeccionamiento de la función representativa y la participación política en condiciones de igualdad (STC 298/2006, de 23 de octubre, FJ 6).

El precepto a examen ofrece una concreción más del marco legal específico del estatus representativo de los concejales no adscritos de los municipios, contemplados por el artículo 73.3 LBRL. Esta figura responde y se remonta al acuerdo sobre un código de conducta política en relación con el transfuguismo en las corporaciones locales que se firmó con fecha 7 de julio de 1998 y fue renovado por nuevos acuerdos de 26 de septiembre de 2000 y 23 de mayo de 2006. Como consecuencia del primero de ellos, la Ley 57/2003, de 16 de diciembre, de medidas para la modernización del gobierno local, modificó el artículo 73.3 de la Ley reguladora de las bases de régimen local (LBRL) e introdujo la figura de los miembros de las corporaciones locales no adscritos a ningún grupo político; esto es, los concejales o diputados provinciales que no se integren en el grupo político que constituya la formación electoral por la que fueron elegidos o que abandonen su grupo de procedencia. Se superaba de ese modo el anterior diseño normativo en el que los miembros de las entidades locales en dicha situación pasaban a integrarse en el grupo mixto.

De otra parte, la Ley Orgánica 2/2011, de 28 de enero, por la que se modifica la Ley Orgánica 5/1985, de 19 de junio, del régimen electoral general, en su exposición de motivos conecta previsiones como la cuestionada en este procedimiento constitucional, en ella contenidas, con la anomalía que ha incidido negativamente en el sistema democrático y representativo y que se ha conocido como "transfuguismo". A tal fin declara que "probablemente con esta reforma no se podrá evitar que sigan existiendo 'tránsfugas', pero sí que con su actuación modifiquen la voluntad popular y cambien gobiernos municipales. Todos los partidos han sufrido la práctica de personas electas en sus candidaturas que abandonan su grupo y modifican las mayorías de gobierno. De ahí que fuera una necesidad imperiosa encontrar una fórmula para que, desde el respeto a la doctrina del Tribunal Constitucional, esto no volviera a producirse. Se trata, en definitiva, de una medida de regeneración democrática que contribuirá a eliminar las tensiones políticas y sociales y que favorecerá de cara al futuro la estabilidad en la vida municipal".

En definitiva, lo que el preámbulo de la Ley Orgánica afirma es que interviene sobre la anomalía que el transfuguismo representa, y que lo hace, específicamente y en síntesis, al objeto de asegurar la voluntad popular y la estabilidad de la vida municipal. Ese sería el fin de la norma o, si se prefiere, de normas como la aquí cuestionada contenidas en la Ley Orgánica de referencia como expresión de la opción legislativa frente al fenómeno del transfuguismo.

Esa lógica de regeneración democrática se concreta en este caso en una modalización para determinados concejales de un derecho que forma parte del *ius in officium* y que se actualiza, en su ejercicio, con amparo en la libertad de mandato, resultando el presupuesto de la restricción del derecho al que atiende el legislador, con el que responde pretendidamente al fin normativo declarado en el preámbulo, aquel que consiste en una disolución del nexo con el grupo político municipal de origen; esto es, la separación —el carácter voluntario o acordado por la organización es ahora irrelevante— del grupo político municipal al que se adscribió el concejal al inicio de su mandato, lo que a menudo será expresión de la desvinculación de la formación política por la que los cargos electos concurrieron a las elecciones (en tanto que los partidos políticos canalizan su acción por medio de los grupos municipales [artículo 73.3 LBRL]).

Si ese es el factor que activa la efectividad de la norma o, en otros términos, el presupuesto de la misma, el propósito u objeto que procura y al que responde, de su lado, consiste en que no sea modificada "la voluntad popular", no se modifiquen "las mayorías de gobierno" ni "cambien gobiernos municipales" y se favorezca con ello "la regeneración democrática" o la "estabilidad en la vida municipal"».

Y recordando doctrina anterior en el (no menos extenso) Fundamento Jurídico 6:

«Para analizar la constitucionalidad de un precepto legal construido sobre esas bases deberá considerarse: (i) que el legislador no puede imponer en el derecho de acceso a las funciones y cargos públicos representativos (art. 23.2 CE) restricciones que, más allá de los imperativos del principio de igualdad y desde la perspectiva constitucional, no se ordenen a un fin legítimo (por todas, STC 71/1994, de 3 de marzo, FJ 6); (ii) que el artículo 23.2 CE determina, una vez dispuesta la facultad representativa de que se trate (aquí la moción de censura en el ámbito local), que su regulación no podrá conllevar restricciones ilegítimas contrarias a la garantía de igualdad, puesto que, como recordara la STC 10/1983, de 21 de febrero, la libertad del legislador para desarrollar el artículo 23.2 CE cuenta, entre otras limitaciones que aquí no están a debate, con las generales que derivan de ese principio; (iii) adicionalmente, en los términos de la STC 24/1990, de 15 de febrero, FJ 2, que en los cargos que se alcanzan a través de elección popular y tienen, por tanto, naturaleza representativa, "los requisitos que señalen las Leyes" a que se refiere el artículo 23.2 C.E. solo serán admisibles en la medida en que sean congruentes con su naturaleza y que "su carácter de derecho de configuración legal no nos puede hacer olvidar que los derechos del art. 23.2 son derechos fundamentales", debiendo, por tanto, este Tribunal revisar si ha quedado afectada su integridad. De no ser así, concluíamos entonces, los derechos fundamentales de configuración legal quedarían degradados al plano de la legalidad ordinaria.

Al objeto de ese examen adquieren protagonismo criterios de nuestra jurisprudencia que encuadran el juicio de igualdad que procede realizar en el presente caso alrededor del ejercicio de las funciones representativas, a saber:

a) Que las restricciones o limitaciones impuestas a los concejales no adscritos responden "en principio ... a un fin legítimo" (STC 9/2012, de 18 de enero, FJ 4), ya que posee relevancia jurídica la adscripción política de los representantes (entre otras, en la STC 32/1985, de 6 de marzo, FJ 2). Es claro, en efecto, que la inclusión del pluralismo político como un valor jurídico fundamental (art. 1.1 CE) y la consagración constitucional de los partidos políticos como expresión de tal pluralismo, cauces para la formación y manifestación de la voluntad popular e instrumentos fundamentales para la participación política de los ciudadanos (art. 6 CE), dotan de relevancia jurídica (y no solo política) a la adscripción política de los representantes. En consecuencia, como resultado de lo dicho, el fin de intervenir frente al transfuguismo con una regulación jurídica es en principio constitucionalmente legítimo.

b) Que, como señalamos en fundamentos anteriores y en el mismo fundamento jurídico 4 de la STC 9/2012 se plasmaría con claridad, tales limitaciones o restricciones no pueden operar sin embargo, en contra de la garantía de igualdad, sobre los derechos integrantes del *ius in officium*. Un núcleo de la función representativa que queda en el presente caso comprometido al formar parte de él la moción de censura legalmente configurada en el ámbito local (STC 81/2012).

c) Que la garantía de igualdad que se contiene en el artículo 23 CE ha de armonizarse además, de manera insoslayable, con la libertad de mandato, opción política de nuestra Constitución en el marco del derecho de participación política que permite construir la representación política a través de una vinculación inmediata entre los representantes y los representados (destacadamente, STC 10/1983, de 21 de febrero, FJ 2), ya que las funciones del núcleo de derechos y facultades de los cargos electos se atribuyen a su titular y en condiciones de igualdad, y no al partido político o grupo en el que se integre.

En ese último sentido, la STC 123/2017, de 2 de noviembre, recordaba recientemente en su fundamento jurídico 3 "que el mandato libre de los representantes locales, a efectos de mantenerse en el cargo caso de expulsión o abandono de los partidos en cuyas listas fueron elegidos, ha sido reconocido y preservado por la jurisprudencia constitucional con fundamento en el artículo 23 CE y pese a que para dicho ámbito local no exista norma análoga al artículo 67.2 CE (SSTC, entre otras, 10/1983, en su conjunto; 185/1993, de 31 de mayo, FJ 5; 298/2006, de 23 de octubre, FFJJ 6 y 7; 246/2012, de 20 de diciembre, FJ 5, y 125/2013, de 23 de mayo, FJ 6)". Por consiguiente, lo que en ese reciente pronunciamiento se predica de la libertad del mandato de los miembros de las Cortes Generales alcanza a los representantes locales y opera, *mutatis mutandis*, como señala el fundamento jurídico 3 B) letra b) de la Sentencia de 2017 que citamos (i) "frente a lo que pudieran llegar a disponer normas del Ordenamiento" (ii) sin que pueda confundirse tal libertad "con la fidelidad política, asumida por los parlamentarios, al programa con el que recabaron el voto popular (STC 119/1990, de 21 de junio, FJ 4) ni con su vinculación o sometimiento, también voluntariamente aceptado, a las reglas disciplinarias que a sí mismos se den el partido político o el grupo de una u otra Cámara en los que hayan decidido integrarse, pues se trata estrictamente de una libertad frente al Estado (en su más amplio sentido), en cuya virtud el Ordenamiento no puede prestar su sanción o fuerza de obligar a acto alguno que pretenda predeterminar el ejercicio por el diputado o senador [digamos ahora 'representante local'] de sus funciones como tal y que provenga ya de sus electores (cuerpo electoral o, en su caso, poderes públicos), ya del partido o grupo del que forma parte"; (iii) y en fin, siguiendo aun lo que allí se declaró, sin que la posición o estatus de los representantes electos (el núcleo esencial de sus funciones, en suma) se pueda hacer depender "del juicio, positivo o adverso, que su actuación pudiera merecer a aquellos electores, partidos o grupos. Dependencia cuya manifestación más extrema se daría en el caso de que se reconociera a unos u otros potestad para determinar, directa o indirectamente, si el representante habría de mantenerse o no, vigente su mandato, en el ejercicio del cargo".

El mandato libre supone, en definitiva, la exclusión de todo sometimiento jurídico del representante, en cuanto tal, a voluntades políticas ajenas y proscribe por ello, en particular, que sobre él se hicieran pesar tanto instrucciones vinculantes en Derecho que pretendieran disciplinar su proceder, como asimismo cualquier tipo de sujeción, jurídicamente impuesta, a la confianza de sus electores (expresada del modo que se pretendiera) o de las organizaciones o grupos políticos en que se integre o en cuyas listas hubiera concurrido a las elecciones. Una sujeción que, de llegar a verificarse, contrariaría adicionalmente sus derechos al mantenimiento en el cargo y a ejercerlo sin constricciones ilegítimas (art. 23.2 CE). Los vínculos y lealtades de orden político de cualesquiera representantes populares son, en definitiva, consustanciales a una democracia representativa en la que los partidos, muy en especial, cumplen los cometidos capitales que enuncia el artículo 6 CE, pero es la propia racionalidad de esta forma de gobierno la que impide, precisamente en favor de una representación libre y abierta, que el Ordenamiento haga suyos tales compromisos, prestándoles su sanción y convirtiéndolos, de este modo, en imperativos jurídicos».

Así las cosas, el TC en efecto finalmente entendió —Fundamento Jurídico 7— que la redacción del párrafo tercero, aplicable a los Concejales que hayan dejado de pertenecer al grupo inicial *por cualquier causa*, va demasiado lejos y supone una restricción desproporcionada del *ius in officium* de los Concejales consistente en algo tan importante como firmar una moción de censura y votar a su favor. El transfuguismo de los Concejales, por execrable que en abstracto se antoje, «no puede intervenirse por el legislador con restricciones al *ius in officium* natural del cargo público al amparo de la libertad de mandato con base en razones asociadas, sin adjetivos, a la vinculación orgánica o política, sin fundamentos añadidos. Sencillamente porque no es cierto que la desvinculación orgánica o política del grupo de origen desestabilice por defecto o sin excepción la vida municipal o modifique la voluntad popular. Así lo demuestran casos como el que está en el origen de este procedimiento constitucional, en el que la razón de la expulsión de los concejales socialistas, fue por completo ajena a la vida municipal de Tacoronte, al tener que ver con cuestiones orgánicas y pactos suscritos por su partido político en ámbitos territoriales que lo excedían. La norma, en suma, sujeta al concejal al grupo político de origen bajo advertencia de restricción de las funciones representativas básicas, sin que este efecto responda inevitablemente a una defraudación de la voluntad popular o a un hacer que busque la desestabilización de la dinámica municipal, como el preámbulo de la Ley Orgánica invoca». En consecuencia, el párrafo tercero de ese apartado 1.a) del Art. 197 se declara —por lo universal e ilimitado de su ámbito de aplicación, al poner bajo la diana no solo a los apóstatas sino también a los excomulgados, sea cual fuera la mayor o menor justicia de esto último— inconstitucional y nulo, aun cuando —Fundamento Jurídico 8— se insta al legislador a que actúe positivamente y proceda («observando el contenido de este pronunciamiento») a sustituir la norma, cosa que, casi seis años más tarde, no ha encontrado el momento de hacer.

Hasta aquí, la Sentencia de Tacoronte. La más importante hasta la fecha.

En el bien entendido de que los problemas interpretativos del Art. 197.1 de la LOREG no se han zanjado, porque la riqueza de la vida pueblerina (y la agudeza de los Abogados) suscita con frecuencia nuevos interrogantes. En la villa de Arredondo (Cantabria), situada junto al límite vizcaíno (y en su día conocida como la «capital del mundo», pues de allí salieron muchos indianos que volvieron enriquecidos y exhibiendo sus fortunas), hay 7 Concejales. La Legislatura de 2019 comenzó con 4 de ellos en el gobierno —el Alcalde y 3 de su partido— y los otros 3 en la oposición. Pero en el primer grupo de ediles se produjo en 2021 una fisura y uno de los 4 —un apóstata, no un excomulgado— pasó a los no adscritos. Junto con los 3 de la oposición, en febrero de 2022 presentaron una moción de censura para cambiar el alcalde. El Secretario no la admitió, por entender que era legalmente exigible el *quorum* reforzado —que aquí significa 5— que es conocido. El Concejal no adscrito fue al Juzgado, que desestimó su recurso. Y, en apelación, el Tribunal Superior de Justicia, con fecha 22 de agosto de 2023, ha planteado al TC con una cuestión de inconstitucionalidad, para preguntar si la doctrina de Tacoronte —donde terció una expulsión del partido, cosa que por el contrario aquí no existe— resulta aplicable al caso. A ver qué termina resolviéndose.

Tacoronte (Canarias) y Arredondo (Cantabria): dos lugares de gran historia y donde han luchado David (el Art. 23 de la CE) y Goliath (el Art. 6). El Concejal —díscolo— y (con el favoritismo descarado del legislador) el partido, respectivamente.

Tan solo procede añadir ahora que en los Ayuntamientos también cabe la cuestión de confianza, o sea, que sea el propio Alcalde quien, se anticipe a los acontecimientos. Está regulado en el precepto siguiente de la LOREG, al que ahora procede simplemente remitir.

El ordenamiento, por el contrario, no ha parado mientes (ni tan siquiera en el muy preciso y suspicaz Reglamento de Organización Funcionamiento y Régimen Jurídico de las Entidades Locales) en la reprobación por el Pleno de la conducta de un Concejal —no el Alcalde—, sin más consecuencias que las puramente políticas o de imagen (sí, reprobación: vaya un palabro). El Tribunal Supremo, en Sentencia de la Sección Cuarta hecha pública el 4 de julio de 2023, ha dado por buena la posibilidad, siempre que estemos ante cuestiones que afecten al círculo de intereses municipales, concurran razones de interés general debidamente justificadas y se guarde la debida proporcionalidad. Conceptos jurídicos todos ellos —de más está decirlo— con un altísimo grado de indeterminación. El supuesto de hecho controvertido tuvo lugar en Cádiz —nada menos: el lugar más icónico de nuestra Guerra de la Independencia frente al invasor napoleónico y de toda la historia constitucional— el 27 de octubre de 2017, en la legislatura 2015-2019, cuando dos Concejales de la oposición (y que antes habían estado gobernando: punto crucial) se vieron reprobados por el Pleno «por haber faltado el respeto a los representantes públicos elegidos democráticamente mediante insultos y agresivas descalificaciones» y ello en una sesión de la Junta General de una Empresa Municipal, llamada Cádiz 2020. Los dos Concejales recurrieron en vía contenciosa ante el Juzgado y luego el TSJ de Andalucía y perdieron; y ahora el Supremo, en casación, confirma el veredicto.

IV. ARAPILES

Los residentes en Madrid saben que ese es el nombre de una calle (y de todo un barrio), sito en la zona fronteriza entre los distritos de Chamartín y Moncloa. También son muchos los que conocen la causa de la denominación: es un pueblo de la provincia de Salamanca, en el Campo Charro, cerca de la capital, que el 22 de julio de 1812, de nuevo en la Guerra de la

Independencia, fue testigo de una importante batalla en la que los nuestros (comandados, eso sí, por el Duque de Wellington: cuesta reconocerlo, pero los ingleses nos echaron una mano) se impusieron a los franceses, que estaban dirigidos por Auguste Marmont.

El municipio de Arapiles tiene hoy apenas 700 habitantes, dispersos además en varios núcleos de población. Los Concejales que le corresponden son 7.

En las elecciones municipales de 2019 se dio el siguiente resultado: 3 PSOE (160 votos), 2 PP (141 de ellos) y 2 Cs (130). Aunque sucede —punto crucial— que el grupo político del PSOE no se constituyó como tal.

El Pleno eligió Alcalde al cabeza de lista del PSOE, pero en seguida empezaron las turbulencias, porque entre los 3 Concejales del PSOE había uno, un tal Calixto, que se cambió de bando y no solo firmó una moción de censura —con los 4 Concejales de PP y Cs— sino que quien se proponía como nuevo Alcalde era él mismo. Entendiéndose que, pese a ello, se servían los requisitos formales —por el dato de no haberse constituido propiamente el grupo del PSOE—, se procedió a la convocatoria automática del Pleno el 29 de enero de 2020. Interpuesto (por el primitivo Alcalde, claro es: el que quería atornillarse) recurso contencioso ante el Juzgado número 2 de Salamanca, el 12 de mayo de 2021 se dictó Sentencia estimatoria (o sea, con anulación de la moción), la cual se vio confirmada en apelación por la Sala de Valladolid: Sentencia de 24 de enero de 2022. La decisión se razonó en base a consideraciones materiales y casuísticas, a saber (según el relato del Auto de admisión de la casación, de 20 de julio de 2023):

> «En el caso considerado resulta que D. Calixto, quien no era siquiera militante del PSOE, fue elegido concejal en las listas de dicha formación política y desarrolló, ciertamente durante poco tiempo, labores de dirección inherentes a la Candidatura que alcanzó la presidencia del Ayuntamiento, siendo designado para altos cargos de dirección de la administración local por el Presidente de la Corporación, lógicamente por su integración en dicha formación y gozando de la confianza de quien dirigía el Ayuntamiento.
>
> Dichas labores de responsabilidad y de hecho de que usualmente se viniese designando a las diferentes formaciones que integraban la Corporación como *grupos*, así como el hecho de que varios de los ediles cumpliesen con la obligación de constituir formalmente los aludidos *Grupos*, determina la corrección de la aplicación de la doctrina que el Juzgado, siguiendo el criterio de la Junta Electoral Central, aplica al caso, en el sentido de exigir a quienes formaban de hecho un grupo municipal una mayoría reforzada para presentar la moción de censura, desde el momento en que ese es el criterio o intención del legislador, que no puede verse desvirtuado por la propia labor

incumplidora de las obligaciones de los ediles de formar los correspondientes grupos políticos, con la consecuencia que alcanza la sentencia dictada de entender mal presentada la moción de censura, de una manera similar a como podría enjuiciar que no se ha presentado por un número bastante de concejales en los términos establecidos en la ley, o, incluso, por personas ajenas a la corporación que, por cualquier razón, no se hubiese advertido por quien recibe la moción y es objeto de tramitación».

En contexto, la cuestión de fondo que presenta interés casacional objetivo consiste en «si la mayoría cualificada para proponer una moción de censura, prevista en el artículo 197.1 de la Ley Orgánica 5/1985, de 19 de junio, de Régimen Electoral General, exige o no que se haya constituido el grupo político municipal o que de hecho haya funcionado como tal».

Para tener Sentencia —al igual que sucede con el caso de Arredondo, en Cantabria— habrá que esperar, al menos unos meses: la nueva batalla de los Arapiles (la 2.0) promete mucho.

Andújar, Tacononte, Arredondo, Cádiz y ahora —ya el remate— Arapiles. Y eso sin olvidarnos de Sant Cugat de Sesgarrigues (Barcelona, comarca del Alto Penedés, que se dice pronto), donde en período electoral se presentó una moción de censura, dándose lugar a un conflicto que solo concluyó en el Tribunal Constitucional con la Sentencia 81/2012, de 18 de abril. Para que luego digan que en España se aburre la gente. Los Concejales y sus partidos tienen relaciones pacíficas —de hecho, son elegidos a través de éstos— hasta que un día salta la chispa y dejan de tenerlas para pasar a la lucha encarnizada, casi como la de Enrique II y su hermanastro Pedro el Cruel en Montiel en 1369.

V. DIPUTACIONES PROVINCIALES

Aquí el precepto constitucional a mencionar es el Art. 142, que en su apartado 1 proclama que «la provincia es una entidad local con personalidad jurídica propia, determinada por la agrupación de municipios y división territorial para el cumplimiento de las actividades del Estado». Y con un mapa objeto de blindaje o al menos de seria protección: «Cualquier alteración de los límites provinciales habrá de ser aprobada por las Cortes mediante ley orgánica».

Y, en lo que hace a la organización, estipulando el Art. 2 que «el Gobierno y la Administración autónoma de las provincias estarán encomendados a Diputaciones u otras Corporaciones de carácter administrativo». La LOREG se ocupa de la elección de los Diputados provinciales en los Arts. 204 y siguientes. El sistema de selección del Presidente está en el Art. 207. Su apartado 3 se limita a estipular que «puede ser destituido de su cargo mediante moción de censura que se desarrollará conforme a lo previsto en el artículo 197» y añadiendo que «puede ser candidato al cargo de Presidente cualquiera de los Diputados Provinciales».

La hemeroteca registra menos casos que en los Ayuntamientos. Merece mención lo sucedido en la Diputación de la provincia castellana de Ávila en los meses finales de la legislatura 2015-2019. El hasta entonces Presidente —del PP— anunció que a los siguientes comicios —mayo del mismo 2019— se presentaría con otras siglas y su partido lo puso de patitas en la calle para el par de meses que quedaban. Típica revuelta en el seno de una familia, que son las más virulentas de todas, aunque, quizá precisamente por eso, el asunto no llegó a los órganos judiciales.

VI. RECAPITULACIÓN

En el bien entendido de que la jurisprudencia constitucional que, sin ánimo agotador, se ha recogido —la específicamente referida a mociones de censura contra Alcaldes— no se entiende al margen de la doctrina general sobre el derecho fundamental del Art. 23 de la CE, sobre todo en los casos de ese ser poco menos que apátrida —un *judío errante,* si se quiere— que es el Concejal que se sale del carril del partido que lo presentó en su candidatura. Por ejemplo, Sentencia 298/2006, de 23 de octubre (Burgos) y también Sentencia 9/2012, de 18 de enero (Denia, Alicante). Unas resoluciones que, más que estudiar, hay que psicoanalizar, teniendo en cuenta el púlpito del que viene el sermón: unos Magistrados teóricamente independientes —no adscritos, que se dice en terminología municipal— pero que rara vez se libran de las servidumbres derivadas de su nombramiento, casi como si fueran como sus colegas del Tribunal Supremo de los Estados Unidos de América, que suelen verse designados por el Presidente precisamente por su afinidad ideológica. El sectarismo constituye no solo un mérito, sino un auténtico requisito.

Pero sabiendo todos que esa *rara avis* puede encarnarse precisamente en este tipo de situaciones en las que el Art. 23 CE se ve asediado, cuando no del todo atosigado, por el Art. 6. Valga como botón de muestra (reciente) la Sentencia 93/2023, de 12 de septiembre, que, en base al Art. 23 de la CE, amparó a Teresa Rodríguez y otros 8 Diputados del Parlamento de Andalucía, que salieron de Podemos y, con invocación del pacto antitransfuguismo, habían sido expulsados de su grupo —Adelante Andalucía— por la Mesa el 25 de noviembre de 2020, pasando a formar parte de los no adscritos, *apátridas,* para repetir la misma palabra poco amable. Notorio es que entre medio hubo unas elecciones —junio de 2022— y esas personas dejaron de ser Diputados, con lo que la Sentencia careció de efectos.

A los que no estamos en ese ajo nos divierte mucho contemplar el espectáculo y, con esa base, elaborar sesudas doctrinas jurídicas e incluso, como Javier Cercas, redactar contundentes editoriales de periódico, en los que, como el legislador cuando considera a los tránsfugas como malditos, como si fueran los poetas de Paul Verlaine, repartimos tanto indulgencias como condenas. Pero sobre todo nos queda la impresión de que no nos estamos enterando de nada, porque se nos escapan los motivos reales de las decisiones individuales: por qué tal o cual persona se metió en una lista electoral; por qué luego rompe con las siglas; qué recibió (o al menos se le prometió) por hacerlo o por haberlo dejado de hacer...: justo de lo que las Sentencias no hablan. Todo ello daría lugar para una novela picaresca —sabiendo, ojo, que estamos ante rigurosas excepciones, casi supuestos marginales dentro de los más de 67.000 ediles, cada uno de su padre y de su madre, que hay en la España plural— o, al menos, para un esperpento de Valle Inclán, un episodio de Pepe Gotera y Otilio («Chapuzas a domicilio») o al menos una película de Berlanga —¡cómo se le echa en falta!—, que seguro resultaría divertidísima.

Como la opinión pública tiene sus propias dinámicas —muchas veces, en un sentido de reacción frente al discurso oficialista, al modo de lo que explicó Isaac Newton en la tercera de sus leyes—, resulta que al Concejal tránsfuga —sea un apóstata, sea un excomulgado: a veces, se insiste, resulta difícil discernir—, por ser víctima del odioso *apparatchik* de turno o al menos haber osado enfrentarse a él le acaba tomando cariño e incluso admiración, siendo así que por el contrario al atornillado —a quien el legislador no condena: se abstiene de poner límites a la reelección, y de hecho suele ser el más sumiso a la organización de turno, porque las listas para los próximos comicios son objeto de culto: listas cerradas a cal y canto, por supuesto— le ha colocado en la diana.

El espectáculo —la comedia, el sainete o lo que sea, incluso el culebrón— que vemos con frecuencia se presta, en efecto, a todo tipo de diatribas. Pero lo peor de la historia es lo que dice el propio Javier Cercas al final de su artículo: «Necesitamos partidos de verdad: sin ellos, no hay democracia de verdad. Necesitamos partidos que no se sirvan de nosotros, sino que nos sirvan, que fomenten la crítica y la autocrítica, que no confundan la disciplina con la sumisión, partidos aireados, plurales y generosos, idealistas y realistas, integrados por militantes libres y no amedrentados y por cargos elegidos en listas abiertas».

A los interesados en la materia procede recomendarles el libro de Piero Ignazi «Partido y democracia», con el subtítulo «El desigual camino a la legitimación de los partidos», edición española en Alianza, 2021. Como se explica en la contraportada, el trabajo «aborda la creciente desafectación hacia los partidos entre los ciudadanos de las democracias consolidadas. Comienza examinando las motivaciones teóricas que subyacen a esta situación para, en la segunda parte, trazar la evolución de los partidos y de la confianza pública en el contexto de la transición de las sociedades industriales a posindustriales». Y es que «actualmente los partidos están atrapados en una contradicción dramática. Se han convertido en una suerte de Leviatán con pies de barro: muy poderosos gracias a los recursos que obtienen del Estado y a su control de distintas esferas de éste y de la sociedad, pero muy débiles en cuanto a su legitimidad y a la confianza que despiertan en el público». En fin, «el libro concluye con un epílogo sobre la posibilidad de renovación de los partidos escrito especialmente para la edición española».

VII. BIBLIOGRAFÍA (POR ORDEN CRONOLÓGICO)

Aparte de las obras generales sobre Derecho local, deben mencionarse los siguientes trabajos:

López Pellicer, José Antonio. «La moción de censura y la cuestión de confianza en la Administración local». *Revista de Estudios de la vida Local y Autonómica*, número 247, julio-septiembre de 1990, páginas 433 y siguientes.

De la Torre Martínez, Lourdes. «El estatuto jurídico de los concejales no adscritos». *Fundación Democracia y Gobierno Local*, 2014.

Maciá Hernández, Javier. «Modificaciones sobrevenidas de la Corporación local: la moción de censura. Especial análisis del supuesto de abandono o expulsión del Concejal del grupo político municipal al que pertenece el Alcalde». *Revista Digital CEMCI*, Número 26, abril-septiembre 2015.

Gallego Alcalá, José Domingo. «La moción de censura en el ámbito local tras la Ley 39/2015, de 1 de octubre». *El Consultor de los Ayuntamientos*, número 14, Sección Opinión/Actualidad, 30 de julio de 2017.

Ortega Montoro, Rodrigo. «La moción de censura tras la Sentencia del Tribunal Constitucional n.º 151/2017, de 21 de diciembre». *Derecho local*, 25 de enero de 2018.

Capítulo 8

Lealtad constitucional, partidos políticos y moción de censura

FRANCISCO RUIZ RISUEÑO
Abogado del Estado
Of Counsel de BROSETA
Diputado en las Cortes Constituyentes de 1977

SUMARIO: I. INTRODUCCIÓN: SOBRE LA PREVALENCIA DE LA CONSTITUCIÓN EN NUESTRO ESTADO DEMOCRÁTICO DE DERECHO: LA MOCIÓN DE CENSURA CONSTRUCTIVA. II. LA DIMENSIÓN POLÍTICA DE LA CONSTITUCIÓN COMO PUNTO DE PARTIDA PARA UNA ADECUADA INTERPRETACIÓN DE LA MISMA. III. LOS PARTIDOS POLÍTICOS Y SU FUERZA EXPANSIVA. IV. SOBRE LA PRETENDIDA FUNCIÓN INSTRUMENTAL O LATENTE DE LA MOCIÓN DE CENSURA. V. MOTIVOS ALEGADOS POR LOS PARTIDOS POLÍTICOS QUE HAN PROPUESTO MOCIONES DE CENSURA. *1. Moción de censura de 1980. 2. Moción de censura de 1987. 3. Moción de censura de 2017. 4. Mociones de censura de 2020 y de 2023. 5. Moción de censura de 2018.* VI. SUGERENCIAS PARA RECUPERAR EL SENTIDO ORIGINAL DE LA MOCIÓN DE CENSURA. VII. CONSIDERACIÓN FINAL: LA LEALTAD COMO GARANTÍA DE LA CORRECTA INTERPRETACIÓN DE LA CONSTITUCIÓN.

I. INTRODUCCIÓN: SOBRE LA PREVALENCIA DE LA CONSTITUCIÓN EN NUESTRO ESTADO DEMOCRÁTICO DE DERECHO: LA MOCIÓN DE CENSURA CONSTRUCTIVA

Cuando estudiamos y analizamos la moción de censura al Gobierno en España, comprobamos la ausencia de un marco normativo claro que regule los efectos y consecuencias que su posible uso indebido puede producir, de suerte que, planteada una moción de censura carente de justificación objetiva, o sin que el grupo o grupos parlamentarios proponentes de la misma dispongan de la mayoría necesaria para conseguir la sustitución del Gobierno censurado, no existen, según resulta de las decisiones hasta ahora adoptadas por la Mesa del Congreso de los Diputados, mecanismos constitucionales, ni políticos ni jurídicos, que impidan que la misma sea admitida a trámite, debatida y, en su caso, resuelta (más adelante analizaré la posible incorrección de estas decisiones). Tampoco existen previsiones sobre los efectos de la aprobación de una moción de censura contraria al espíritu constitucional (las llamadas mociones de censura destructivas) ya que es difícil, por el lógico silencio de nuestra Constitución sobre tan importante cuestión, tanto acreditar que la moción planteada sea contraria a la misma, como imaginar la interposición de un recurso de inconstitucionalidad contra el acuerdo del Congreso de los Diputados aprobando dicha moción de censura y facilitando el nombramiento del nuevo presidente del Gobierno que la referida aprobación conlleva. Y ello es así, porque cuando hablamos de la moción de censura, estamos hablando del control político, no jurídico, del Gobierno, lo que dificulta, y aún más, imposibilita la aplicación de una sanción a la situación derivada de dicho acto de control, más allá de que la moción de censura pueda no prosperar.

La finalidad de este trabajo es la de reflexionar sobre tan importante cuestión en los términos que a continuación expongo, sabedor de que mis reflexiones serán un mero soliloquio, sin trascendencia alguna, más allá de que algún lector desee reflexionar sobre lo que aquí escribo, siendo suficiente para mi propósito «*si tan solo una (entre infinitas muestras de ingenuidad y bastantes despropósitos) de las "reflexiones" aquí contenidas terminara sirviendo para algo, aunque fuera nada más para estimular el pensamiento correctivo de otros*[1]». Soliloquio que ya inicié con ocasión de la primera moción de censura planteada en 1980 y que, tras la presentación de la última moción del año 2023, traslado ahora a letra escrita, por haberse producido desde la promulgación de nuestra Constitución, actuaciones y opiniones suficientes, para un estudio sereno de tan importante cuestión.

---

1. Garrorena Morales, A., «Algunas sugerencias para renovar la función de control parlamentario» *Revista Mexicana de Sociología*, vol. 60, núm. 2, abril-junio 1998, págs. 21-42.

Cumplo así, en mi orgullosa condición de constituyente, con un deseo largamente contenido. Y afirmo, desde ahora, que, tengo serias dudas de que ni siquiera una, incluida la que prosperó, de las 6 mociones de censura presentadas hasta fecha, responda a la letra, y menos al espíritu, de nuestra Constitución. Explico a continuación las razones de mi posicionamiento sobre el uso indebido de tan importante medio de control político del Gobierno, con una referencia y atención especial a las posibles funciones latentes que se atribuyen a la moción de censura que, de ser aceptadas, justificarían, en opinión de quienes así lo mantienen, la corrección y procedencia de las mociones de censura referidas. Termino mi exposición reflexionando sobre los posibles remedios que podrían ayudar a reconvertir la situación derivada del uso incorrecto de la moción de censura, aunque dudo que, dadas las graves posiciones de confrontación entre los partidos políticos, exista la más mínima posibilidad de volver a la necesaria y exigible concordia para abordar y resolver la grave crisis institucional existente que está poniendo en peligro nuestro actual sistema constitucional.

Comencemos por tanto recordando que, entre los distintos mecanismos de control político al Gobierno, ocupa la moción de censura un lugar destacado y esencial (aunque no el único), ya que por medio de la misma se produce, en caso de prosperar, nada más y nada menos que un cambio del propio Gobierno sin necesidad de acudir a nuevas elecciones generales, lo que, en mi criterio, la conforma como un medio de carácter extraordinario y excepcional, excepcionalidad que debe condicionar su uso para aquellos supuestos, igualmente excepcionales, en que concurran, no solo los requisitos de forma exigidos por la Constitución para su admisión a trámite, sino también aquellas circunstancias que justifiquen, sin margen de duda, la procedencia legal y sobre todo política de la misma (entre ellas., y muy especialmente, disponer de la mayoría parlamentaria exigida por la propia Constitución). Soy sabedor de la dificultad de mi empeño por la razón antes expuesta, pero asumo el riesgo por el deber que conlleva reflexionar sobre tan importante cuestión.

Considero que como tal mecanismo excepcional de control y de exigencia debe quedar limitado a aquellos supuestos en los que realmente esté en juego la estabilidad y gobernabilidad del Gobierno y se cumplan las condiciones que la justifiquen y avalen[2], ya que, como tendremos ocasión de analizar, es esa, la estabilidad gubernamental, su razón de ser y fundamento, lo que exige, sobre todo de los partidos políticos, en cuanto repre-

2. «España, democracia menguante». Libro colectivo coordinado por Aragón Reyes, M.: «La inestabilidad de Gobiernos (o su estabilidad a costa de su fragmentación e inoperancia) es el peor enemigo del régimen parlamentario». *Fundación Colegio de Eméritos*. 1.ª edición 2022, pág. 71.

sentantes del pluralismo político, una conducta leal a la Constitución, de defensa del interés general, más allá de sus lógicas posiciones legítimamente partidarias, nunca «partidistas». En efecto, son los partidos políticos, cuya existencia proclamo y defiendo[3] los que, en una loca carrera expansiva, excediéndose de su importante labor constitucional, todo lo ocupan y dominan, incluidos los propios poderes públicos, para desde los mismos llevar a cabo su labor de control de las instituciones, no para la defensa del interés general, sino la de sus intereses particulares y excluyentes, alejados de los principios constitucionales de pacto y de tolerancia con el discrepante.

A la vista del referido silencio normativo sobre las razones, motivos y cuestiones de fondo que deben justificar su correcto planteamiento, la primera y más importante dificultad para abordar con rigor el estudio de la moción de censura está en determinar cuáles sean, si es que ello es posible, la referidas circunstancias (cuestiones de fondo) que puedan justificar el correcto uso de la misma, ya que presentada la moción de censura en la secretaria del Congreso de los Diputados, la Mesa de la Cámara la admitirá sin más a trámite, una vez comprobado que la misma reúne los requisitos formales exigidos por la propia Constitución y el reglamento del Congreso de los Diputados, que incluyó la exigencia de la motivación del escrito de solicitud (apoyo del 10% de los Diputados, escrito motivado y candidato

3. Ignazi, Piero: «Partido y Democracia» (el desigual camino a la legitimación de los partidos). Alianza Editorial. 2017, pág. 416: Tras afirmar que *«el hundimiento de la legitimidad del partido afecta inevitablemente a las instituciones democráticas»*, señala que *«no hay más salida que los partidos políticos. Todas las alternativas presentadas por los defensores de las iniciativas directas de los ciudadanos, pueden flanquear e integrar la actividad partidaria, pero no sustituirla. Los partidos siguen siendo "males necesarios"»*. Fernández Sarasola, I. «Los partidos políticos en el pensamiento español». «Marcial-Pons Historia». 2009, pág. 339: *«el nuevo enfoque muestra cómo los partidos políticos llegan al Parlamento y, una vez allí, cambian las propias normas para perpetuarse en el poder, y hacerse con el control e influencia sobre todas las instituciones del Estado»*. Soriano Díaz, R.L. «El dominio de los partidos políticos: partidos y sociedad». Revista de Estudios Políticos (Nueva Época. Núm. 105. Julio-septiembre. 1999: *«los partidos políticos son los dueños de la vida política de nuestro país; ellos imponen su criterio incontestable y nadie puede hacer nada fuera de su control. La vida política es la vida de los partidos políticos. Los partidos dominan y su dominio es intenso y extenso; dominan a los electores, a los militantes, a los colectivos sociales, a las instituciones»*.

alternativo a presidente del Gobierno), sin facultad discrecional alguna[4]. El simple repaso de las mociones de censura presentadas desde la aprobación de la Constitución así lo acreditan, a la vista de lo establecido en el art. 176.1 del reglamento del Congreso de los Diputados.

En efecto, a la vista de las mociones hasta ahora presentadas, se trata de una mera función de constatación, de suerte que, hechas las comprobaciones por la Mesa del Congreso, si el escrito solicitando la moción de censura reúne los expresados requisitos será admitida a trámite, sin que ni siquiera se pueda entrar a debatir sobre la corrección o no de la motivación incorporada al escrito, único requisito sobre el que en teoría podía plantearse un mínimo debate entre los miembros de la Mesa.

¿Debemos entender con ello, que la motivación es meramente subjetiva y por tanto comprensiva de la razón única y exclusiva, se comparta o no por la propia Mesa de la Cámara, que los Diputados solicitantes de la misma hayan incorporado en su escrito inicial de solicitud?, en consecuencia, ¿debe la Mesa entrar a analizar la referida motivación con el fin de comprobar si concurre o no el hecho habilitante de la admisión a trámite de la referida solicitud? En vista de lo hasta aquí acontecido en las distintas situaciones en las que han sido solicitadas, debatidas y resueltas las mociones de censura en España, ¿debemos entender por tanto que, cumplidos los requisitos formales, ya referidos, la solicitud de moción de censura debía de tramitarse y resolverse, sin tener en cuenta las posibilidades de éxito o de fracaso de las mismas, ni otras importantes circunstancias de fondo que podrían no justificarla? En la parte final de esta colaboración hago referencia a esta importante cuestión, manifestando desde este momento que respetuosamente discrepo de la actuación de las Mesas del Congreso que han conocido y resuelto sobre la admisión de las mociones de censura hasta ahora planteadas.

Incluso, a la vista de las razones dadas por quienes a lo largo de la andadura constitucional la han planteado, ¿debemos entender que la moción de censura puede ser también utilizada para fines distintos del cambio inmediato del Gobierno? ¿podemos hablar en tales casos de la concurrencia de

4. Elías Méndez, C.: «La moción de censura en España y Alemania». *Colección: Monografías (Congreso de los Diputados)*, pág. 83. «*La Mesa del Congreso no posee discrecionalidad alguna en este proceso de admisión en cuanto a la oportunidad o en cuanto al fondo de la moción*».
Rastropo Ripollés, A.: «El control parlamentario: la moción de censura y la cuestión de confianza en el sistema constitucional español». *Revista de las Cortes Generales*, n.º 104, segundo cuatrimestre (2018), pág. 300, señala que la calificación de la presentación de la moción de censura «*tiene un carácter estrictamente formal, limitada al examen de los requisitos que para la iniciativa en cuestión prevé el Reglamento*».

unas razones «implícitas» o «latentes» en la propia moción de censura que pueden justificar, al margen de lo dicho sobre su finalidad o función inmediata, su correcto planteamiento? Soy consciente. ya lo he señalado, de la complejidad de la materia. Veámoslo en las siguientes páginas, en las que intento reflexionar sobre tan importante y capital cuestión, al cobijo de nuestra Constitución, cuya prevalencia se erige en el centro de toda actuación de los poderes públicos en cuanto ley suprema (norma hipotética fundamental, al decir de Kelsen), ley de leyes, de nuestro ordenamiento jurídico, fruto de la soberanía nacional, en cuanto *«poder originario del que emanan todos los demás poderes»*[5].

Dicha prevalencia supone, entre otras cosas, el sometimiento de todos los poderes públicos, sin excepción, y por tanto también del Gobierno, a la ley, lo que conlleva necesariamente la sujeción al correspondiente control de su actividad, para asegurar y garantizar que la misma se ha ajustado al imperio de la norma aplicable a cada caso. El referido control, ya sea social (opinión pública), jurídico (tribunales de justicia) o político (Cortes), es una clara manifestación de todo Estado Democrático de Derecho. Sin sometimiento formal y material a la ley no existe Estado Democrático de Derecho[6]. La propia Constitución así lo «proclama» en su propio preámbulo cuando señala la firme voluntad de la Nación española de *«consolidar un Estado de Derecho que asegure el imperio de la ley como expresión de la voluntad popular»*. Casi inmediatamente, en su art. 1.1. afirma que *«España se constituye en un Estado social y democrático de Derecho»* para finalmente en el art. 9.1 disponer de modo inequívoco que *«los ciudadanos y los poderes públicos están sujetos a la Constitución y al resto del ordenamiento jurídico»*.

Dicho lo cual, y al objeto de delimitar correctamente el objeto de este estudio y no errar en el análisis de la cuestión sobre la que pretendo reflexionar, se hace necesario, con carácter previo a lo que tratamos de exponer, determinar cuál sea el fundamento y naturaleza de la propia moción de censura, porque solo conociendo el porqué de la misma, lo que representa y lo que con su incorporación en la Constitución se pretendía, podremos saber y llegar a conocer cuál debe ser, conforme a nuestra Constitución, el correcto uso de la misma y, aún más, podremos analizar y reflexionar sobre si en los casos en los que los diputados (en realidad son los partidos políticos) han hecho uso de la moción de censura, concurrían o no las razones que, con arreglo a su naturaleza «explícita» ¿o «latente»?, la justificaban.

En efecto, en mi opinión, dos son las principales cuestiones, por orden riguroso de exigencia, que plantea el estudio y análisis de la moción de

5. Fernández Carvajal, R.: *Explicaciones de cátedra*.
6. Marco Tulio Cicerón: *«Seamos esclavos de la ley para poder ser libres»*.

censura, en primer lugar, determinar qué es y cuál es (o debe ser) la razón que justifica la moción de censura (su fundamento y naturaleza) y porqué, en el caso español, el planteamiento de una moción de censura exige la presentación de un candidato alternativo a ocupar la presidencia del Gobierno (moción de censura constructiva). En segundo lugar, una vez delimitada la configuración de su ser y fundamento, procedería analizar cuáles son los requisitos formales exigidos por la propia Constitución para que la moción de censura sea admitida a trámite para su debate y resolución posterior, cuestión ésta a la que ya hemos hecho una breve referencia y que es analizada en otras aportaciones al presente libro.

Así pues, de ambas cuestiones, qué es la moción de censura y cuál es la razón y fundamento de la moción de censura, de un lado (el por qué) y los requisitos (el cómo) para su ejercicio, de otro, es la primera de dichas cuestiones la que será objeto principal de nuestro análisis, lo que nos servirá para analizar el porqué de su incorporación a la Constitución como medio o instrumento del control político de la actividad del Gobierno y el *«prius»* de su adecuado uso.

En mi opinión. solo una vez justificada, en su caso, legal y políticamente, la formulación de una moción de censura, a partir de ahí, pero nunca antes, se podrá entrar a analizar si dicha moción de censura reúne los requisitos formales exigidos por la Constitución para que la misma sea admitida a trámite, posteriormente debatida y, según resulte de la votación posterior al debate, sea estimada o desestimada por la mayoría absoluta de los miembros del Congreso de los Diputados. La ausencia de una regulación normativa que garantice dicha exigencia, nos obliga a analizar cómo debe interpretarse el referido silencio de la Constitución sobre tan importante cuestión. Para ello, tal como explico más adelante, hay que acudir a la voluntad y deseo de nuestros constituyentes para poder conocer cuál fue la verdadera voluntad del legislador.

En todo caso, es menester resaltar, desde el momento inicial de nuestro estudio, que lo verdaderamente importante, a efectos de lo que más adelante exponemos, es que para plantear formalmente un mecanismo excepcional, previsto para situaciones verdaderamente excepcionales como es la moción de censura, es necesario, en mi opinión, que se den dos circunstancias concurrentes, la primera, que exista una justificada y objetivable situación de crisis institucional que ponga de manifiesto una evidente y real debilidad del Gobierno que le incapacite claramente para llevar a cabo la importante labor y actividad gubernamental que la Constitución le reconoce, la segunda, que el gobierno alternativo que surja de la moción de censura goce de la viabilidad y estabilidad necesarias a fin de ofrecer a los ciudadanos la seguridad de un gobierno sólido, sostenido por una mayoría parlamentaria (mayoría absoluta de la Cámara), y que esta mayoría sea homogénea, estable y no coyuntural, ya que el objetivo de la moción, como comprobaremos al analizar los debates parlamentarios de su articulado, es el de lograr la estabilidad que no aseguraba el Gobierno censurado. Sustituir un Gobierno débil por otro igualmente débil e inestable es un contrasentido y, por tanto, contrario a lo que con la incorporación constitucional de la moción de censura se pretendía.

En efecto, no se trata solo de que la oposición se haya puesto de acuerdo en el nombre del candidato a futuro presidente del Gobierno, ni de que, además, reúna la mayoría de votos exigida para que prospere la moción de censura. De lo que, a mi juicio, se trata es de que la crisis y debilidad gubernamental sea real y tan evidente que la sustitución del Gobierno sea la única y lógica alternativa democrática y constitucional ante una situación de debilidad gubernamental claramente irreversible y de que la referida mayoría absoluta requerida por nuestra Constitución, ni sea coyuntural, ni heterogénea o fruto de intereses dispares reunidos ocasionalmente para sustituir al Gobierno. Cuestión ésta de capital importancia, ya que la moción de censura constructiva, en cuanto implica la aparición de un nuevo Gobierno no surgido de elecciones generales, exige que dicho Gobierno goce de la imprescindible y necesaria estabilidad institucional. Esta es, en mi opinión, la nota característica y diferenciadora del carácter constructivo de la moción.

Por ello, conviene recordar que la moción de censura es el instrumento elegido por los constituyentes para restablecer o, en su caso, preservar la estabilidad institucional en casos extremos y graves de crisis gubernamental. La moción de censura es la vía constitucional prevista para controlar la actuación del Gobierno y proceder, en su caso, a su sustitución. Su objetivo es el de permitir la sustitución de un Gobierno débil, no la de debilitarlo, por otro que asegure y garantice dicha estabilidad[7] . Por ello, debe considerarse, ya lo hemos señalado, como un instrumento excepcional de control político ejercido por las Cortes (concretamente por el Congreso de los Diputados) para resolver situaciones excepcionales de crisis gubernamental.

7. Santaolalla López, F.: «La moción de censura. Comentarios al art. 113 de la Constitución», 1979: *«Siguiendo la pauta de la Ley Fundamental de Bonn, el apartado 2 del artículo 113 introduce en España el mecanismo de la moción de censura constructiva. La censura al Gobierno constituido va asociada a la elección de un nuevo Presidente del Gobierno y, consecuentemente, la propuesta para lo primero debe incluir un candidato para lo segundo. De este*

Por tanto, al analizar cada una de las mociones de censura planteadas, deberemos analizar si se dan o no los supuestos que justifiquen, no solo su uso, sino sobre todo y principalmente, si dicho uso se ha ejercido correctamente y de conformidad con el mandato constitucional, de suerte que no exista la más mínima duda o sospecha de que se ha producido un ejercicio correcto del mismo. Para ello nada más oportuno y adecuado que acudir a los debates parlamentarios producidos con ocasión de la elaboración de nuestra Constitución[8] debiendo de resaltarse que la moción de censura fue incorporada a la Constitución desde el texto inicial propuesto por la ponencia, sin que ninguna partido político o grupo parlamentario se negara o se opusiera, antes al contrario, a su incorporación. Solo hubo dos puntos de discrepancia, determinar quién estaba legitimado para su planteamiento (si debía de ser un porcentaje del número de diputados integrantes de la Cámara o debían ser los grupos parlamentarios), y si la moción de censura debía de ser o no «constructiva». Al margen de estos dos puntos de discrepancia, nadie planteó duda alguna sobre la necesidad de este mecanismo de control político.

Para nuestros constituyentes, la moción de censura constructiva supuso «*un progreso técnico importante, porque básicamente logra eliminar el peligro del funcionamiento de mayorías negativas que, sin embargo, no son positivas. Es decir, la posibilidad de que se produzca el acuerdo frente a un gobierno, al efecto de derogarlo o privarle de sus funciones, sin que esa mayoría sea capaz de generar, en términos positivos, un gobierno de recambio*», ya que de lo que se trataba era de evitar el peligro de la «*inestabilidad del gobierno*», lo que, en su opinión, no se conseguía con la que, Solé Tura, denominaba moción de censura clásica[9], que él mismo, en el Congreso, junto al profesor Ollero, en el Senado, defendió frente a la moción de censura constructiva, siendo la de ambos

---

modo, se evitan las temidas mayorías negativas, aquellas que se ponen de acuerdo para derribar a un Gobierno pero son incapaces de hacer lo mismo para la elección del sucesor».

Simón Yarza, F.: De la investidura convulsa a la moción de espíritu destructivo. Publicación de la Universidad de Navarra de 18 de Julio de 2019: «*Como se desprende de las reflexiones de la época de Weimar, la moción constructiva pretendía dificultar las alianzas puramente destructivas, incapaces de gobernar*». «*Desde las reflexiones de Weimar, la moción de censura constructiva ha tratado de evitar las mayorías de pura obstrucción política, incapaces de construir un proyecto común. Antes incluso que la falta de un candidato común, las reflexiones primigenias de Schmitt en su Teoría de la Constitución —aplaudidas de lege ferenda, como se ha dicho, por Anschütz y Thoma— censuraban tanto la disparidad de motivos como la heterogeneidad de las fuerzas políticas coincidentes*».

8. Ollero, C., Obra citada: «*Uno de los baremos más útiles para interpretar un texto constitucional son las deliberaciones que tuvieron lugar al irse produciendo dicho texto, ya que en verdad sirven para verificar con cierta garantía la llamada voluntad del legislador*».

9. Ollero, C.: «Democracia y moción de censura en la Constitución española de 1978». *Revista de Estudios Políticos (Nueva Época)*. Núm. 52 julio-agosto 1986.

constituyentes, con posiciones políticas diferentes, las defensas más convincentes y razonadas a favor de la moción de censura clásica y en contra de la moción de censura constructiva.

Conviene, no obstante, aunque sea brevemente, ya lo había anunciado, recordar los referidos debates para poder avanzar aún más en la verdadera razón que motivó que nuestra Constitución incorporase en su articulado la moción de censura constructiva frente a la moción de censura clásica, siendo esta la mantenida por la totalidad de los países democráticos, a excepción de Alemania (art. 67 de Ley Fundamental de Bonn). De ese modo, nos podremos aproximar con mayor certeza a la verdadera esencia de la institución, lo que nos permitirá analizar, con mayor objetividad y neutralidad, la corrección o no de las mociones de censura planteadas en España hasta el día de hoy, porque solo conociendo la verdadera intención del constituyente podremos descubrir la razón, el porqué y el para qué de la moción de censura constructiva.

El diputado Solé Tura, portavoz del Partido Comunista, expuso la posición contraria a la moción de censura constructiva apoyándola en dos razones, teórica una, practica, la otra. Así, señaló que el exigir para derribar a un gobierno en crisis la presentación de un candidato alternativo supone *«dar predominio al ejecutivo sobre el parlamento»* al *«situar el centro de gravedad en el ejecutivo, y, en consecuencia, a menoscabar el papel real del Parlamento»*, ya que, añadía, *«podemos encontrarnos con un Gobierno de minoría fuertemente protegido... y que subsista frente a una voluntad mayoritaria del Parlamento»*[10].

En efecto, es cierto que la necesidad de presentar un candidato alternativo a presidente del Gobierno puede suponer un obstáculo a la «caída» del Gobierno de turno, si siendo mayoritaria la oposición no lograra esta encontrar ni ponerse de acuerdo en el candidato a nuevo presidente, pero no es menos cierto que la moción de censura constructiva fue configurada, además, no solo como un mecanismo político de control del Gobierno, sino también, ya lo he anticipado, como un obstáculo para la conformación de mayorías no homogéneas que pudiesen vertebrar un Gobierno integrado por grupos parlamentarios no afines, que se pusiesen de acuerdo para derrocar al Gobierno censurado, pero que posteriormente tuviesen evidentes dificultades para configurar un Gobierno estable y duradero que desarrollase y llevase a cabo políticas, no solo coherentes, si no también respetuosas con el sistema político constitucionalmente instaurado. Otra cosa distinta, como veremos, es que la realidad política española, rica en matices y situaciones impensables a la hora de elaborar nuestra Constitución, haya

10. *Diario de Sesiones del Congreso,* núm. 109, pág. 4233.

propiciado pactos contra natura, al menos desde la *«lógica política»*, a lo que me referiré al analizar la moción de censura de 2018, única moción de censura que culminó con la sustitución del Gobierno de turno.

Es preciso recordar la intervención de Pérez Llorca, miembro de la ponencia constitucional, cuando, entre otras razones y argumentos en favor de la moción de censura constructiva, señalada que *«se trata de impedir que una mayoría que no tiene nada de coherente, que no tiene nada de común, pueda derribar a un Gobierno y sea incapaz de proporcionar una solución adecuada, eficaz y pronta, a la crisis que produce»*, ya que *«se trata de responsabilizar el poder del Parlamento, porque el Parlamento debe tener el poder sumo, pero también debe tener en estas cuestiones la responsabilidad suma, y esta es la que conferimos a través de la técnica de la moción de censura constructiva»* [11].

Es evidente, pues, que la moción de censura constructiva, a mi juicio, no debilita *«per se»* la posición del Parlamento en favor del Gobierno, si no que exige del Parlamento el ejercicio responsable de la misma, exigencia que es coherente con la función institucional del propio Parlamento en cuanto que es el encargado constitucionalmente del nombramiento del presidente del Gobierno[12]. El riesgo real no está en la moción de censura constructiva, sino en el uso que de la misma se haga por los partidos políticos, inesperados protagonistas como ya hemos anticipado y tendremos la oportunidad de demostrar[13].

Sin embargo, aun reconociendo que vertebrar una alternativa gubernamental mediante una moción de censura constructiva limita las posibilidades de que la misma prospere, dicha dificultad, querida por el constituyente, no puede, a mi juicio, plantear la conveniencia o necesidad de mutar su esencia y razón de ser y atribuir a la misma pretendidas funciones latentes o instrumentales que justifiquen su planteamiento, si dichas funciones están alejadas de su finalidad inmediata y directa, ni mucho menos pueden justificar constitucionalmente la configuración de un Gobierno integrado por grupos políticos dispares, divergentes en sus respectivos modelos de sociedad y de Estado, incluso algunos de ellos «enemigos confesos» de la

11. *Diario de Sesiones del Congreso,* núm. 109, pág. 4235.
12. Simón Yarza F.: «La moción de censura: ¿constructiva u "obstructiva"?», *Revista Española de Derecho Constitucional,* núm. 103. enero-abril (2015), págs. 87-109. Citando a Vírgala señala que *«En el parlamentarismo que dio origen a la moción de censura es el Rey quien elige al Gobierno, mientras que en el actual tal cometido le compete precisamente al Parlamento».*
13. Montero Gibert, J.R.: «La moción de censura en la Constitución de 1978: supuestos constituyentes y consecuencias políticas». El autor hace una severa crítica de la moción de censura constructiva, incidiendo en que la misma prima la labor y estabilidad del ejecutivo sobre la labor de control del Parlamento.

Constitución y, por tanto, unidos coyunturalmente con el único objetivo de derrocar al Gobierno de turno, sin un proyecto común que respete la Constitución y sus mecanismos y modos de reforma.

Así pues, y aunque la discusión doctrinal, y también política, planteada en torno a si la moción de censura constructiva rompe o no en favor del ejecutivo el necesario equilibrio entre el Gobierno y el Parlamento, primando la estabilidad del Gobierno frente a su control, escapa del tema nuclear de nuestro estudio, he querido dejar constancia de tan importante cuestión, que solo tangencialmente afecta a nuestro propósito, con el único objetivo de analizar las razones y el porqué de que en nuestra Constitución se obstase por el modelo constructivo y de ese modo poder explicar las razones en las que me apoyo para señalar la improcedencia constitucional de las mociones de censura planteadas en nuestro país.

II. LA DIMENSIÓN POLÍTICA DE LA CONSTITUCIÓN COMO PUNTO DE PARTIDA PARA UNA ADECUADA INTERPRETACIÓN DE LA MISMA

Ya he anticipado que me plantea serias dudas la constitucionalidad de las denominadas mociones de censura instrumentales o latentes. Y me las plantean por las razones que trataré de exponer[14]. Insisto y creo, apelando al fundamento y razón de ser de la moción de censura y al espíritu de los constituyentes, que la moción de censura tiene por única finalidad, no la de debilitar a un Gobierno, si no la de sustituir a un gobierno débil por otro estable. Tampoco debe servir para otros objetivos que, aun pudiendo ser aparentemente legítimos, no responden a su naturaleza y fundamento, como ha sucedido en la mayoría de las mociones de censura hasta ahora planteadas. Reproduzco en este sentido las palabras de Alfonso Guerra dichas en 1987 para oponerse a la moción de censura planteada por Alianza Popular al afirmar que *«de multitud de justificaciones por las que podrían presentar la moción de censura...la más repetida ha sido que pensaban presentar la moción de censura para ocupar espacios en los medios de comunicación, para reforzar su propia coalición, para dar satisfacción a sus bases, para deteriorar al Gobierno, para dar publicidad a su nuevo dirigente, para abrir o cerrar campañas*

14. Alba Navarro, M. (2020): «Sistema electoral, investidura y moción de censura: tres ejemplos de flexibilidad constitucional y de arbitrismo doctrinal». *Revista del Parlamento Vasco*, (1):12-39. Al referirse a la doctrina del fraude de ley, el autor, comentando la opinión de Fernando Simón Yarza, señala al respecto, citando a dicho autor: «*¡Cómo no reconocer la antigüedad de la teoría y su virtualidad! Pero acto seguido señaló que la posibilidad de constatar su existencia es una de las tareas más ímprobas de la dogmática jurídica (para los opinadores políticos todo es más sencillo). De hecho, ha sido casi siempre uno de los "recursos de última instancia" al que se apela cuando el arsenal está agotado. De ahí mi instintiva desconfianza hacia su invocación*».

electorales. Todos ellos son objetivos legítimos dentro del juego democrático, pero tienen poco que ver con el sentido que la Constitución atribuye la moción de censura», ya que la moción de censura *«es un instrumento directamente orientado a la alternancia en el poder»* [15].

En efecto, es a mi juicio evidente que se viene produciendo, desde la primera moción de censura planteada en España, una interpretación de la Constitución no coincidente con la voluntad de nuestros constituyentes, que ha permitido, en mayor o menor medida, un uso instrumental de la misma, contrario a la letra y espíritu de la norma que la regula, sirviéndose de dicho mecanismo de control y de exigencia de responsabilidad del Gobierno para fines distintos a los que justificaron su incorporación al texto constitucional y que hemos tratado de exponer a lo largo de este documento. Y si eso ha sido así desde la primera moción presentada por el PSOE (año 1980), como tendré la oportunidad de razonar, qué decir, tanto de la moción presentada por el propio PSOE y que consiguió derrocar al Gobierno del PP (año 2018), como la planteada por VOX hace escasamente un año (marzo 2023). Igualmente son, a mi juicio reprochables, por contrarias al espíritu constitucional, las restantes mociones de censura, presentadas respectivamente, en 1987, por el Alianza Popular (AP, hoy PP), por Unidos-Podemos, en 2017, y por VOX, en 2020.

Expondré a continuación las razones que justifican mi posición contraria dichas mociones de censura para concluir con una referencia especial a la moción de censura del año 2018, que supuso por primera vez un cambio de Gobierno. No obstante, y como pórtico de entrada a lo que más adelanto analizo y explico, parece obligado señalar, tal y como ya hemos adelantado, que el hecho de que la Constitución no regule (no podía ni debía hacerlo, dada la pluralidad de situaciones que pudieran plantearse) expresamente los casos y supuestos en los que puede y debe plantearse la moción de censura (ya que como hemos señalado, nuestra Ley fundamental solo regula los requisitos formales que son exigibles para su solicitud), no puede interpretarse, como erróneamente ha venido sucediendo, en el entendido de que el mero cumplimiento de los requisitos formales referidos justifican y validan por su mera concurrencia la corrección y procedencia de su planteamiento, confundiendo, a mi juicio, lo accidental y formal (admisión a trámite de la moción por cumplimiento de dichos requisitos), con lo sustantivo y esencial (situación clara de crisis gubernamental y alternativa de gobierno que garantice la estabilidad que justifica su solicitud), olvidando que uno de los elementos claves para que la moción de censura prospere se refiere a la necesidad de que el o los proponentes de la misma dispongan de los

15. *Diario de Sesiones del Congreso,* núm. 37, de 26 de marzo de 1987, pág. 2246.

votos de la mayoría absoluta de la Cámara, tal y como exige el art. 113.1 de la Constitución.

Así pues, no resulta obvio recordar que la Constitución incorpora a su articulado la voluntad y el deseo de quienes estando legitimados para ello (Las Cortes Generales constituyentes) trasladaron al conjunto de la sociedad española el texto final resultado de un esforzado y complejo pacto, que fue ampliamente ratificado por vía de referéndum del pueblo español. Dicho texto legal responde, pues, a un acuerdo político, de suerte que el estudio, análisis e interpretación de la Constitución debe hacerse siempre teniendo en cuenta tan importante circunstancia. No se trata, por tanto, cuando de interpretar la Constitución hablamos, solo de interpretar jurídicamente una ley, sino también de tener presente la voluntad política que le sirvió de cobertura y sustento, el bien llamado espíritu constitucional, de tener en cuenta, en suma, la dimensión política de la propia Constitución[16]. Tanto como el qué de la ley (planteamiento de legalidad), interesa el por qué y el cómo de la misma (planteamiento político o de oportunidad). La razón que, en cada caso, y valga también para la regulación de la moción de censura, le sirva de fundamento y de justificación debería ser tenida en cuenta a la hora de su interpretación.

De ahí, la permanente referencia que hago a los debates parlamentarios, en los que claramente se refleja lo que el constituyente pretendió y quiso incorporar o excluir en la misma, así como el porqué de su decisión final.

Con tal planteamiento no pretendo en absoluto excluir la posibilidad de una interpretación «evolutiva» del texto constitucional, pero si procede advertir y resaltar que dicha interpretación evolutiva no puede ser un instrumento que conlleve una interpretación incorrecta de la misma o incluso

16. Aragón Reyes, M.: «El control parlamentario como control político»: «*Cuando un órgano político acude a la Constitución, o a otra norma, para juzgar una determinada conducta o un acto, está interpretando la regla, por supuesto, pero interpretándola políticamente y no jurídicamente. A diferencia de la judicial, su interpretación es enteramente libre, sustentada no en motivos de derecho, sino de oportunidad, esto es, se trata de una valoración efectuada con razones políticas y no con método jurídico*». García López, E.: «Se equivoca el Tribunal Constitucional»: «*El Tribunal Constitucional desconoce la dimensión política de la Constitución y la deja reducida a una suerte de extraño meeting point de la supralegalidad en el que se dan cita un desde las que cualquier intérprete habilidoso puede extraer la conclusión que precise. Una Constitución a la carta*». Elconfidencial.com. 13 de junio 2023.

una mutación de la propia Constitución[17] que suponga una reforma solapada de la misma, esquivando hábil y maliciosamente el procedimiento que a tal fin lleva en su articulado la propia Constitución para su propia reforma. De igual modo, tampoco pretendo descalificar a quiénes en el libérrimo ejercicio y defensa de la libertad de opinión, discrepan de nuestro modelo político constitucional y pretenden su modificación y sustitución por otro acorde con sus ideas y principios. Por nuestro Tribunal Constitucional se ha considerado a nuestra Constitución como una Constitución *«no militante»*, lo que permite, no solo a los discrepantes, sino también a los «enemigos» de la Constitución y de nuestro sistema político de 1978, de conformidad entre otros con los arts. 16.1, 17.1 y 20.1,a), defender libremente sus ideas y opiniones, incluidas la posibilidad de sustituir nuestro modelo constitucional, siempre, claro está, que, para ello se utilicen los mecanismos que la propia Constitución establece (arts. 166/169). Lo que supone el cumplimiento de un deber no escrito en letra impresa, pero si en la voluntad que la inspira, como es el deber de lealtad a la letra y, en este caso, al espíritu constitucional.

La referencia a la lealtad constitucional es siempre obligada, y todavía lo es más cuando del uso de la moción de censura se trata, en razón a los importantes efectos y consecuencias que su aprobación puede tener en relación con la protección y defensa de nuestro modelo constitucional, ya que su uso indebido, y por tanto desleal, puede conllevar, o bien vaciar de su contenido y finalidad inmediata a la moción de censura, o bien la instalación de un Gobierno apoyado por fuerzas políticas que pretendan claramente sustituir por procedimientos ilegales nuestro actual modelo constitucional. En suma, ya lo hemos anticipado al hablar de la interpretación evolutiva, se trata pura y simplemente de *«acatar las reglas de juego político y el orden jurídico existente y a no intentar la transformación de la Constitución por medios*

17. Mendizábal Allende, R.: Voto particular a la STC en el recurso de inconstitucionalidad núm. 431/1995: *«Digo ya, sin ambages, que por debajo del tenor de la Constitución se está produciendo un desplazamiento de placas tectónicas que ha alterado el subsuelo del sistema judicial tal y como lo diseñó aquélla en 1978, más allá de una interpretación evolutiva. En definitiva, se ha operado una "mutación constitucional", entendiendo por tal un cambio del contenido de las normas que, conservando la misma redacción, adquieren un significado diferente, como definió este fenómeno el Tribunal Constitucional de la República Federal de Alemania. Sin utilizar el mecanismo que para su reforma establece la Constitución, se ha ido transformando y deformando ésta. La mutación constitucional queda a la vista en más de un aspecto y no solo en éste, pero en éste nos jugamos el Estado de Derecho. Ningún ejemplo mejor ni más cercano para mostrar cuánta razón llevaba Charles Evans Hughes. En paráfrasis de una famosa observación suya es cierto que "vivimos bajo una Constitución", pero no lo es menos que "la Constitución es lo que el Tribunal Constitucional dice que es". De ahí al "despotismo de una oligarquía", que profetizaba Thomas Jefferson, hay un paso, pero también un abismo»*.

ilegales que para el caso de los titulares de los poderes públicos se traduce en un deber general de realizar sus funciones de conformidad con aquélla»[18].

III. LOS PARTIDOS POLÍTICOS Y SU FUERZA EXPANSIVA

De ahí la importancia, señalada al principio de este trabajo, de la necesaria e imprescindible independencia e imparcialidad que debe garantizar el supremo intérprete de nuestra Constitución: el Tribunal Constitucional, cuya necesaria neutralidad debe ser la mano de hierro con guante de seda que embride los permanentes deseos expansionistas de los partidos políticos, cuya insaciable avidez de ocupar esferas de influencia y de poder en los tres Poderes del Estado (incluido el propio Tribunal Constitucional), pueden convertirse, si es que ya no lo han hecho, en el principal enemigo de nuestro régimen parlamentario[19], ya que dicho deseo expansionista se ha trasladado a importantes instituciones del Estado (Tribunal Constitucional, Consejo General del Poder Judicial, Fiscalía general del Estado, Defensor del Pueblo, Tribunal de Cuentas etc.) que deben caracterizarse por su independencia y neutralidad y que, no obstante carecer de estructura representativa, son utilizadas en beneficio exclusivo del partido o partidos gobernantes, cuyas respectivas estructuras ocupan sin pudor alguno, como si de órganos políticos representativos se tratara, distribuyéndose la respectiva presencia en los mismos por un sistema de cuotas, contrario, tanto a la letra como al espíritu constitucional del consenso.

La influencia y presencia de los partidos políticos ha sido clave en el planteamiento y solicitud de las mociones de censura hasta ahora debatidas y resueltas en el Congreso de los Diputados, de cuyo análisis podremos deducir el permanente olvido por los partidos políticos de las razones que

18. STC 101/1983, FJ 3: «*La sujeción a la Constitución es una consecuencia obligada de su carácter de norma suprema, que se traduce en un deber de distinto signo para los ciudadanos y los poderes públicos; mientras los primeros tienen un deber general negativo de abstenerse de cualquier actuación que vulnere la Constitución, sin perjuicio de los supuestos en que la misma establece deberes positivos (arts. 30 y 31, entre otros), los titulares de los poderes públicos tienen además un deber general positivo de realizar sus funciones de acuerdo con la Constitución, es decir que el acceso al cargo implica un deber positivo de acatamiento entendido como respeto a la misma, lo que no supone necesariamente una adhesión ideológica ni una conformidad a su total contenido, dado que también se respeta la Constitución en el supuesto extremo de que se pretenda su modificación por el cauce establecido en los arts. 166 y siguientes de la Norma Fundamental. Entendido así el acatamiento, como lo entienden acertadamente tanto el Ministerio Fiscal como la representación del Congreso, constituye un deber inherente al cargo público, una condición, en el sentido de requisito, con independencia de que se exteriorice o no en un acto formal*». Punset Blanco, R.: «El control parlamentario en España: cuestiones controvertidas desde la perspectiva de la forma de gobierno». *Federalismi.* 29 de mayo de 2013.

19. García Pelayo, M.: *El Estado de partidos*. Alianza Editorial (1986).

justificaron su incorporación a la Constitución en los términos que venimos exponiendo en el presente artículo[20].

En efecto, de la lectura y análisis de las distintas mociones de censura planteadas y de las razones que las justificaron, podremos observar que ni una sola de ellas tuvo en cuenta la razón de ser y finalidad «inmediata» de la misma, que no es otra, como reiteradamente venimos afirmando, que asegurar la gobernabilidad de nuestro país, sustituyendo a un Gobierno objetivamente débil e inestable, por otro que garantice y asegure dicha estabilidad. Lejos de ello, los partidos políticos, que son los verdaderos protagonistas de las mociones de censura (la referencia al partido es permanente y constante por los diputados que intervinieron en su planteamiento), aun sabedores (al menos, en cinco de las seis mociones planteadas) de que no disponían de la mayoría parlamentaria requerida por la Constitución, insistieron en su planteamiento, apelando a los más diversos argumentos y motivos para justificarla, a los que haremos referencia, olvidando, además, que son los diputados, y no los partidos políticos en el representados, los legitimados para plantear la moción de censura[21].

De su análisis, podremos comprobar cómo la presentación de las mociones de censura estuvo presidida siempre por un interés partidista y particular, ajeno, por no decir contrario a la Constitución, hasta el punto de que en las dos primeras mociones de censura, en 1980 y 1987, en las que el PSOE tuvo un especial protagonismo (en la primera fue el censor, en la segunda, el censurado), su portavoz parlamentario, que en ambas mociones fue el mismo, mantuvo una postura en 1980, a favor del planteamiento de la moción, y su opuesta en 1987, en contra de la moción, según convenía a su

20. Garrorena Morales, A. Obra citada: «*Los partidos deberían procurar ganar en teoría, esto es, en análisis severo y crítico de la realidad; un análisis mucho más elaborado que el actual que les hiciera salir de las acartonadas fórmulas hoy al uso (incluso de la violencia verbal con la que a veces pretenden ocultar sus deficiencias teóricas) y que les permitiera plantar al mismo tiempo sus diferencias sobre un suelo mucho más ponderado y constructivo. De que logren o no dar con bien este paso tan serio dependerá, en no pequeña medida, la suerte inmediata de muchos elementos del actual sistema constitucional. Y, por supuesto, la del control parlamentario*». En la misma obra, al referirse a la importante función que deben de llevar a cabo los partidos políticos, afirma que «*la oposición pasa a identificarse como una función llena de contenido, como un conjunto de tareas que es importante que alguien cumpla, y no solo como una actividad obsesivamente orientada al acoso y derribo del que gobierna*».

21. Aragón Reyes, M.: *Revista de derecho político*, núm. 23, 1986, págs. 9-39 «El control parlamentario como control Político»: «*No puede decirse que el control político solo puedan realizarlo agentes "políticos" y el control social agentes "sociales". Una afirmación así no sería correcta, en la primera parte por imprecisa y en la segunda por falsa. Solo ejercen el control político los agentes políticos "institucionalizados", y no todos los agentes políticos. Así, no son los partidos sino el Parlamento (y en su seno los parlamentarios y los grupos parlamentarios) los que ejercen el control político del Gobierno, por ejemplo*».

posición política en cada momento. La utilización de la moción de censura según la conveniencia política de quien hace uso de la misma, pone de manifiesto la utilización instrumental de la misma, lejos por tanto de su verdadera razón de ser y su inmediata e importante finalidad. Ello supone una clara deslealtad constitucional y un uso arbitrario y partidista de uno de los más importantes medios de control político que nuestra Constitución reconoce. Más adelante analizaremos si los motivos alegados por los partidos que plantearon dichas mociones pueden o no considerarse conformes con la regulación que nuestra Constitución hace de la moción de censura.

De otro lado, en la moción de censura de 2018, es cierto que la oposición, liderada por el PSOE, disponía de la referida mayoría parlamentaria, pero, como se explica más adelante, se trataba de una coalición integrada por partidos dispares y heterogéneos, ausente de un proyecto común de gobernanza, que al parecer conformaron diversos pactos bilaterales entre los coaligados, cuyo contenido jamás fue conocido, ni por la opinión pública, ni por el Congreso de los Diputados, respondiendo a un reprochable oscurantismo y, por tanto, alejados de la exigible transparencia que un sistema democrático debe representar y defender. Razonaremos más adelante sobre la conformidad o no de dicha moción de censura con nuestra Constitución.

IV. SOBRE LA PRETENDIDA FUNCIÓN INSTRUMENTAL O LATENTE DE LA MOCIÓN DE CENSURA

Antes de analizar con el necesario rigor y espíritu crítico las distintas mociones de censura que a lo largo de nuestra reciente historia democrática se han planteado, debemos de reflexionar sobre el hecho, insistentemente repetido por los partidos censurantes (al menos en 5 de los seis casos en los que se ha planteado la moción) de si a la vista de nuestro texto constitucional, puede reconocerse o no en la moción de censura una función latente o instrumental, independientemente de la verdadera función principal, como es la de sustituir directamente a un Gobierno por otro distinto y alternativo. No es, a mi juicio, una cuestión menor, y merece la pena analizar dicha posibilidad, dada la gran transcendencia que su planteamiento supone, máxime cuando todos los partidos que han propuesto una moción de censura, han insistido en la corrección de su planteamiento, pese a no disponer de la mayoría cualificada necesaria para que la misma pudiese prosperar y de que, en consecuencia, pudieran vertebrar un Gobierno alternativo en sustitución del Gobierno censurado. Estas reflexiones no son trasladables a la moción de censura del año 2018, ya que, en este caso, al concurrir la mayoría exigida, la moción de censura prosperó y dio lugar a la sustitución del Gobierno. La reflexión en este último cado alude a considerar o no conforme al espíritu constitucional la conformación de un Gobierno que, gozando de la mayoría cualificada exigida por la Constitución, había surgido por el apoyo parlamentario de grupos políticos dispares y heterogéneos que no garantizaban un Gobierno sólido y estable. Más adelante nos referiremos a tan importante cuestión.

Admitida, pues, la conveniencia de analizar si la moción de censura puede tener, junto a su función inmediata y principal, una función implícita o latente, que le pueda servir de legítima cobertura, es preciso señalar que, en mi opinión, en ningún caso la posible función latente o instrumental (en la moción de censura de 1987, el portavoz del partido proponente, habló de «finalidad subsidiaria» de la moción de censura)[22] debería alterar o desvirtuar la verdadera finalidad («finalidad manifiesta») de la misma, es decir, la finalidad sustitutoria del Gobierno, ya que de otro modo, se alteraría su razón de ser. Y esa fundamental finalidad solo puede conseguirse, o bien sustituyendo al Gobierno directamente por el Gobierno que resulte elegido por el Congreso al pronunciarse sobre la moción de censura planteada, o bien, posibilitando la disolución de las Cortes y convocando elecciones generales, posibilidad que ya fue planteada en 2018 por el portavoz de Ciudadanos, mediante la presentación de un «candidato instrumental»[23] que fuese propuesto y elegido con dicho objetivo. En este supuesto, verdaderamente excepcional, podría tener cabida la finalidad instrumental de la moción de censura, ya que con la misma el candidato propuesto sería investido presidente, pero con el único objetivo de convocar nuevas elecciones generales.

Así pues, procede que analicemos los argumentos aportados por quienes defienden y justifican la función latente de la moción de censura, ya que, desde la primera moción de censura planteada en el año 1980, se alegaron para su justificación diversos motivos, en mi opinión, ajenos a dicha finalidad inmediata, y que, de una u otra manera, se han ido repitiendo en posteriores mociones en los términos que a continuación indicamos. La razón aplicable a todos los supuestos es la misma: la dificultad, inviabilidad para la mayoría, de conseguir la sustitución del Gobierno utilizando la moción de censura constructiva. Esta inviabilidad, se afirma, debe conducir a utilizar la moción de censura para otros fines, latentes en la misma, que, por la vía de hecho, la han transformado en un instrumento ordinario de control político, que puede servir para confrontar distintos modelos o for-

22. Calero Rodríguez, J.R.: *Diario de Sesiones del Congreso*, número 38, 26 de marzo 1987, pág. 2044.
23. Simón Yarza, F.: *Agenda Pública. Diario el País*: (30 de mayo 2018) En su artículo sobre que *«la moción de censura debe ser constructiva y puede ser instrumental»*, señala que *«la propuesta de Ciudadanos de presentar un candidato de consenso para que convoque elecciones generales no es inconstitucional»*.

mas de gobernar o a los lideres de los partidos con posibilidad de convertirse en futura alternativa gubernamental.

Tal posicionamiento ha permitido hablar de una función latente de la moción de censura que, si bien no persigue de manera directa e inmediata la sustitución del Gobierno al no disponer el partido censor de la mayoría cualificada exigida por la Constitución, si permite «*escenificar la alternativa programática opositora ante el cuerpo electoral*»[24], «*pudiendo ser utilizada para forzar una confrontación entre el Presidente del Gobierno y el candidato propuesto*»[25].

Ante tales planteamientos, no exentos de lógica posibilista, la pregunta es inmediata: la inviabilidad de la moción de censura, a la que cierto sector doctrinal alude, ¿puede justificar una alteración en la función del control extraordinario que a la moción de censura le corresponde convirtiéndose en un mecanismo ordinario de control?, ¿debemos permitir, o mejor dicho, nuestra Constitución permite una interpretación acorde con su espíritu en esos términos?, y, aún más, después de la moción de censura de 2018, que dio lugar a un nuevo Gobierno nacido de la misma, ¿podemos afirmar que dicho medio de control es inviable?

Creo sinceramente que el hecho de que configurar una moción de censura constructiva con posibilidades de éxito no sea fácil, salvo supuestos de fragmentación del Parlamento, dicha dificultad no puede conllevar la alteración de su función y significado, ya que, ni determina su inviabilidad, como ha quedado demostrado, ni, aunque así fuera, puede propiciar su mutación por vías interpretativas de la Constitución que alteren su letra y su espíritu. De igual manera que la revisión y modificación de nuestra

24. Punset Blanco, R.: *Revista di diritto publlico italiano, comunitario e comparato*: «El control parlamentario en España: cuestiones controvertidas desde la perspectiva de la forma de Gobierno» (mayo 2013, pág. 9): Así lo expresa literalmente: «*Ahora bien, la desconexión entre control parlamentario y responsabilidad política alcanza, en el Derecho español, incluso a la puesta en práctica de las mociones de censura, puesto que esta forma de control extraordinario ha devenido, en razón de su inviabilidad (jamás se ha derribado a un Gobierno en 34 años), una forma de control ordinario, mediante la cual se pretende únicamente, no el inmediato recambio gubernamental basado en una nueva mayoría, sino escenificar la alternativa programática opositora ante el cuerpo electoral. Así sucedió, con distinta eficacia, en mayo de 1980 y en marzo de 1987, las únicas veces en que se propuso una moción de censura contra el Gobierno*». En base a ello concluye su razonamiento señalando que «*como hemos visto, el control parlamentario extraordinario solo puede utilizarse en nuestra práctica institucional con finalidad de control ordinario cualificado. En consecuencia, el control ordinario debería adquirir la máxima potencialidad precisamente por la inviabilidad última del control extraordinario para exigir la responsabilidad política del Gobierno*».

25. Simón Yarza, F. «Moción de censura: ¿constructiva u obstructiva?» *Revista Española de Derecho Constitucional*, núm. 103, enero-abril (2015), pág. 98.

Constitución exige determinados trámites, acuerdos, mayorías cualificadas y consultas (referéndum), que dificultan, pero no imposibilitan, la modificación de algunas de sus partes (Título Preliminar, Cap. Segundo, Sección 1.ª del Título I o el Título II), no por ello podemos considerar correctas otras vías distintas a las indicadas para proceder a la modificación constitucional. La dificultad constitucional de su uso no puede justificar, en absoluto, la mutación de la moción de censura, para convertirla en una plataforma reivindicativa de otro signo, como no pueden utilizarse otras vías indirectas y contrarias a lo previsto en la propia Constitución para obtener una modificación de la misma, por mucha que sea la dificultad constitucionalmente establecida para dicha modificación. Sería siempre preferible, y desde luego conforme a la Constitución, reconocer, si es que así fuera, la inutilidad de su actual regulación y buscar en la propia Constitución la redacción de otra fórmula del control político del Gobierno que mejor se avenga a nuestro sistema constitucional, que no dejar en «vía muerta» la moción de censura constructiva, so pretexto de la dificultad de lograr su objetivo.

En cualquier caso, la bondad o no de la moción de censura como medio de control político no depende de la mayor o menor frecuencia de su uso, sino de que su uso sea el adecuado y de que su sola incorporación en nuestra Constitución sea garantía de la siempre necesaria estabilidad gubernamental, sin menoscabar por ello la legítima y necesaria alternancia en el Gobierno de la nación[26] y la eficacia de este en su actuación, máxime cuando la propia Constitución tiene incorporados y previstos otros mecanismos de control que ya cumplen, o deberían de cumplir, con la función «ordinaria» que ahora se pretende atribuir a la moción de censura.

V. MOTIVOS ALEGADOS POR LOS PARTIDOS POLÍTICOS QUE HAN PROPUESTO MOCIONES DE CENSURA

Como ya he señalado, me referiré, en primer lugar, a las cinco mociones de censura planteadas, respectivamente, en 1980, 1987, 2017, 2020 y 2023, para después analizar la moción del año 2018, que ha sido la única de las seis que concluyó con la sustitución del Gobierno censurado. Al analizar los motivos alegados por los diputados proponentes de cada una de ellas, haré, por razones metodológicas, una descripción de los motivos alegados en cada uno de los casos, ya que existen entre ellas algunas similitudes y coincidencias, la

26. Punset Blanco, R. Obra citada: *«...en realidad, el desequilibrio interorgánico Gobierno-Congreso (disolución-irresponsabilidad política) atestigua la perversión de nuestro régimen parlamentario, en el que todo se sacrifica no a la eficacia de la acción política del Gobierno, sino a su mera estabilidad. Es éste un residuo deplorable de la cultura institucional del franquismo, cuya propaganda insistía machaconamente en la pretendida equivalencia entre democracia e inestabilidad gubernamental»*.

principal es que todas ellas fueron planteadas sin que el grupo político proponente de la misma tuviese la mayoría cualificada de la Cámara para que pudiera prosperar. En la moción de censura del año 2023 se produjo la circunstancia especial de que el candidato propuesto como presidente del Gobierno no formaba parte del grupo político que la solicitó. En la moción de censura del año 1987 el candidato propuesto no tenía la condición de diputado, sí la de senador. En la moción de 2018, el candidato no era diputado.

La moción de censura del año 1980 fue planteada por los diputados de los tres grupos parlamentarios en los que entonces estaban distribuidos los diputados socialistas (PSOE, PSC y PS vascos). Dicha moción tuvo 152 votos a favor, 166 en contra y 21 abstenciones. La moción de censura del año 1987 fue presentada por el grupo de Alianza Popular (hoy PP) y la misma tuvo 67 votos a favor, 195 en contra, 70 abstenciones. La moción de censura del año 2017 fue presentada por Unidos Podemos y la misma tuvo 82 votos a favor, 170 en contra y 97 abstenciones. La moción de censura del año 2020 fue presentada por VOX y tuvo 52 votos a favor y 298 en contra, sin ninguna abstención, y la moción de censura de 2023 fue también presentada por VOX y tuvo 53 votos a favor, 202 votos en contra y 91 abstenciones.

Como ya he anticipado, en ninguna de las cinco mociones referidas los grupos proponentes de las mismas disponían, en mayor o menor medida, del número de votos necesarios para que la moción de censura pudiese prosperar. No se cumplía, pues, el único requisito de fondo requerido para que la misma pudiera prosperar, al menos numéricamente. No obstante, la falta de tan importante exigencia, la moción fue planteada y justificada del modo y manera que a continuación expongo. Más adelante trataré de analizar si dichos motivos pueden considerarse integrados o no en la denominada función latente de la Constitución. En todos los casos, sí que se cumplía el requisito de que la propuesta de moción de censura fuese acompañada del nombre del candidato a presidente del Gobierno.

1. MOCIÓN DE CENSURA DE 1980

En la moción de 1980, en ningún momento de su intervención el portavoz del partido proponente manifestó o hizo referencia alguna a dicha exigencia-omisión, limitándose a señalar, entre otras razones que, en opinión de sus grupos parlamentarios, justificaban el planteamiento de la moción porque *«además, a través de la moción de censura existe la posibilidad de concitar votos a su alrededor que si alcanzaran la mayoría absoluta de la Cámara —176 votos— sirve para cambiar el Gobierno»*[27].

Dicha manifestación, supone el reconocimiento evidente de que el proponente y sus grupos no disponían, ni dispusieron en ningún momento, de la mayoría real y efectiva, no potencial, necesaria para plantear la moción. Su apelación a la «posibilidad de concitar votos», era más un deseo que una realidad, que carecía de base auténtica, como así se demostró en la votación final. De aceptarse la apelación a lo potencialmente posible como base suficiente para plantear una moción de censura, es el camino abierto, como así ha venido sucediendo en posteriores mociones de censura, para desvirtuar y mutar la verdadera naturaleza de tan importante y excepcional medio de control político, en el que la mayoría absoluta de la Cámara debe estar garantizada cuando la misma se plantea. No se trata, en mi opinión esa no fue la configuración constitucional de la moción de censura, de formular la moción ante «la posibilidad teórica de concitar votos a su favor», una vez presentada la misma, si no de presentar la moción una vez que los votos se hayan asegurado. La moción de censura no está concebida como una especie de juego malabar en busca de que los votos requeridos se consigan después de su presentación, sin garantía real de que así suceda, salvo que exista posibilidad real de conseguir dicha mayoría a la vista de lo que resulte del debate. Su finalidad es sustituir un Gobierno por otro que lo reemplace y ello solo se consigue cumpliendo desde el inicio dos condiciones irrenunciables, una mayoría cualificada, cuya obtención no puede quedar al albur del posterior debate parlamentario (el portavoz del partido proponente de la moción de 1980 así reconoció en 1987, cuando, en respuesta a la moción de censura planteada por Alianza Popular y cambiando en 360.º su planteamiento de 1980, señaló literalmente, al oponerse a la misma, que *«la moción de censura es un instrumento directamente orientado a la alternancia en el poder»*[28] , y un candidato alternativo a la presidencia del Gobierno).

27. *Diario de Sesiones del Congreso,* núm. 93, 28 de mayo de 1980, pág. 6084.
28. *Diario de Sesiones del Congreso de los Diputados*, núm. 38, de 26 de marzo de 1987, pág. 2240.
Así lo puso de manifiesto el portavoz del Gobierno censurado en turno de oposición a la moción presentada al señalar que *«el voto de censura constructivo, tornado de la*

Acreditado que el PSOE no disponía de la mayoría cualificada necesaria para plantear con posibilidades de éxito la moción de censura, procede que analicemos, pues, cuáles fueron los verdaderos motivos alegados por su portavoz al plantearla. Dice así: *«la moción de censura para los socialistas es, en primer lugar, un derecho constitucional, un mecanismo para juzgar al Gobierno cuando su actuación merece el rechazo de la oposición».* Más adelante, añadió que *«la moción de censura es también un deber moral cuando la oposición considera que el Gobierno no ha defendido los intereses de la nación, no ha defendido los intereses de los ciudadanos».* En la misma línea argumental, el portavoz socialista señaló que la moción de censura *«es por último un impulso para la clarificación, para que cada partido, para que cada hombre y cada mujer tome posición de lo que ocurre políticamente en nuestro país...».* En la última parte justificativa de los motivos de la moción, Guerra González aludió a las diferencias de liderazgo entre el presidente Suárez (presidente censurado) y Felipe González (presidente alternativo), mostrándose partidario del liderazgo del segundo frente al primero, y resaltando «el miedo del presidente al Parlamento», el portavoz socialista concluyó su exposición de motivos afirmando lo siguiente: *«para demostrar estos hechos los socialistas hemos presentado la moción de censura».*

Dada la claridad de los términos en los que se justificaba la referida moción de censura, solo procede hacer unas breves y obligadas consideraciones: la primera y fundamental es, ya lo he señalado, pero considero oportuno reiterarlo, que nunca la referida moción de censura tuvo posibilidad alguna de prosperar, ante la ausencia del primer requisito exigible, como era la existencia de una mayoría parlamentaria cualificada de la que el partido proponente carecía. La segunda consideración, pone de manifiesto de manera clara e irrefutable que el planteamiento de la moción de censura fue resueltamente partidista, ajeno al interés general (estabilidad

---

Constitución alemana, fue recogido por nuestra Constitución para posibilitar un cambio de Gobierno, únicamente cuando es posible, de manera efectiva, el relevo sobre la base de una mayoría asegurada y estable». Arias-Salgado Montalvo, R.: *Diario de Sesiones del Congreso de los Diputados,* núm. 93 de 28 de marzo de 1980, pág. 6094: *«La moción de censura constructiva, que nuestra Constitución consagra, a diferencia de las mociones de censura del parlamentarismo clásico, no debe ser utilizada como voto de castigo, porque tiene por objeto asegurar la estabilidad gubernamental y evitar el deporte de derribar arbitrariamente Gobiernos». «El voto de censura constructivo, tornado de la Constitución alemana, fue recogido por nuestra Constitución para posibilitar un cambio de Gobierno, únicamente cuando es posible, de manera efectiva, el relevo sobre la base de una mayoría asegurada y estable». «Se trata de evitar que, mediante un acuerdo meramente negativo de todos contra uno, se derriben Gobiernos y se intente subvertir la voluntad popular expresada directamente en las urnas, mediante la formación de mayorías "contra natura"». «No es serio acusar al Gobierno de incumplimiento las elecciones del pasado año 1979».*

gubernamental) cuya defensa y protección justificó la incorporación de la moción de censura en nuestra Constitución.

No es cierto en mi opinión, y respetuosamente discrepo, que la moción de censura sea *«un mecanismo para juzgar al Gobierno cuando su actuación merece el rechazo de la oposición»*, ni tampoco responde a lo que a nuestra Constitución inspira que *«la moción de censura sea también un deber moral cuando la oposición considera que ...»*,y mucho menos todavía considero que la moción sea el *«un impulso para la clarificación, para que cada partido, para que cada hombre y cada mujer tome posición de lo que ocurre políticamente en nuestro país...»*.

La moción de censura, no solo no es «eso», sino que es mucho más que eso, porque ni se puede plantear solo porque a la oposición le *«produzca rechazo la actuación del Gobierno»*, ni porque sea un *«deber moral» que* dependa en cada caso de lo que la oposición considere que deba ser dicha actuación, ni tampoco es un instrumento de *«clarificación»* de posiciones partidistas. Como manifestó el propio portavoz del partido socialista en 1987, cuando era su Gobierno el censurado, para oponerse a la moción de censura que le fue planteada por Alianza Popular, *«el planteamiento de la moción de censura...debe tener en cuenta como elemento determinante la finalidad que la Constitución le atribuye, que es el intento de sustitución un Gobierno por otro de diferente signo»*, para, sobre la base tan contundente y veraz afirmación, señalar que *«no hay ni un solo dato, en la realidad parlamentaria, que permita pensar en la posibilidad, aunque sea lejana, de que los firmantes de la moción puedan aglutinar en torno a su candidato...una mayoría capaz de sostener un Gobierno»*. En relación con los diversos motivos alegados por el partido proponente de la moción me remito a lo ya señalado con anterioridad.

Como hemos podido comprobar, el partido socialista carecía de esa mayoría necesaria para plantear la moción de censura. A pesar de no disponer de dicha mayoría, y sabedor de que la referida mayoría era requisito necesario para el planteamiento de la misma, el PSOE planteó la moción de censura en 1980 por los motivos y razones ya reseñados. Sin embargo, cuando el Gobierno socialista fue censurado en 1987, su portavoz se opuso a la moción de censura alegando la improcedencia de la misma porque el partido ahora proponente carecía de la mayoría necesaria para sustituir al Gobierno. El uso alternativo de la moción de censura vulnera claramente su verdadera razón de ser y supone, lisa y llanamente, una clara deslealtad constitucional, además de poner de manifiesto lo accidental y oportunista de su posición política y la debilidad de su argumentación, que queda condicionada a lo favorable o adverso del momento en el que la moción de censura se plantea[29] y al rédito político que la oportuna decisión pueda producir al partido interesado.

2. MOCIÓN DE CENSURA DE 1987

Algo similar ocurrió en la moción de censura planteada en 1987 por Alianza Popular contra el Gobierno socialista, ya que el partido proponente también carecía de la mayoría exigida para que la misma prosperase. El propio candidato propuesto así lo manifestó sin ambages, reconociendo desde el primer momento de su intervención tal circunstancia al afirmar que *«sé "a priori" que vamos a perder»*, lo que pone de manifiesto que para el partido proponente de la moción de censura, como en 1980 lo fue para el partido socialista, el no disponer de la mayoría establecida por la Constitución no impedía su planteamiento.

Además del reconocimiento expreso de no disponer de la mayoría necesaria para que la moción prosperase, los motivos alegados en esta ocasión para justificar la presentación de la moción de censura suponían atribuir a la misma una finalidad calificada por su portavoz como «finalidad subsidiaria» (¿nos aproximamos ya a la denominada función «latente» de la moción de censura?) consistente en que *«la opinión pública pueda hacerse a un juicio sobre la gestión de un Gobierno y un juicio sobre una determinada alternativa»*. Además, el portavoz popular señaló que *«había una finalidad política importante...que el debate social y económico se vea en esta Cámara y en el Senado y no se vea en la calle...se trata de potenciar esta Cámara, potenciar las instituciones y que aquí es donde hay que solucionar los problemas y no en la calle»*. Más adelante el propio candidato a presidente de Gobierno señaló que con la presentación de la moción de censura *«pretendemos cumplir dos aspiraciones: suplir la falta de vehículo parlamentario adecuado en la resolución de las quejas de los ciudadanos y velar por el propio prestigio de las instituciones democráticas»*, en suma, afirmó que *«nuestro móvil para presentar la moción de censura ha sido que la oposición en una democracia se haga en los cauces democráticos del Parlamento»*[30].

A la vista de tales afirmaciones, debemos, siguiendo la metodología de nuestra exposición, hacer las siguientes consideraciones referidas, en primer lugar (después haré referencia a la verdadera razón política de la misma) a la dos «aspiraciones» que justificaron la presentación de la referida

29. El cambio de opinión y de posicionamiento, según interese o convenga en cada situación, es bastante habitual en el ámbito político. Tal circunstancia, reiteradamente constatada, no puede alterar en ningún caso la esencia y razón de ser de instrumentos constitucionales de control tan importantes como es la moción de censura.

30. *Diario de Sesiones del Congreso...*

moción de censura, de un lado (primera aspiración), la falta «de un vehículo parlamentario adecuado en la resolución de las quejas de los ciudadanos», y de otro (segunda aspiración) «velar por el propio prestigio de las instituciones democráticas». Ambas aspiraciones se ponen de manifiesto por la, según el partido censor, finalidad de evitar trasladar el debate «social y económico» a la calle, hurtando al parlamento, Congreso y Senado, sede de la soberanía nacional, su verdadera actividad de debate y legítima discusión. Así lo señaló su portavoz, recordemos sus palabras, cuando manifestó con toda claridad que con la presentación de la moción de censura se trataba de *«potenciar esta Cámara, potenciar las instituciones y que aquí hay que solucionar los problemas y no se vea en la calle»*. Tan legítimo y licito deseo del partido político proponente, como en 1980 fueron los deseos del grupo socialista, no pueden, en mi opinión justificar la presentación de un mecanismo de control tan especial y excepcional como es la moción de censura.

Porque la dificultad de ejercer el referido control por la vía de la moción de censura no puede llevarnos, en un injustificado e interesado movimiento pendular, a alterar su verdadera esencia, máxime cuando los partidos que la plantearon ya en 1980 y 1987, han tenido mayorías suficientes para fortalecer, adecuar y actualizar los distintos mecanismos de control previstos en nuestra Constitución (arts. 109 y 111, entre otros), que debe ser considerada como un todo, en el que la moción de censura es un medio más de control político, tal vez el más importante, pero no el único. Sin olvidar, claro está, que la incorporación del modelo de censura constructiva, con sus ventajas e inconvenientes, fue mayoritariamente aceptada, tal como figura en su articulado, y apoyada sin fisuras por los dos partidos mayoritarios, incluida entonces Alianza Popular, hoy Partido Popular, cuyo líder, miembro de la ponencia constitucional, tuvo un papel relevante en el debate sobre la moción de censura, defendiendo el modelo constitucional. Resulta por ello sorprendente que ya, en 1980, el PSOE, y en 1987, AP, faltando a la letra y espíritu de la Constitución que dichos partidos habían propiciado (en el primer caso, apenas transcurridos 2 años desde su aprobación), hayan planteado sendas mociones de censura sin cumplir con uno de los dos requisitos de fondo que aquella exige para su correcto planteamiento.

En una última referencia a la moción de censura de 1987, debo recordar que el portavoz del partido proponente aludió, como uno de los motivos de su planteamiento, el que *«la opinión pública pueda hacer un juicio sobre la gestión de un Gobierno y un juicio sobre una determinada alternativa»*. Creo que esta última motivación, referida a que *«la opinión pública pueda hacerse un juicio sobre una determinada alternativa»* puede ser considerada como la verdadera razón política que justificaba la moción de censura. Piénsese que el candidato a presidente del Gobierno se acababa de incorporar a la presidencia del partido y que, ya lo he recordado, no reunía la condición de diputado, sino la de senador. Era por tanto necesario que el candidato pudiera disponer de la tribuna política más importante del país: el Congreso de los Diputados. Solo la moción de censura le daba la oportunidad, en cuanto líder del principal partido de la oposición, de debatir públicamente desde dicha tribuna con el presidente del Gobierno.

Es evidente que la moción de censura le permitió contrastar su proyecto y su figura política con la del entonces presidente del Gobierno y con el proyecto socialista. Creo con total convicción que el legítimo derecho del Partido Popular y de su presidente de disponer de la visibilidad necesaria para ser conocido por los ciudadanos y presentar y defender su proyecto político, no puede identificarse con el ejercicio de una moción de censura, mecanismo previsto para situaciones muy específicas y concretas. Como antes el partido socialista con Felipe González, ahora, aunque en circunstancias personales y políticas diferentes, el Partido Popular (AP), sabedor de que no disponía de la mayoría parlamentaria necesaria, se sirvió de la moción de censura para promocionar la figura política de su líder, tal y como en ambos casos ya reconocieron entonces los propios portavoces y los distintos medios de comunicación. No olvidemos la referencia concreta que Alfonso Guerra hizo a la comparación y diferencia de liderazgo entre Felipe González y Adolfo Suarez, como es lógico la comparación se inclinaba a favor del primero.

3. MOCIÓN DE CENSURA DE 2017

La tercera moción de censura de nuestra democracia fue planteada por diputados pertenecientes al grupo parlamentario Unidos Podemos. Su discusión y votación tuvo lugar durante los días 13 y 14 de junio de 2017, apenas transcurridos 7 meses de la toma de posesión del nuevo Gobierno presidido por Mariano Rajoy. Al igual que en las dos mociones hasta entonces presentadas, el grupo proponente no disponía de la mayoría necesaria para que dicha moción de censura pudiese prosperar. En este supuesto, la moción de censura fue planteada, no porque la oposición dispusiera de la mayoría cualificada que la Constitución establece para que la moción prosperase, sino porque, según explicaron tanto la portavoz como el candidato a presidente, el Gobierno censurado no disponía de la mayoría de la Cámara. Así resulta del Diario de Sesiones: «*Hoy esta moción de censura es necesaria,* afirmaba la portavoz del grupo censurante, *porque este país ya no aguanta más a su Gobierno, señorías del Partido Popular. No sé qué mecanismo parlamentario considera el resto de ustedes más adecuado que una moción de censura; simplemente no existe, señorías. Tanto es así que la votación que hagamos hoy, tras este debate... va a permitir demostrar que el Partido Popular ya no tiene la mayoría de esta Cámara para seguir al frente del Gobierno, señorías. ¡Lo va a demostrar!»*[31]. Más adelante, el candidato a la presidencia del Gobierno, señalaba que *«el Partido Popular no tiene hoy 176 diputados que le apoyen, tienen a sus diputados, tienen a los de Ciudadanos, tendrán a Unión del Pueblo Navarro, Foro y Coalición Canaria, y con eso no suman. Si hubiera voluntad política, mañana mismo estos señores podrían estar fuera del Gobierno»*[32].

Las citadas intervenciones merecen algún comentario, ya que las mismas, entre otras cuestiones, hacen alusión a una de especial trascendencia, referida a la presunta minoría parlamentaria del Gobierno a la que alude el grupo proponente para justificar la moción de censura. En efecto, para que la moción de censura se justifique y pueda prosperar, no basta con que el Gobierno de turno no disponga de la mayoría de la Cámara, no basta con que el Gobierno esté «presuntamente» en minoría. Lo que es exigible es que esa minoría sea real y conlleve la mayoría de la oposición de la Cámara y que dicha mayoría apoye la moción. De nada sirve que el Gobierno no disponga «en teoría» de la mayoría de la Cámara, si la oposición no es capaz de concitar voluntades en torno a vertebrar y configurar dicha mayoría.

Es preciso resaltar que el propio grupo proponente hizo precisamente hincapié en la necesidad de disponer de la mayoría referida, reconociendo, como no podía ser de otra manera, que para que la moción de censura prosperase y hubiese cambio de Gobierno, no bastaba con que el Gobierno no dispusiesen de dicha mayoría, sino que lo verdaderamente importante, lo que nuestra Constitución exigía y exige, era y es que la referida mayoría la tuviese el grupo político proponente de la moción de censura. De ahí su apelación a la «voluntad política» de la Cámara para poder sustituir al Gobierno «censurado». Al igual que en 1980, era un deseo, más que una realidad. Cuando la Constitución habla de la moción de censura, no se habla de la posibilidad teórica de disponer de la mayoría, sino de la realidad de disponer de ella. El proponente debía de saberlo, y su grupo político también, y a pesar de no disponer de dicha mayoría planteó la moción de censura porque, como manifestó su portavoz, *«no sé qué mecanismo parlamentario considera el resto de ustedes más adecuado que una moción de censura; simplemente no existe, señorías»*.

Y lo hizo dada la situación de presunta debilidad que según el partido político proponente tenía el Gobierno, por eso reconoció que *«la votación que hagamos hoy, tras este debate, quizá no saque al señor Rajoy de La Moncloa, pero va a permitir demostrar que el Partido Popular ya no tiene la mayoría de esta*

31. Montero Gil: *Diario de Sesiones del Congreso*, n.º 60, 13 de junio 2017, pág. 2.
32. Iglesias Turrión: *Diario de Sesiones del Congreso de los Diputados*, n.º 60, 13 de junio de 2027, pág. 37.

Cámara para seguir al frente del Gobierno, señorías», olvidando que, tal y como acabamos de señalar, para que la moción de censura prospere es necesario que quien disponga necesariamente de la mayoría absoluta de votos a favor sea el partido o partidos políticos que la plantean. La llamada «a rebato» realizada por el grupo político proponente de la moción de censura, sin disponer, ni por aproximación, de la mayoría parlamentaria referida, responde más a un deseo legítimo, pero no realista, que a la razón de ser de la moción de censura.

Tenía razón su portavoz cuando reconocía en su intervención que no conocía de la existencia de un mecanismo parlamentario como la moción de censura para poder sustituir a un Gobierno. Esa es una realidad incuestionable. Pero es así, porque así lo quisieron nuestros constituyentes y lo refrendó el pueblo español. En un sistema parlamentario moderno y democrático como es el nuestro, rige el sistema de mayorías-minorías, más allá de los legítimos, cuando lo son, deseos de los partidos políticos. Es deber constitucional de dichos partidos políticos y de sus integrantes, así como de los diputados y senadores, aceptar las reglas del juego. Utilizar partidariamente los mecanismos de control y las instituciones encargadas de llevarlo a cabo, según convenga a los intereses inmediatos y particulares, dando la espalda al interés general y a la función que les fue encomendada, es una conducta reprobable contraria a la letra y espíritu constitucional. Supone, en suma, una clara deslealtad constitucional.

A pesar de lo manifestado en su intervención como presentadora de la moción de censura, la portavoz de Unidos Podemos, tras exponer la difícil situación política en la que, en opinión de su grupo, se encontraba España y reconocer, ya lo he resaltado, que no disponía de la mayoría exigida, manifestó expresamente el verdadero motivo que la justificaba al señalar que *«esta moción de censura es la herramienta parlamentaria que nos permite explicarles que no es España sino ustedes quienes van a la deriva»*, afirmación que resalta también el uso incorrecto de dicho mecanismo de control político, ya que es evidente que la moción de censura no tiene por finalidad explicar la perspectiva o visión que de la situación política tiene el proponente de la misma, salvo que dicha explicación, además de ser la posición particular de dicho grupo, sea también la posición mayoritaria de la Cámara expresada en número de votos, mayoría que necesariamente conllevaría la sustitución del Gobierno censurado si fuese acompañada de un candidato a presidente del Gobierno.

De aceptar la interpretación de la finalidad de la moción de censura defendida por Unidos Podemos, se abriría el camino (creo que dado el uso que de la misma se viene haciendo, el camino —yo diría que es una autopista— ya ha sido abierto) a que cada grupo o grupos parlamentarios que dispongan del 10% del número de diputados puedan alternarse para presentar cada cierto tiempo una moción de censura con el fin de explicar en cada caso las razones de su discrepancia con el Gobierno de turno. En mi opinión, lo reitero una vez más, no es esa la razón de ser de la moción de censura, ni por tanto su finalidad, no ya inmediata, sino incluso latente o instrumental.

4. MOCIONES DE CENSURA DE 2020 Y DE 2023

Tampoco en las dos mociones de censura planteadas en 2020 y 2023 por VOX tenía el partido proponente la mayoría necesaria para que se produjera la sustitución del Gobierno censurado. Hago su análisis conjunto al objeto de evitar reiteraciones innecesarias, ya que salvo la peculiaridad, ya apuntada, de la moción de censura de 2023, en la que el candidato a presidente del Gobierno no era miembro del grupo proponente, en ambos casos las razones y motivos alegados para plantear la moción de censura, aunque referidos a circunstancias políticas diferentes (en 2023 se había producido la pandemia del COVID-19 y los consiguientes estados de alarma), el partido proponente no había reunido en su propuesta ninguna aportación ni apoyo, de suerte que, al igual que en 2020, solo estaba respaldado por su propio grupo. No obstante, VOX planteó ambas mociones de censura. Como era de esperar, en ambos casos la moción de censura no prosperó.

En la primera de ellas, el portavoz del partido proponente reconoció, desde el primer momento, no disponer de la requerida mayoría. Así lo expresó, al manifestar, dirigiéndose a los diputados, que «*pueden pensar que está muy bien lo que exponemos, pero que vamos a perder, y yo les anticipo que puede que perdamos, pero habremos dado testimonio de los motivos que hacen necesario convocar elecciones*». Resulta reseñable que, tal y como en 1980 el portavoz del partido socialista había considerado a la moción de censura como un deber moral, ahora el partido proponente hablaba de «un deber nacional», que expresaba en los siguientes términos: «*es un deber nacional que asumimos ante la inacción del resto de formaciones políticas que, por miedo o presos del cortoplacismo electoral, quieren llegar a Moncloa a lomos de la inercia*». Finalmente, y en el lógico deseo de dejar constancia de las razones de la moción de censura, el portavoz de VOX la justificaba manifestando que «*las mociones de censura sirven para cambiar Gobiernos, pero también sirven para dejar constancia en la sede de la soberanía nacional de la falta de la confianza de los diputados en el Gobierno, así como para expresar el malestar que asola a la nación y además la posibilidad de una alternativa. Una alternativa que ofrezca a los españoles un camino distinto a la resignación»* [33].

Así pues, y ahora también, el partido proponente de la moción de censura, sabedor de que no disponía de la mayoría necesaria para sustituir al Gobierno, atribuía a la misma otras funciones añadidas (las mociones de censura «también sirven», señalaba el proponente con toda convicción) a la del cambio de Gobierno, como son «dejar constancia de la falta de confianza de los diputados en el Gobierno», o «expresar el malestar que asola a la nación» o «la posibilidad de una alternativa al Gobierno», olvidando que la ausencia de la mayoría requerida no puede servir de fundamento a la «falta de confianza de los diputados en el Gobierno», más allá de los diputados de su propio grupo. De igual modo que la referencia al «malestar que asola a la nación», no pude ir más allá de su único y exclusivo malestar. Y los mismo cabe señalar a la posibilidad inmediata de vertebrar una alternativa, como quedó acreditado con el resultado de la votación que ponía término a los correspondientes debates. Una vez más, al igual que en las anteriores mociones de censura, el partido político proponente puso en marcha un mecanismo excepcional para un fin ajeno a la esencia de la moción de censura, basándose en su exclusivo y particular interés y en su particular estrategia de partido político.

No obstante, lo dicho, el partido proponente planteó una interrogante que, en mi opinión, tiene relación directa, yo diría clave, con la cuestión de fondo sobre la que trato de reflexionar. En efecto, su portavoz se preguntó si solo tenía sentido la moción de censura cuando existiese la mayoría que permitiera la sustitución del Gobierno. Lo hizo en los siguientes términos: *«y por último, señorías, ¿solo tiene sentido una moción de censura si están asegurados los votos para un cambio de Gobierno?» «Sí y no»*, se respondió así mimo. A continuación explicó la razón de su respuesta, y al analizar el porqué, en la opinión de su grupo, tenía sentido reconocer a la moción de censura una finalidad distinta a la sustitución del Gobierno, justificó su posición afirmando que cuando *«el poder está en manos de personas y organizaciones políticas que han cooptado el Poder Ejecutivo, el Poder Judicial y el Poder Legislativo con un único fin, que no es otro que convertir las instituciones en órganos transmisores e impositivos de una ideología totalitaria»*.

En la moción de censura de 2023 el candidato a presidente del Gobierno manifestó expresamente, como justificación de la misma, siguiendo la misma línea señada en la de 2020, en la que razonaba sobre la dificultad de utilizar la moción de censura para controlar y sustituir al Gobierno, la opor-

33. Garriga Vaz de Concicao: *Diario de Sesiones del Congreso*, n.º 55, 21 de octubre de 2020, pág. 3.

tunidad que el debate ofrecía a su grupo parlamentario para que «*al menos un puñado de españoles puedan atender y escuchar este debate que hoy se va a producir en el Congreso de los Diputados con sus mensajes auténticos, sin la traducción interesada y retorcida de aquellos que creen que tienen el derecho a manipular la opinión publicada*»[34].

Es evidente, a la vista de las razones aducidas por todos los proponentes de la moción de censura que esta se ha venido convirtiendo, con su incorrecto uso, en un medio ordinario de control del Gobierno, en el que la mesa del Congreso se limita a comprobar si concurren los requisitos formales que la Constitución exige para su admisión y posterior tramitación, así como a la organización del correspondiente debate, fijando las fechas, orden y tiempo de las intervenciones, sin resultado práctico inmediato alguno. La posibilidad de debilitar al Gobierno mediante su planteamiento, como viene siendo el objetivo principal de la misma, es más remota que próxima (con la sola excepción de la moción de censura de 1980), sin que, en ningún caso, dicho objetivo pueda justificar su planteamiento. Ya he señalado que, en mi opinión, la finalidad de la moción no es la debilitar al Gobierno (existen otros medios para ello), sino la de sustituir a un Gobierno ya debilitado. Así pues, también en 2023 la moción de censura no cumplía con la letra y espíritu de la Constitución.

5. MOCIÓN DE CENSURA DE 2018

La moción de censura del año 2018 ha sido la única de las hasta ahora planteadas en España que concitó la mayoría necesaria para lograr la sustitución del Gobierno censurado. El Gobierno del Partido Popular quedó en minoría parlamentaría frente a la mayoría de La Cámara en la votación posterior al correspondiente debate. Después de 40 años de vigencia de la Constitución, y al cuarto intento, se produjo la sustitución del Gobierno por la decisión mayoritaria del Congreso de los Diputados. Se configuraba así una nueva mayoría no surgida de unas elecciones generales. Se iniciaba con ello una nueva etapa en el parlamentarismo español, que tenía como nota diferenciadora frente al inicial bipartidismo, la fragmentación del parlamento en un complicado puzle que propició una mayoría claramente heterogénea, en la que tanto los motivos para apoyar la moción de censura, como su ideario político, eran totalmente diferentes y, en algunos, casos, claramente antagónicos y contrarios a la Constitución, como reconoció el entonces portavoz de Ciudadanos en la moción de censura de 2017, planteada por Unidos Podemos, que ya era apoyada por partidos independentistas

34. Abascal Conde: *Diario de Sesiones del Congreso de los Diputados*, n.º 255, 21 de marzo de 2023, pág. 3.

(36). Es preciso recordar, además, que el partido hegemónico de la coalición disponía de 84 escaños, de los 180 votos a favor de la moción, lo que suponía una presencia minoritaria en relación con los otros grupos propulsores de la moción, que sumaban 96 escaños (67 de Unidos Podemos; 17 del independentismo catalán; cinco del PNV; cuatro de Compromís; dos de Bildu y uno de Nueva Canarias), lo que colocaba al Gobierno en una situación de permanente dependencia de los grupos minoritarios, como así sucedió a lo largo de la legislatura.

Nos encontramos así con una mayoría parlamentaria, cuyo único punto de conexión y coincidencia, no fue, como debía, el de configurar una mayoría reunida en torno a un proyecto común, sino el de acabar con el Gobierno de turno, en un afán y con un objetivo claramente destructivo. La calificación de la referida coalición como *«coalición Frankestein»*, hecha por un insigne socialista, pone de manifiesto que se trataba de un pacto contra natura y, por tanto, contrario a la esencia y fundamento de la moción de censura constructiva, que precisamente tiene por objetivo impedir o dificultar este tipo de pactos o alianzas, tal y como hemos señalado al analizar los debates constitucionales sobre la misma. En la moción de censura de 2018 se pusieron de manifiesto las distintas, evidentes y contradictorias razones por los que cada uno de los grupos coaligados planteó la moción de censura[35], alguno de los cuales llegó a manifestar que *«el rechazo a Rajoy*

35. Rivera Diaz: *Diario de Sesiones del Congreso,* núm. 61, de 14 de junio de 2017, pág. 8: *«¿Usted no ha reflexionado ni un solo instante sobre que sus únicos compañeros de viaje en esta moción sean la antigua Batasuna y Esquerra Republicana? Piénselo, ¿usted no ha reflexionado? Si yo montara una moción de censura para gobernar un país y mirara atrás y viera que no viene ni el Partido Socialista, ni Ciudadanos, ni el PNV, ni el PP, ni la inmensa mayoría de esta Cámara y que viene Esquerra Republicana y Batasuna, me preocuparía, porque son los dos únicos partidos que en el artículo uno de su ideario —y hay que reconocerlo— dicen: hay que liquidar España. Si usted tiene de compañeros de viaje a los que abiertamente —no se esconden, lo reconocen— quieren liquidar España, ¿cómo se presta usted a esto? De igual modo, con ocasión de la moción de censura de 2018, Rivera Diaz, tras proponer la disolución de las Cortes y la inmediata convocatoria de elecciones (cuestión a la que ya me he referido) manifestó y se preguntó si «Además de censurar al Gobierno, ¿hay alternativa de Gobierno? ¿Se puede gobernar con ochenta y cuatro escaños? ¿Se puede gobernar con veintidós partidos políticos? ¿Se puede gobernar España con los que la quieren liquidar?». Diario de Sesiones del Congreso,* núm. 126, de 31 de mayo de 2018, pág. 78.
Simón Yarza, F.: «De la investidura convulsa a la moción de espíritu destructivo». Publicación de la Universidad de Navarra de 18 de Julio de 2019: Al analizar la moción de censura de 2018 señala lo siguiente: *«Junto con los tres elementos indicados —ausencia de un programa positivo, heterogeneidad de fuerzas y heterogeneidad de fundamentos—, quisiera referir un cuarto hecho que podría interpretarse como la elusión de la responsabilidad de la moción, y que refuerza la tesis acerca de su falta de espíritu constructivo. Efectivamente, el planteamiento de la censura estuvo envuelto en la reiterada alegación —esgrimida también en la Cámara— de que "quien activaba la moción de censura" era "el presidente del Gobierno de España", un "escenario" que cambiaría con su dimisión».*

no se puede confundir con un apoyo al PSOE que aun, a día de hoy, entendemos que es del mismo régimen que el PP, un régimen que se basa en la imposición y en la negación»[36].

La lectura del Diario de Sesiones de 31 de mayo y 1 de junio de 2018 es muy ilustrativa y refleja las diferentes posiciones y razones dispares utilizadas por los distintos grupos que apoyaron la moción de censura, lo que lógicamente anunciaba, como así sucedió, una segunda parte de legislatura convulsa e inestable, que apenas duró nueve meses. Debe recordarse además que la moción de censura se presentó a escasos días de aprobarse los Presupuestos Generales del Estado propiciados precisamente por el Gobierno sustituido, lo que ya originó en el debate de la misma una constante referencia al hecho de que el candidato a presidente del Gobierno basase su programa de Gobierno en la aplicación de unos Presupuestos a los que habían negado su apoyo, con gruesas descalificaciones, la mayoría de los grupos firmantes de la moción de censura, a excepción de EAJ-PNV, que a pesar de apoyar los presupuestos, cambió repentinamente, su voto a favor de la moción de censura y propició la caída del Gobierno al que había apoyado en sus Presupuestos. El grupo Unidos Podemos, principal apoyo de la nueva mayoría, criticó en el debate al candidato a presidente el hecho de que el programa de Gobierno se apoyara básicamente en los referidos Presupuestos, lo que ponía de manifiesto, ya desde la moción de censura, las grandes diferencias existentes entre los integrantes de la coalición, máxime cuando Unidos Podemos, cuyas discrepancias con el Partido Socialista eran evidentes, formó parte del nuevo Gobierno. Sin olvidar la difícil y complicada situación en Cataluña, en la que el Gobierno de la Generalitat había declarado unilateralmente la independencia el 1 de octubre de 2017 y se estaba llevando a cabo el denominado «Procés», con las graves y complejas consecuencias, incluso penales, derivadas del mismo.

El desarrollo posterior de la XII legislatura puso de manifiesto la dificultad de llevar a cabo una política gubernamental estable y duradera, por la ausencia de un programa de Gobierno común, en la que se redujo el número de leyes aprobadas y se incrementó el uso del decreto-ley, así como la práctica de las proposiciones de ley, que son, entre otras muchas y variadas, claras manifestaciones y consecuencias de la falta de coherencia existente entre los partidos integrantes de la nueva mayoría y prueba evidente de la crisis del parlamentarismo español. Lo expresa con realismo Aragón Reyes cuando señala con acierto que en dicha legislatura se produjo *«el debilitamiento extremo del propio parlamento como institución que, en lugar de ser*

36. Portavoz de EuskalHerria-Bildu: *Diario de Sesiones del Congreso,* núm. 126, 31 de mayo de 2018, pág. 48.

la pieza esencial del sistema, ha pasado a ser un mero receptor y confirmador de las políticas gubernamentales, como lo muestran la práctica desaparición de la función de control así como de la potestad legislativa parlamentaria, convirtiéndose el gobierno en el auténtico legislador, haciendo un uso abusivo de los decretos-leyes, que han pasado a ser un modo ordinario de legislar: las cifras son llamativas, desde 2016 se han dictado 126 decretos-leyes frente a solo 69 leyes (que, además, en su mayoría, provienen de la conversión en leyes de decretos-leyes previamente convalidados por el Congreso)». En la misma dirección, García-Escudero Márquez, tras el análisis de la legislatura resultante de la moción de censura de 2018, manifiesta que fue *«una legislatura estéril en el sentido de poco productiva, no ya cuantitativamente, sino en cuanto avances en la adaptación a la nueva realidad:* (se refiere a la excesiva fragmentación del Congreso de los Diputados) *el fin del bipartidismo, que ha cedido al paso de un Parlamento fragmentado...el enconamiento electoral no permite predecir un cambio radical de actitudes que no conduzca a la polarización y la permanente confrontación y bloqueo»*, ya que, *«no parece haber calado aún la cultura del pacto»*[37]. Es evidente que la moción de censura de 2018 fue claramente una moción destructiva, que tampoco respondía a la razón de ser y fundamento, a lo proyectado y deseado en 1978, de su incorporación a nuestra Constitución.

VI. SUGERENCIAS PARA RECUPERAR EL SENTIDO ORIGINAL DE LA MOCIÓN DE CENSURA

A la vista de lo hasta aquí expuesto, y con el deseo de intentar recuperar la razón de ser de la moción de censura y, en consecuencia, hacer un uso adecuado de la misma, considero obligado hacer unas breves y últimas reflexiones sobre una hipotética, pero a la vez necesaria corrección del comportamiento de los partidos políticos, al que me he referido a lo largo de esta colaboración. Comportamiento que afecta, no solo a la moción de censura, sino a todos los mecanismos del control político del Gobierno, entre los que la moción de censura, si bien ocupa un lugar destacado, no es el único medio de ejercer dicho control.

En efecto, ya hemos analizado los distintos motivos alegados por los diputados proponentes de las distintas mociones de censura hasta ahora planteadas. Todos ellos son absolutamente razonables y estarían justificados, utilizando otros procedimientos, pero no a través de la moción de censura y del Congreso reunido a tal fin. Somos todos sabedores, los partidos políticos también, de la existencia de diversos y variados medios y formas

37. Aragón Reyes, M.: «La decadencia de nuestro parlamentarismo». *Revista Notario*, núm. 100. Noviembre-diciembre 2021. García-Escudero Márquez, P.: «Balance de la moción de censura constructiva en un parlamento fraccionado». *UNED. Teoría y Realidad Constitucional*, núm. 44, 2019, pág. 135.

de control del Gobierno que la Constitución y los reglamentos de la Cámaras legislativas contienen (Comisiones de investigación, Comisiones Parlamentarias, mociones, preguntas, interpelaciones). Cada mecanismo de control tiene su propia finalidad y cometido y no debe alterarse ni su esencia ni su uso. Es cierto que en vista de la concentración de poder que los partidos políticos acumulan (en 1980 y 1987 las circunstancias no eran tan preocupantes como en la actualidad) invadiendo, ya lo he resaltado, todos los poderes del Estado, sería necesario, imprescindible, buscar fórmulas que permitan el normal ejercicio de la facultad de control sobre el Gobierno. La ausencia de controles políticos reales es el mayor y principal enemigo del régimen parlamentario, y por tanto del sistema democrático. Son numerosos los autores que han analizado esta situación haciendo propuestas o sugerencias para abordarla e intentar paliarla. Solo volviendo al espíritu de entendimiento y de pacto de 1978 sería posible revertir la situación, posibilidad más que improbable dado el posicionamiento antagónico y de confrontación existente en la hora presente[38].

Así pues, es evidente que el control político del Gobierno requiere la total independencia e imparcialidad del órgano a quien corresponde el ejercicio de dicho control. Es evidente también que, ya lo he resaltado, los partidos políticos, en su carrera expansiva y controladora de las instituciones y poderes públicos, todo lo invaden y ocupan, lo que dificulta el ejercicio del necesario y efectivo control. Pero ya he manifestada que dicha realidad no puede justificar la instrumentalización de los mecanismos de control, en este caso la moción de censura, para fines distintos de los constitucionalmente previstos. La posición de los diputados proponentes de las distintas mociones de censura pone de manifiesto la compleja situación en la que se encuentra nuestro sistema parlamentario, que, ante la inoperancia y mal uso de los medios ordinarios de control político (preguntas, interpelaciones,

38. «España, democracia menguante» pág. 58: «*Creemos que ha llegado la hora de que los partidos sostenedores de nuestro sistema constitucional se pongan de acuerdo para terminar con esta situación de extrema decadencia a la que nuestro parlamentarismo ha llegado*».
Garrorena Morales, A. Obra citada: El autor esboza, ya en 1998, ante la crisis del sistema parlamentario español, algunas propuestas para abordar las cinco zonas en que mide la debilidad del sistema: el sujeto al que se encomienda el control, las técnicas para ejercerlo, los ámbitos que se controlan, el tiempo y la oportunidad, y la proximidad o inmediación con los intereses sociales relacionados con dicha tarea, con una especial referencia a la necesidad de reforzar constitucionalmente el poder de las minorías.
Punset Blanco, R. Obra citada, pág. 3: «*El propio carácter representativo de las Cámaras (arts. 66.1, 68 y 69) hacen que el control parlamentario desborde el ámbito de las relaciones interorgánicas típico del sistema de frenos y contrapesos del Estado de Derecho y se incardine en las relaciones interfuncionales de Gobierno y mayoría (un complejo orgánico-funcional, pero considerado desde una perspectiva estrictamente funcional), por una parte, y las minorías integrantes de la oposición, por otra*».

mociones, proposiciones no de ley, Comisiones de investigación, etc.) obliga a los propios partidos, cuando están en la oposición, al sinsentido de utilizar una moción de censura, buscándole «vías de salida», cuando los referidos medios de control deberían ser fortalecidos en base al reforzamiento de la posición de las minorías, tal y como se viene reclamando unánimemente por la Doctrina. Como acertadamente se ha puesto de manifiesto *«si falla el control realizado por el parlamento, aunque otras formas de fiscalización subsistan, el modelo está fallando en el más cardinal, también en el más emblemático, de sus controles políticos»*[39].

Todavía es más preocupante que la moción de censura se utilice como estrategia política para presionar o condicionar la posición del adversario-competidor en el mismo espacio social y político, al objeto de obligarle a tomar postura en relación a una determinada situación que pudiera resultarle inoportuna o contraria a sus legítimos intereses. Tanto en la moción

39. Garrorena Morales, A. Obra citada, pág. 23: En esta línea de razonamiento, Garrorena Morales, al referirse al órgano encargado del control político del Gobierno, señala que *«de ahí que, en nuestros días, y en la doctrina, se esté abriendo paso con fuerza una corriente de opinión, cada vez más compartida, partidaria de reconocer que, al menos en el terreno de los hechos, hoy se ha producido un desplazamiento de la titularidad de la función de control desde el parlamento en cuanto órgano hacia un sujeto distinto: la minoría parlamentaria. Éste sería, pues, el nuevo titular de dicha función, y la verdadera dialéctica del sistema ya no se estaría desarrollando, por tanto, entre el parlamento y el gobierno, sino entre la oposición parlamentaria al gobierno y éste con su mayoría»*.
Aragón Reyes, M.: *El control parlamentario como control político*, pág. 27: *«De esa manera, el control parlamentario puede manifestarse a través de decisiones de la Cámara (adoptadas en el procedimiento legislativo, o en actos a aprobación o autorización, o en mociones) que son siempre, inevitablemente, decisiones de la mayoría, porque así se forma la voluntad del Parlamento; pero también el control puede manifestarse a través de actuaciones de los parlamentarios o de los grupos (preguntas, interpelaciones, intervención en debates) que no expresan la voluntad de la Cámara, pero cuya capacidad de fiscalización sobre el Gobierno no cabe negar, bien porque pueden debilitarlo, bien porque pueden incidir en el control social o en el control político electoral. Y esta labor fiscalizadora del Gobierno, realizada no por la mayoría sino por la minoría, es, indudablemente, un modo de control parlamentario gracias a la publicidad, y el debate que acompañan o deben acompañar (sin su existencia no habría, sencillamente, Parlamento) a los trabajos de la Cámara. Aquí no hay, pues, control "por" el Parlamento (que solo puede ejercitar la mayoría y que hoy, por razones conocidas, a las que antes se aludió y no hace falta repetir, es o puede ser relativamente ineficaz), pero sí control "en" el Parlamento; control que no realiza la mayoría sino, exactamente, la oposición»*.
Fernández Sarasola, I.: «Control parlamentario y su regulación en el ordenamiento español». *Revista española de Derecho Constitucional*. Año 20, núm. 60. Septiembre-diciembre 2000, págs. 99 y 112: *«Consustancial a la democracia pluralista que proclama la Constitución española, por consiguiente, es la tutela de las minorías; la mayoría se impone de forma natural por la fuerza del número, de modo que la democracia se caracteriza por la tutela y respeto de las opciones minoritarias»*. Más adelante, advierte que *«Cuando el control procede de las minorías, las cautelas para su protección han de ser especiales para lograr la mayor realización posible del principio democrático (que como tal principio es un mandato de optimización)»*.

de censura de Unidos Podemos, respecto del partido socialista, como en las dos mociones de VOX, respecto del Partido Popular, cuyo «sorpasso» pretendían, las mociones de censura fueron planteadas, pese a que las mismas no tenían ninguna posibilidad de prosperar, para debilitar la posición del adversario-competidor, no para sustituir de modo inmediato al Gobierno de turno.

Hago, finalmente, una llamada de atención al hecho, ya reseñado, de que nuestra Constitución, cuya supremacía es evidente, guarde silencio sobre cuál deba ser la actuación del Congreso de los Diputados en relación a la admisión a trámite de la moción de censura. Es el reglamento de la Cámara el que expresamente dispone que (Artículo 176.1) «la Mesa del Congreso, tras comprobar que la moción de censura reúne los requisitos señalados en el artículo anterior, la admitirá trámite», lo que, a mi juicio, podría no justificar la actuación de la Mesa en al menos 5 de las mociones de censura planteadas, y que ha quedado reducida a la mera comprobación de la concurrencia o no de los requisitos formales exigidos por el reglamento, lo que, en mi opinión, podría contradecir lo que el propio reglamento establece en su art. 31.4 cuando, entre las funciones atribuidas a la Mesa del Congreso, le reconoce la de *«calificar, con arreglo al Reglamento, los escritos y documentos de índole parlamentaria, así como declarar la admisibilidad o inadmisibilidad de los mismos»*, calificación, previa a la declaración sobre la admisibilidad o no de la moción, como claramente resulta del texto referido, y que en mi opinión exige que la Mesa lleve a cabo una verdadera labor de análisis de la motivación de la moción de censura al objeto de comprobar si concurre o no el hecho habilitante que justifique la presentación de la moción de censura (hecho habilitante que no es otro que disponer de la mayoría real o probable para configurar un nuevo Gobierno). Lejos de ello, la Mesa del Congreso ha renunciado a su importante labor de calificación, limitando su labor a la de mera fedataria de la concurrencia de los requisitos de forma, lo que ha producido que todas las mociones de censura hayan sido admitidas a trámite y, en consecuencia, debatidas y resueltas, sin ninguna opinión discrepante sobre dicha forma de proceder.

En suma, en mi opinión, el reglamento de la Cámara atribuye a la Mesa del Congreso la función inexcusable, antes de proceder a la admisión a trámite de la moción de censura, de calificar la solicitud de moción de censura y analizar si concurren razones de fondo, y muy especialmente, si existe la posibilidad real de que los diputados proponentes de la misma dispusieran de la mayoría cualificada para que la moción de censura pudiera prosperar. Solo tras llevar a cabo dicha comprobación, y si existe la causa habilitante que la justifique, la Mesa debería admitir a trámite la moción de censura que reúna los dos requisitos ya reseñados (firma del 10% de los diputados y nombre del candidato a presidente). Creo que la exigencia constitucional de que la moción de censura disponga a su favor para prosperar de la mayoría absoluta de la Cámara, aconseja un análisis previo por la Mesa de tan importantísima cuestión, lo que facilitaría el correcto uso de la misma, lo que, unido al correcto uso de los demás medios de control político previstos en nuestra Constitución, devolvería a nuestro Parlamento, a nuestros diputados y senadores, la importante e irrenunciable función de control político real del Gobierno.

VII. CONSIDERACIÓN FINAL: LA LEALTAD COMO GARANTÍA DE LA CORRECTA INTERPRETACIÓN DE LA CONSTITUCIÓN

A lo largo de esta colaboración he venido reiterando la improcedencia del planteamiento de las distintas mociones de censura que hasta ahora se han presentado en España y que, en mi opinión, responden a un uso partidista y sectario de un mecanismo de control político del Gobierno previsto para supuestos verdaderamente excepcionales. En mi análisis he hecho reiteradamente referencia a la deslealtad constitucional para calificar dichas conductas, concepto, el de lealtad constitucional, que, aunque no definido en nuestra Constitución, debe ser entendido como recto proceder a la hora de su interpretación y aplicación[40].

Ello excluye la utilización partidista y parcial de lo que la propia Constitución abarca bajo la letra en la que el constituyente plasmó su voluntad mayoritaria, impidiendo que sus términos y expresiones sean interpretadas en cada caso según convenga a los intereses particulares de cada partido

40. Jiménez Campo, Javier: «La lealtad Constitucional. La constitución como orden de valores o como procedimiento». *Curso celebrado en Alicante 21 a 25 de octubre de 2002. Resumen elaborado por Alicia González Alonso: «La lealtad constitucional no es sujeción o sometimiento a la Constitución. Esto último ha de darse por supuesto (art. 9.2 CE). Tampoco es adhesión emocional a la misma ni una identificación con carácter perpetuo a sus postulados. La lealtad constitucional es una actitud previa que todos deben —o al menos pueden— tener ante la Constitución, sobre todo en los casos de discrepancia con sus contenidos o con otras lealtades. La Constitución pretende ordenar la vida comunitaria en su conjunto, pero en esta pretensión no debe desconsiderar la autonomía moral del individuo, sino que debe ser cobijo para los diferentes postulados morales. Así, los conflictos de lealtades con la Constitución han de versar, no sobre la Constitución misma, sino sobre su interpretación. En definitiva, la lealtad constitucional exige una actitud abierta para participar en el debate constitucional desechando interpretaciones oportunistas de la misma». Sosa Wagner. «La lealtad constitucional, gozne del Estado». Real 202, núm. 288: «La lealtad, lo hemos visto, al estar solo parcialmente prevista en textos positivos, carece de cuerpo porque es más bien espíritu: la esencia o la sustancia aglutinante (el adhesivo) de la organización política. La lealtad institucional representa el confín que marca el territorio de las buenas maneras más allá del cual se abre otro en el que no es difícil que se extiendan la sombra del desconcierto y el germen del despropósito».*

político o interprete de la misma. Ya he señalado que detrás de cada expresión de la Constitución subyace una idea política que le sirve de razón de ser y de soporte, sin que pueda prescindirse, a la hora de interpretarlos, de considerar a la Constitución como un todo. También debe excluir aquellas interpretaciones que, aunque se hagan de buena fe, no van más allá de la letra escrita, olvidando la raíz que les sirvió de base y cobertura. Ambos modos de interpretar la Constitución corren el riesgo real de desvirtuar su verdadero espíritu. Letra y espíritu de la Constitución: su interpretación armónica es la clave. Olvidar, lo que se hace con mayor frecuencia de la deseable, que la Constitución es el resultado de un pacto político (consenso), es el camino (autopista) hacia su permanente vulneración. Nuestra reciente historia constitucional así lo acredita.

El respeto, la protección y defensa de lo que la Constitución representa, tanto en su letra escrita, como en los valores y principios que la inspiraron, son la clave para que muchos españoles sigamos apelando al diálogo y búsqueda de puntos de entendimiento para seguir avanzando sin crispaciones ni descalificaciones. Los partidos políticos, en cuanto representantes del pluralismo político, uno de los valores superiores de nuestro ordenamiento jurídico (art. 1.1 CE), tienen el deber constitucional de servir de cauce para el necesario entendimiento entre diferentes, reforzando el protagonismo de las minorías, como garantía de un auténtico y efectivo control político del Gobierno por el Parlamento. Como señalo a lo largo de esta colaboración, sin control real del Gobierno no hay Estado Democrático de Derecho. La moción de censura es, junto a los demás medios de control político recogidos en nuestra Constitución, tal vez el más importante de todos, pero como hemos señalado, no es el único[41].

La lealtad a nuestra Constitución, letra y espíritu, exige que todos esos medios de control político sean utilizados para ejercer con eficacia la importante función que la Constitución les reconoce a cada uno de ellos, sin que tenga cabida el uso espurio de los mismos, como viene ocurriendo, prácticamente desde la entrada en vigor de nuestra Constitución, de tal suerte que las preguntas y las interpelaciones se han convertido en un mero trámite formal en el que el representante del Gobierno, incluido el propio presidente, no solo no da respuesta puntual a lo que se le pregunta o a aquello sobre lo que se le interpela, sino que aprovecha el acto de control para hacer de «oposición a la oposición», invirtiendo y alterando gravemente el significado de tan importante y fundamental actividad «fiscalizadora» del

41. Aragón Reyes, M.: «El control parlamentario como control político del Gobierno»: *«Cabe sostener, y me parece que con bastante fundamento, que la llamada función de control no se circunscribe a procedimientos determinados sino que se desarrolla en todas las actuaciones parlamentarias»*.

Gobierno, de suerte que es el propio Gobierno el que parece controlar a la oposición. Y lo mismo sucede con la actuación de las Comisiones, tanto legislativas, como de investigación, a lo que es preciso añadir la dificultad-imposibilidad de constituir estas últimas, con grave deterioro del pluralismo que nuestra Constitución reconoce y proclama.

El fortalecimiento real e institucional del importante papel que debe desempeñar la oposición en la función de control político del Gobierno es la garantía de una leal y correcta interpretación de nuestra Constitución. Estoy convencido de que, si esos mecanismos de control funcionaran adecuadamente, no sería necesario el uso indebido de la moción de censura en los términos inadecuados que se viene utilizando, ya que, a través de la correcta utilización de los primeros, los partidos minoritarios podrían alcanzar los objetivos legítimos que pretenden obtener con la moción de censura[42]. Es preciso, pues, que los partidos políticos, verdaderos causantes de la degradación del Parlamento y de las instituciones, detengan su delirio expansionista y reflexionen sobre la urgente necesidad de poner fin a la diabólica situación a la que nos han conducido. Solo con el espíritu del consenso y lealtad que nuestra Constitución representa es posible, por necesario, superar la compleja y difícil situación en la que hoy nos encontramos y devolver al Parlamento la importante labor que le pertenece en el ámbito legislativo y en el ejercicio real y efectivo de la función de control del Gobierno, dando a cada medio de control su verdadero cometido. Y como último garante de la Constitución, el Tribunal Constitucional, integrado por magistrados independientes e imparciales. De este modo se evitará la instrumentalización y la utilización de los medios de control político para fines distintos de los constitucionalmente previstos con el deterioro que ello supone para la credibilidad de nuestro sistema constitucional.

42. Aragón Reyes, M.: «El control parlamentario como control político del Gobierno»: *«Lo que quería decir es que el control resulta imprescindible para la existencia misma del Parlamento, ya que éste lo es (es decir, es un órgano distinto del Gobierno) en cuanto que es capaz de actuar como Cámara de crítica y no de resonancia de la política gubernamental»*.

Guía de uso

¡ENHORABUENA!

ACABAS DE ADQUIRIR UNA OBRA QUE **INCLUYE LA VERSIÓN ELECTRÓNICA.**
APROVÉCHATE DE TODAS LAS FUNCIONALIDADES.

ACCESO INTERACTIVO A LOS MEJORES LIBROS JURÍDICOS

FUNCIONALIDADES

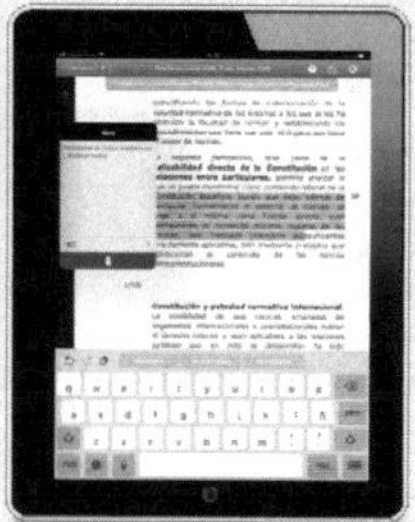

SELECCIONA Y DESTACA TEXTOS

Crea anotaciones y escoge los colores para organizar tus notas y subrayados.

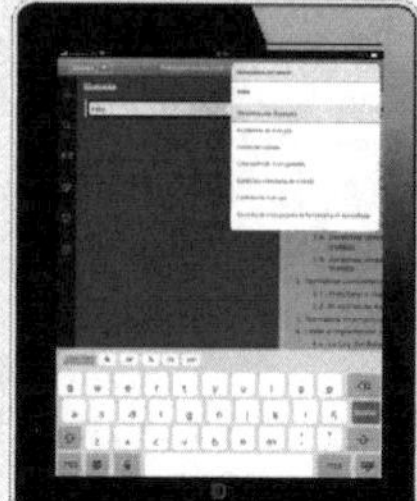

USA EL TESAURO PARA ENCONTRAR INFORMACIÓN

Al comenzar a escribir un término, aparecerán las distintas coincidencias del índice del Tesauro relacionadas con el término buscado.

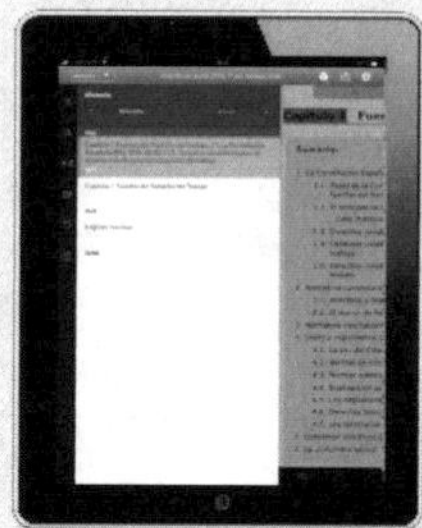

HISTÓRICO DE NAVEGACIÓN

Vuelve a las páginas por las que ya has navegado.

ORDENAR

Ordena tu biblioteca por:
Título (orden alfabético),
tipo (libros y revistas), editorial,
jurisdicción o área del Derecho.

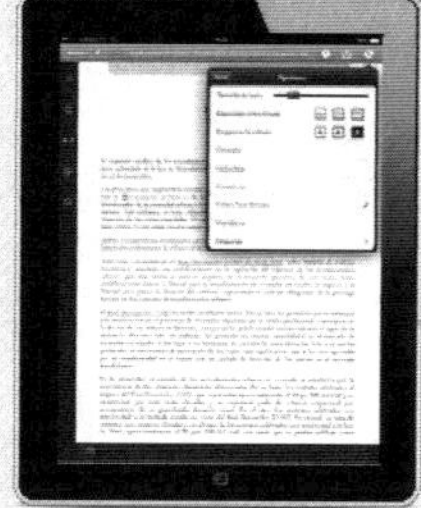

CONFIGURACIÓN Y PREFERENCIAS

Escoge la apariencia de tus libros y revistas cambiando la fuente del texto, el tamaño de los caracteres, el espaciado entre líneas o la relación de colores.

MARCADORES DE PÁGINA

Crea un marcador de página en el libro tocando en el icono de Marcador de página situado en el extremo superior derecho de la página.

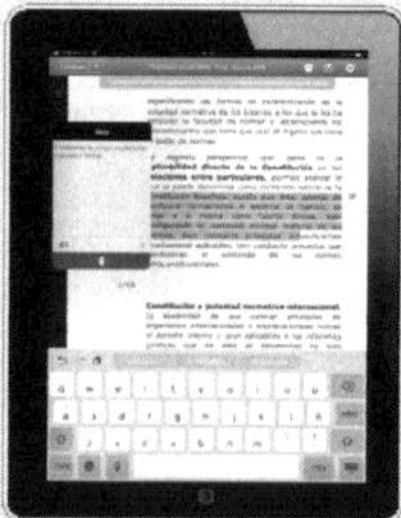

BÚSQUEDA EN LA BIBLIOTECA

Busca en todos tus libros y obtén resultados con los libros y revistas donde los términos fueron encontrados y las veces que aparecen en cada obra.

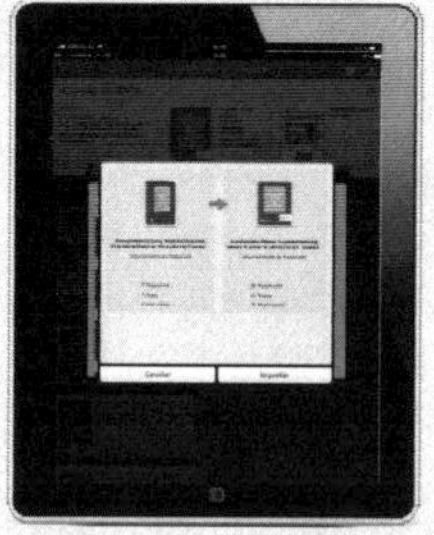

IMPORTACIÓN DE ANOTACIONES A UNA NUEVA EDICIÓN

Transfiere todas sus anotaciones y marcadores de manera automática a través de esta funcionalidad.

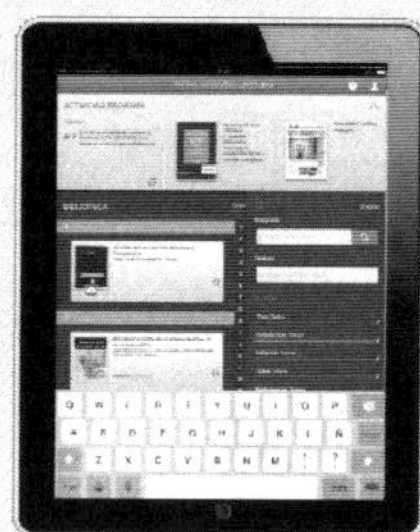

SUMARIO NAVEGABLE

Sumario con accesos directos al contenido.

INFORMACIÓN IMPORTANTE: Si has recibido previamente un correo electrónico deberás seguir los pasos que en él se detallan.

Estimado/a cliente/a,

Para acceder a la versión electrónica de este libro, por favor, accede a **http://onepass.aranzadi.es** Tras acceder a la página citada, introduce tu dirección de correo electrónico (*) y el código que encontrarás en el interior de la cubierta del libro.

A continuación pulsa enviar.

Si te has registrado anteriormente en OnePass, en la siguiente pantalla se te pedirá que introduzcas el NIF asociado al correo electrónico.

Finalmente, te aparecerá un mensaje de confirmación y recibirás un correo electrónico confirmando la disponibilidad de la obra en tu biblioteca.

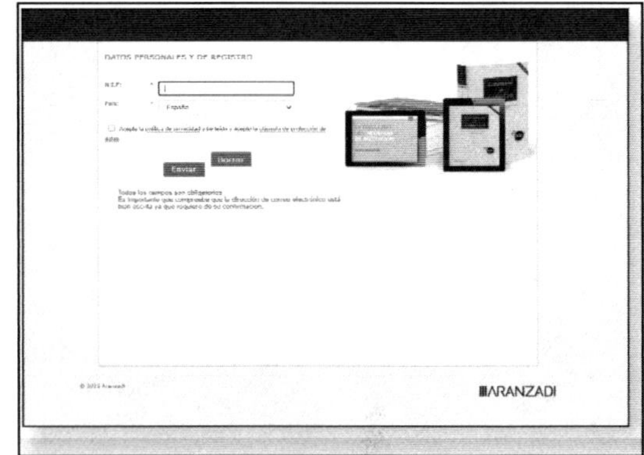

Si es la primera vez que te registras en **OnePass,** deberás cumplimentar los datos para crear tu cuenta y poder acceder a tu libro electrónico.

- Los campos **"Nombre de usuario"** y **"Contraseña"** son los datos que utilizarás para acceder a las obras que tienes disponibles a través del navegador en la ruta www.proview.thomsonreuters.com

Servicio de Atención al Cliente

Ante cualquier incidencia en el proceso de registro de la obra no dudes en ponerte en contacto con nuestro Servicio de Atención al Cliente. Para ello accede a nuestro Portal Corporativo y una vez allí en el apartado del Centro de Atención al Cliente selecciona la opción de Acceso a Soporte para no Suscriptores (compra de Publicaciones).